OEUVRES
DE JULES SANDEAU

Paris. — Typ. de Mme Ve Dondey-Dupré, rue Saint-Louis, 46.

NOUVELLES

DE

JULES SANDEAU

MADEMOISELLE DE KEROUARD — KARL HENRY
LE CONCERT POUR LES PAUVRES
UN JOUR SANS LENDEMAIN — VINGT-QUATRE HEURES A ROME
LA DERNIÈRE FÉE — MILA

DEUXIÈME ÉDITION AUGMENTÉE

PARIS

MICHEL LÉVY FRÈRES, LIBRAIRES-ÉDITEURS,
RUE VIVIENNE, 2 BIS
—
1853

Droits de reproduction et de traduction réservés.

MADEMOISELLE

DE KÉROUARE.

I.

A six lieues de Nantes, non loin de Clisson, sur le bord de la Sèvre, s'élève à mi-côte, au milieu des bois, le château de Kérouare, un des plus poétiques débris qui couvrent à cette heure la terre de Bretagne. Incendiées par l'armée républicaine, après la bataille de Torfou, les habitations qui se groupaient autrefois au pied de la colline, n'ont pas été relevées ; le château seul est resté debout, pareil à un guerrier qui, ayant vu tomber autour de lui tous ses compagnons d'armes, cesse de combattre et attend gravement la mort. Cette demeure est inhabitée, mais depuis quelques années à peine, et il s'y est accompli tout récemment un drame touchant et simple.

Ce fut en 1815 que le comte de Kérouare rentra dans le domaine de ses pères. C'était un de ces vieux fidèles, dont la légitimité aura pour jamais emporté le type dans un pli de son linceul ; race de preux avec laquelle menacent de s'éteindre en France la poésie du dévouement et la religion du passé. Il rentra pauvre dans son château ruiné, sans songer à demander compte de son sang et de sa fortune. Il s'oubliait, on l'oublia : l'histoire des restaurations est aussi l'histoire des grandes ingratitudes. Il importait peu d'ailleurs au comte de Kérouare, qui ne pensa pas un seul instant qu'on dût se souvenir de lui : noble cœur qui s'ignorait lui-même, et n'était pas plus avant dans le secret de ses sacrifices que les maîtres qu'il avait servis. Il suspendit modestement à son chevet son épée vendéenne, et se voua tout entier à l'amour de sa fille, fruit unique et tardif d'un hymen qui n'en espérait plus. Madame de Kérouare était morte en lui donnant le jour.

Marie de Kérouare grandit et s'éleva dans ce château féodal, comme une fleur dans un vase gothique. Son enfance égaya le toit sombre ; sa jeunesse l'embellit d'une grâce divine. Elle fut à seize ans l'orgueil et la joie de son père. On parle d'elle encore à Clisson, où elle allait entendre la messe les dimanches et les jours de fête. C'était une belle fille, à la fois grave et souriante, qui portait sur son visage la fière dignité des Kérouare, adoucie par le suave éclat de la jeunesse. Elle tenait de sa mère une âme délicate et tendre, de ses aïeux un caractère aventureux et chevaleresque, qu'avait encore développé son éducation solitaire. Son père l'avait bercée avec de belliqueux récits ; tout ce qui l'entourait l'avait entretenue de cette guerre de Vendée, féconde en héroïsmes de tous genres, si bien que, dans cette atmosphère de glorieux souvenirs, sur ce sol toujours brûlant, sous ce ciel peuplé de grandes ombres, son imagination dut naturellement s'exalter de bonne heure, et ne point s'attarder dans les sentiers battus de la réalité. Elle tempérait cette exaltation précoce par une adorable bonté. A cheval, les cheveux au vent, on eût dit une jeune guerrière; près de son père, on l'eût prise pour Antigone. Son père fut, à vrai dire, la plus grande passion de sa courte vie. Elle l'aimait d'une tendresse non commune; les besoins de son cœur n'allaient pas au-delà, et lorsque M. de Grand-Lieu demanda au comte de Kérouare la main de sa fille, Marie n'avait point encore songé qu'il existât un autre amour et d'autres liens que ceux qui l'attachaient à son père.

Cependant cette union était depuis longtemps le rêve des deux familles. Le comte de Kérouare et le père de M. de Grand-Lieu avaient été frères d'armes. Rentrés en même temps dans leurs châteaux, après avoir, durant près de vingt ans, partagé les mêmes dangers et combattu sous le même drapeau, ils avaient achevé de vieillir dans le doux espoir d'unir un jour leurs enfants l'un à l'autre, et lorsque M. de Grand-Lieu mourut, précédant son ami dans la tombe, ç'avaient été son dernier vœu et ses derniers adieux à son fils. Marie n'était alors qu'une enfant. Maître de sa fortune et de sa destinée, le jeune de Grand-Lieu voyagea et ne revint qu'au bout de quelques années. C'était à son retour un homme d'un extérieur froid et réservé, élégant d'ailleurs et de belles manières, un véritable gentilhomme. Il retrouva Marie sans paraître frappé de sa grâce et de sa beauté ; il revit M. de Kérouare sans rien rappeler du passé. Leurs relations semblaient devoir se borner à un échange d'exquises politesses ; mais un beau jour, soit amour, soit piété filiale, soit qu'il cédât à ses propres instincts, soit qu'il crût n'obéir qu'aux derniers désirs de son père, M. de Grand-Lieu demanda la main de Marie.

M. de Grand-Lieu était jeune, noble de cœur, d'esprit et de figure, il n'y avait rien en tout ceci qui pût raisonnablement effaroucher une imagination de seize ans. Toutefois Marie s'effraya. Elle n'avait pas de répugnance à ce mariage ; elle appréciait dignement les hautes qualités de M. de Grand-Lieu ; mais elle ne se sentait pas irrésistiblement entraînée. Puis, elle était si jeune encore ! De son côté, le comte de Kérouare, bien que cette alliance comblât ses vœux les plus chers, ne s'était point habitué à l'idée de voir passer sitôt dans les bras d'un époux l'unique joie de sa vieillesse. Il fut décidé qu'on attendrait quelques années encore ; mais les paroles furent échangées, et dès lors ces deux jeunes gens purent se regarder comme fiancés. Ces dispositions ne changèrent presque rien à la nature de leurs relations. M. de Grand-Lieu, il est vrai, se montra plus assidu, mais ni plus tendre ni plus expansif ; de façon qu'au bout de six semaines, mademoiselle de Kérouare avait tout oublié, et que sa vie, un instant troublée, avait repris son cours habituel. Peut-être n'eût-il pas été impossible de saisir sous l'apparente froideur de ce grave jeune homme les indices certains d'une passion vraie et profonde ; mais cette aimable et charmante fille, que savait-elle de la passion et que pouvait-elle y connaître ?

Un jour pourtant, elle en eut une vague révélation. Comme ils chevauchaient dans un des sentiers verts qui longent la Sèvre nantaise, l'alezan que montait Marie s'emporta. La rivière était proche, l'animal fougueux, le danger imminent. M. de Grand-Lieu se jeta à bas de son cheval, et n'eut que le temps de recevoir Marie entre ses bras. Il était pâle, défait, sans haleine, et, le voyant ainsi, la jeune fille se prit à sourire.

— Si je m'étais tuée, comment donc seriez-vous ? dit-elle.

— Je me tuerais, répondit-il froidement.

Mademoiselle de Kérouare demeura, le reste du jour, silencieuse et préoccupée. Mais cette impression s'effaça vite, et la cruelle enfant finit par en rire, tant ce mouvement passionné contrastait singulièrement avec les habitudes calmes et réservées de M. de Grand-Lieu.

Les choses en étaient là, lorsque des affaires d'intérêt amenèrent à Nantes la sœur du comte de Kérouare. Son frère ne lui avait jamais pardonné ce qu'il appelait une mésalliance, et, depuis vingt années au moins, toute relation fraternelle avait cessé d'exister entre eux. Après

1815, le vieux comte avait repoussé plus que jamais toute espèce de rapprochement avec M. Duvivier, son beau-frère, qui comptait parmi les membres les plus influents du libéralisme ; telle avait été là-dessus son inexorable rigueur, que sa fille ne s'était jamais doutée qu'elle eût d'autre famille que son père. Madame Duvivier, bonne femme d'ailleurs, avait longtemps souffert de l'inflexibilité de cet orgueil breton, puis, à la longue, elle avait pris son parti. Mais à Nantes, près de ce frère autrefois tant aimé, près du toit héréditaire qui avait abrité leur enfance, elle sentit son cœur s'attendrir, et ses yeux se mouiller de larmes. L'air natal est puissant ; il garde éternellement le parfum de nos jeunes années ; c'est l'air frais et sonore du matin de la vie, nul ne peut le respirer sans ressaisir quelqu'image envolée, quelque mélodie de son printemps. Quoi qu'il en soit, madame Duvivier ne put se décider à partir sans avoir fait une dernière tentative de réconciliation ; elle espérait de l'influence des lieux, de l'émotion des souvenirs, surtout de l'intervention de sa nièce et de celle aussi de son fils.

Un matin donc, un jeune étranger se présentait au château de Kérouare. Il aborda le comte d'un air timide et tremblant, et, comme il ressemblait trait pour trait à la jeunesse de sa mère, le comte sentit tout d'abord son cœur troublé en le voyant. Il y eut un instant d'hésitation et de silence ; puis enfin, d'une voix émue :

— Je suis le fils de votre sœur, dit le jeune homme en levant les yeux.

— Votre sœur ! s'écria Marie présente à cette entrevue.

— Embrasse ta cousine, répondit brusquement M. de Kérouare, dont le cœur, lorsqu'il était fortement remué, tenait du soldat pour le moins autant que du gentilhomme.

Octave baisa respectueusement la main de la jeune fille, tout étonnée de se trouver en possession d'une tante et d'un cousin.

— Je ne veux pas voir ta mère, ajouta M. de Kérouare d'une voix altérée. Où est-elle ?

A ces mots, la porte du salon s'ouvrit, et madame Duvivier parut. Son frère lui tendit les bras, et tous deux se tinrent longtemps embrassés, tandis que les deux jeunes gens s'observaient l'un l'autre d'un air à la fois surpris et charmé.

Madame Duvivier et son fils passèrent trois mois au château. Précisément à cette époque, M. de Grand-Lieu fut obligé de s'absenter, et cette absence se prolongea au-delà du terme qu'il avait lui-même assigné. Octave était ce qu'on peut appeler un charmant jeune homme, ardent, enthousiaste, tout en dehors, cœur, esprit, tête au vent, élégant, disert, déjà rompu aux façons du monde, mais naïf encore et dans sa fleur ; en un mot toutes les grâces de la jeunesse. M. de Kérouare l'eût volontiers aimé sous un autre nom, mais au fond il ne lui pardonnait pas son père. Durant les trois mois que sa sœur passa près de lui, je ne pense pas qu'il lui soit arrivé de prononcer le nom de Duvivier. Toutefois il sut s'abstenir de toute vaine récrimination, et ces trois mois de famille improvisée s'écoulèrent comme un jour enchanté, les deux vieillards mêlant leurs souvenirs, les deux enfants leurs espérances. L'heure du départ fut cruelle. M. de Kérouare et sa sœur comprirent, en se quittant, qu'ils ne devaient plus se revoir sur cette terre. Leurs adieux furent pénibles, et pourtant ils ne savaient pas tout ce que leur séparation coûtait de douleurs et de larmes.

C'est à partir de ce moment qu'un changement, insensible d'abord, s'opéra dans l'humeur et dans le caractère de mademoiselle de Kérouare. Rêveuse, distraite, inoccupée, elle devint en peu de mois sombre, bizarre, inexplicable. Elle s'observait devant son père, mais elle se cachait pour pleurer. Le retour de M. de Grand-Lieu l'irrita ; sa présence lui fut importune. Il n'y avait que sa tendresse pour son père qui demeurât inaltérable. Aussi M. de Kérouare fut-il le dernier à s'apercevoir de ce changement de manières. Pour donner l'éveil à sa sollicitude, il fallut la pâleur de sa fille qu'amaigrissaient de secrets ennuis. En effet, en moins de quelques mois, Marie avait perdu le bel éclat de la jeunesse ; son front se voila, ses lèvres se décolorèrent, l'azur de ses yeux se ternit. M. de Kérouare l'interrogea ; mais elle répondit qu'elle était heureuse et qu'elle ignorait elle-même ce qu'il pouvait y avoir de changé dans sa vie, puisqu'elle avait, comme autrefois, l'amour de son père adoré. Il est vrai qu'en parlant ainsi, son pâle sourire se voilait de pleurs, et le vieillard sentait bien que son enfant n'était pas heureuse.

En ceci, M. de Grand-Lieu se montra d'une bonté parfaite ; si Marie s'en irrita parfois, elle en parut plus souvent touchée. Plus d'une fois elle fut tentée de s'ouvrir à lui et de lui confier le mal de son âme : mais chaque fois elle se sentit arrêtée par la crainte d'offenser ce noble jeune homme dont rien n'avait pu décourager la grave sollicitude, ni les silences boudeurs, ni les caprices mutins, ni les sauvages tristesses. Ce qu'elle n'osait dire, une mère l'aurait deviné : mais les hommes, je parle des plus clairvoyants et des plus subtils, qu'entendent-ils à ces jeunes cœurs ? M. de Kérouare, à force de chercher, finit par découvrir, lui, qu'il serait prudent de ne plus retarder davantage une union déjà trop différée. M. de Grand-Lieu répondit tranquillement qu'il était prêt, et qu'il n'avait pas de plus chère ambition.

Consultée par son père, mademoiselle de Kérouare fit observer, comme toujours, qu'elle était heureuse, que rien ne pressait, qu'il conviendrait plutôt d'attendre quelques années encore, et qu'enfin elle n'avait point de hâte. Tout cela fut dit d'une voix caressante, le regard suppliant, les bras autour du cou du vieux père, le tout mêlé de tendres reproches et de plaintes presque amoureuses. — Êtes-vous las de votre enfant ? ma présence vous gêne-t-elle ? Vous tarde-t-il à ce point de partager mon cœur et ma tendresse ? suis-je donc pour vous un si cruel embarras ? serait-il vrai que vous ne chérissez plus votre fille ? — Et mille cajoleries d'enfant gâtée qui n'aime pas l'homme que son père veut lui faire épouser.

M. de Kérouare n'insista pas, et porta la nouvelle de sa défaite à M. de Grand-Lieu, qui, sans paraître s'en émouvoir le moins du monde, répéta avec un sang-froid britannique qu'il était prêt et n'avait pas de plus chère ambition.

Depuis le départ de leurs hôtes, Marie avait souvent parlé de sa tante, et de loin en loin d'Octave à son père. Mais au bout de quelque temps, les antipathies de M. de Kérouare, un instant assoupies, s'étaient réveillées plus vives que devant. L'opposition libérale devenait de jour en jour plus terrible et plus menaçante. Dans toutes les attaques dirigées contre le trône, M. Duvivier paraissait toujours au premier rang, et le compte rendu de la Chambre jetait M. de Kérouare dans une telle exaspération, que Marie avait pris le parti de lire en cachette le journal avant de le remettre à son père, pour l'égarer quand la séance était trop orageuse et que le nom de son oncle y revenait par trop souvent. On devine aisément ce que la pauvre fille dut consommer ainsi de méchant français et de sottes harangues ; mais les grands dévouements sont les jeux de l'amour.

Malheureusement le journal ne pouvait s'égarer tous les jours, et le comte, qui de tout temps, avait regardé son château comme un des sanctuaires les plus purs de la monarchie, en arriva bientôt à ne pas se pardonner à lui-même d'avoir pu recevoir sous le toit des Kérouare le fils d'un des ennemis les plus acharnés de la royauté.

— Mais, mon père, disait parfois Marie de sa plus douce voix, ne craignez-vous pas d'être injuste envers le fils de votre sœur ?

— Ventre-saint-gris ! s'écriait le vieux comte, qui aimait à jurer comme Henri IV ; injuste envers ce jeune loup !

— N'est-ce pas vous, mon père, s'empressait d'ajouter Marie en s'appuyant coquettement sur l'épaule du vieillard, qui jouez ici le rôle du loup, et mon cousin ne serait-il pas plutôt l'agneau se désaltérant dans le courant d'une onde pure ?

Le vieux Kérouare n'entendait là-dessus raison ni raillerie. C'était le seul point sur lequel sa fille ne pût espérer le fléchir, et lorsqu'elle l'essayait, il se portait bientôt à des excès de langage, qui, s'ils n'eussent fait toujours pleurer Marie, l'auraient souvent fait sourire.

— Les Duvivier ! s'écriait-il, en froissant le journal qu'il tenait entre ses mains et en le jetant avec colère ; les Duvivier ! Mais tu ne les connais pas ! c'est une famille de brigands, une bande de loups-cerviers, une race de régicides. Le père de celui-ci siégeait à la Convention : il a voté la mort de Louis XVI. Lui, le Duvivier mon beau-frère, fait-il autre chose à cette heure qu'aiguiser la hache du bourreau ? Ces gens-là chassent de race ; de père en fils, il leur faut une tête de roi. Je jurerais qu'il s'est trouvé en Angleterre un Duvivier pour voter la mort du roi Charles. Ce sont les Duvivier qui perdront le trône et la France.

— Mais Octave, mon père...

— C'est un louveteau qui lèchera le sang qu'aura versé son père.

— Le fils de votre sœur...

— Ventre-saint-gris ! elle n'est plus ma sœur. Voilà plus de vingt ans qu'elle a renié les Kérouare, et, Dieu merci ! les Kérouare le lui ont rendu.

— Un jeune homme si doux, mon père, et qui semblait tant vous aimer !

— Il a l'œil fauve de son père.

— Des yeux bleus comme l'azur du ciel !

— Je l'ai bien observé : j'ai découvert en lui des appétits féroces, des instincts sanguinaires !

— Octave ! cet aimable jeune homme !

— C'est un Marat qui pousse ! Un jour tu le verras continuer l'œuvre des Duvivier à la Chambre. Eh ! vive Dieu ! que Sa Majesté Charles X entre un beau jour dans son parlement et qu'elle mette, le fouet à la main, tous ces bavards et tous ces bandits à la porte ! Le roi Louis XIV n'en agissait pas autrement.

Tout ce que disait Marie ne faisait qu'exaspérer son père ; la pauvre enfant finissait toujours par baisser humblement la tête et se retirait en pleurant.

Les appréhensions de M. de Kérouare étaient, dans leur exagération, moins folles qu'on aurait pu le croire. Il arriva qu'un jour, l'air retentit d'un grand coup de foudre : la terre de Vendée tressaillit, les bois se remplirent de bruits sinistres, les épées rouillées frémirent dans leurs fourreaux. M. de Kérouare brisa la sienne ; il n'avait plus de sang à donner ; d'ailleurs, à la façon dont venaient de se passer les choses, il avait compris tout d'abord que la lutte était insensée, la résistance vaine, le succès impossible. On ne le vit point se mêler aux mouvements qui se firent alors : il cria silence à un reste de sang qui voulait se répandre, et, s'enfermant dans ses regrets, il se plaignit seulement à Dieu de l'avoir laissé vivre assez longtemps pour être témoin d'un si grand désastre. Ce qui restait en lui de sève et de verdeur se flétrit, comme dans les rameaux d'un arbre déraciné. En moins d'un jour, en moins d'une heure, avec la fatale nouvelle tous ses ans fondirent et pesèrent sur sa blanche tête. Il tomba dans une sombre mélancolie que rien ne put distraire, pas même les caresses de sa fille qui semblait avoir oublié ses préoccupations pour ne plus songer qu'aux nobles ennuis de son père. Mais tout fut inutile, et Marie finit par retomber elle-même dans ses rêveuses tristesses. Pendant ce temps, M. de Grand-Lieu, qui, sous un flegme apparent, cachait une humeur belliqueuse et des opinions exaltées, allait de château en château, étudiant les esprits, encourageant les faibles, se concertant avec les forts, payant partout de son nom et de sa personne, mettant au service de ses convictions l'ardeur de sa jeunesse et l'activité de son âme. Il ne paraissait plus à Kérouare que pour y apporter les nouvelles du dehors. Marie semblait indifférente à toutes choses ; son père souriait tristement à ces folies chevaleresques.

Cependant un mal inconnu consumait la jeune châtelaine. Depuis quelques mois surtout, ce mal faisait des progrès rapides. Un soir, à la lueur d'une lampe, devant un des premiers feux de l'automne, M. de Kérouare se prit à contempler sa fille qui avait interrompu un ouvrage de tapisserie, et s'était oubliée dans une méditation douloureuse. Il fut frappé de la pâleur de ses traits et de l'amaigrissement de son visage ; ses joues étaient baignées de larmes qui coulaient sans effort et sans bruit.

M. de Kérouare se leva, prit entre ses mains la blonde tête, et la pressant sur son cœur :

— Tu souffres, tu pleures, qu'as-tu ? s'écria-t-il.

Marie se réveilla comme d'un rêve. Elle voulut essuyer ses yeux ; mais son père l'en empêcha, et la retenant sur son sein :

— Pleure, et dis-moi la source de tes larmes ; quelle qu'elle soit, je la tarirai, dit-il en couvrant de baisers le front de la chère éplorée.

Marie éclata en sanglots.

— O mon père, dit-elle, le secret qui me tue vous tuerait ; mais dût-il seulement affliger votre cœur, j'aimerais mieux mourir que de vous le confier à ce prix.

— Il est impossible, mon enfant, dit M. de Kérouare en caressant les cheveux de Marie, que tu ne t'exagères pas la gravité de tes confidences. Ouvre-moi ton âme que tu n'aurais jamais dû me fermer. Tu n'as pas besoin de pardon ; s'il en était autrement, il n'est rien que mon amour ne puisse pardonner.

Tendre et sévère en même temps, la voix de M. de Kérouare suppliait et commandait à la fois.

Marie s'arracha des bras qui l'étreignaient, et, se laissant glisser aux genoux du vieillard :

— Mon père, vous le voulez? dit-elle. Eh bien !... eh bien, mon père, je n'aime pas M. de Grand-Lieu. Lorsque je vous laissai engager votre parole et la mienne, je croyais, je pensais que je pourrais l'aimer un jour. Alors cela me semblait facile ; il me semblait que mes inclinations ne pouvaient aller longtemps à l'encontre de vos désirs. Pardonnez-moi : je me trompais. J'ai bien essayé, j'ai bien longtemps supplié mon cœur, bien longtemps je l'ai tourmenté ; j'ai bien souffert, j'ai bien attendu ; mais vainement, et je sens, hélas ! qu'il faut renoncer à la tâche. Cependant l'époque de ce mariage approche, et voilà, mon père, ce qui tue votre enfant.

M. de Kérouare demeura silencieux, le front chargé de nuages sombres.

— Ma fille, dit-il enfin d'une voix lente et grave, es-tu sûre de ne pas aimer M. de Grand-Lieu?

—Oh! oui, mon père, s'écria-t-elle.

— Es-tu sûre de ne pouvoir jamais l'aimer? Ce mariage révolte-t-il tes goûts et tes instincts? Est-ce là ce qui tue ma fille bien-aimée?

— Oui, mon père, murmura-t-elle.

Après un nouveau silence, plus long encore que le premier :

— Ma fille, dit M. de Kérouare en se levant, je vais, en vue de votre bonheur, faire ce que je n'aurais jamais fait pour éviter la mort aux jours où j'aimais la vie, aux meilleurs jours de ma jeunesse. Que les Kérouare me pardonnent de faillir ainsi à leur antique loyauté ! Pour vous, ma fille, je vais redemander à un homme de cœur la parole que vous et moi lui avons librement donnée.

— O mon père ! s'écria-t-elle, si vous croyez notre foi à ce point engagée, laissez le sacrifice s'accomplir.

M. de Kérouare se dégagea doucement des étreintes de sa fille, et se disposa sur-le-champ à écrire à M. de Grand-Lieu.

Marie ne put réprimer un mouvement de joie et de délivrance ; elle n'avait dit que la moitié de son secret, mais désormais elle était libre, l'avenir lui appartenait.

M. de Kérouare était assis devant une table, et la plume tremblait dans sa main.

— C'était mon dernier rêve, mon dernier espoir, dit-il d'une voix étouffée. O mon enfant! quand je ne vivrai plus, — et ce sera bientôt, ma fille, — n'oubliez pas à quel point vous aima votre père ; rappelez-vous que vous m'avez été plus chère que l'honneur, et que la voix de votre douleur m'a commandé plus impérieusement que celle de ma conscience.

A ces chers accents, mademoiselle de Kérouare sentit son âme éperdue.

— Laissez-moi mourir, s'écria-t-elle.

Le vieillard la repoussa avec bonté.

Mais, comme il allait écrire, le galop d'un cheval s'arrêta devant le château, et presque au même instant M. de Grand-Lieu entra dans le salon. Il était pâle et plus grave que d'ordinaire.

II.

M. de Kérouare et sa fille, en voyant entrer M. de Grand-Lieu, pressentirent un grand malheur, quelque chose d'irréparable. Tous deux s'étaient levés pour le recevoir. D'un geste silencieux, M. de Grand-Lieu les pria de s'asseoir, et, après avoir pris place vis-à-vis d'eux :

— M. le comte, dit-il d'une voix émue, je viens vous rendre votre parole : mademoiselle, vous êtes libre, ajouta-t-il en s'adressant à Marie.

L'orgueil blessé étouffa d'abord chez le vieux gentilhomme la joie qu'il aurait dû ressentir de cette déclaration inespérée ; Marie remercia Dieu dans son cœur.

—Ne m'interrompez pas, reprit aussitôt M. de Grand-Lieu. Mademoiselle, je vous aime, et Dieu m'est témoin qu'à cette heure encore je payerais de mon sang la suprême félicité d'unir mon existence à la vôtre. Je vous aime, monsieur le comte, je vous aime, — je vous révère, et n'ai point cessé d'apprécier l'honneur de votre alliance. Cette alliance était le rêve de mon père; il s'endormit dans cet espoir, et cet espoir qu'il me transmit fut mon plus précieux héritage. Je dois y renoncer. Lorsque je demandai la main de mademoiselle de Kérouare, tout me souriait ; il me semblait alors, qu'en échange du bonheur que je sollicitais, j'avais, de mon côté, quelque bonheur à donner, humble sans doute et bien modeste, mais enfin je pouvais, sinon sans présomption, du moins sans trop d'égoïsme, offrir à une âme généreuse le partage de ma destinée. Il m'était doux aussi, mademoiselle, de penser qu'à force de soins, de tendresse et de sollicitude, je pourrais vous faire une vie qui ne fût pas trop indigne de votre nom, de votre grâce et de votre beauté. Il n'y faut plus songer ; désormais je n'ai plus rien que mon amour. La meilleure partie de cette fortune que j'étais heureux de mettre à vos pieds, vient d'être engloutie dans un abîme; j'en ai reçu ce matin la nouvelle. Les haines politiques me poursuivent ; déjà je suis en butte à de lâches vengeances. A l'heure où je vous parle, les bois de Grand-Lieu sont en flammes. Qui sait s'il restera demain pierre sur pierre du château de mes aïeux? Pauvre, proscrit, rebelle, sans asile, je ne traîne plus après moi qu'une destinée maudite. Reprenez donc, ami de mon père, la parole que vous m'aviez donnée ; soyez libre, vous qu'il me fut permis d'appeler la fiancée de mon cœur. Il ne m'appartient pas de vous entraîner dans ma ruine.

M. de Kérouare et Marie demeurèrent atterrés sous le coup de ces terribles paroles. La foudre en tombant à leurs pieds les eût frappés de moins de stupeur et de moins d'épouvante. Avant l'arrivée de M. de Grand-Lieu, tous deux pouvaient encore dégager leur foi sans faillir rigoureusement à l'honneur. Mais le pouvaient-ils à cette heure? pouvaient-ils reprendre sans honte la parole que M. de Grand-Lieu offrait de leur rendre avec tant de générosité? Nul ne saurait dire, Dieu seul a pu savoir ce qui se passa en cet instant dans le cœur du dernier des Kérouare. Il s'agissait de choisir entre le malheur de sa fille et le déshonneur de son nom; il n'était pas d'autre alternative. Ce fut alors que Marie se leva, digne enfant de sa noble race.

— Monsieur de Grand-Lieu, lui dit-elle d'une voix haute et ferme, s'il ne vous appartient pas de nous entraîner dans votre ruine, il nous appartient, à nous, de vous y suivre. Votre pauvreté nous est plus chère que votre fortune. Tant que ce château sera debout, vous ne manquerez pas d'asile, et s'il est vrai que vous m'aimez, voici ma main, monsieur, elle est à vous.

A ces mots, mademoiselle de Kérouare tendit sa main qui ne tremblait pas.

— Bien, mon sang! bien, ma fille! s'écria le vieux comte éperdu.

Et il pressait sur son cœur les deux jeunes gens qu'il avait réunis dans une même étreinte.

Durant toute cette scène, mademoiselle de Kérouare demeura à la hauteur de son sacrifice. Elle imposa silence aux scrupules de M. de Grand-Lieu et fixa elle-même, dans un temps rapproché, l'époque de leur mariage. Le comte de Kérouare savait bien ce qu'il en coûtait ; mais il acceptait l'immolation de son enfant avec l'inflexible égoïsme de l'honneur, le plus dur, le plus inexorable de tous les égoïsmes. D'ailleurs, le vieux gentilhomme était loin de penser que sa fille dût en mourir. Il ne croyait pas aux antipathies invincibles, et, jugeant M. de Grand-Lieu très-digne en tout point d'être aimé, il se disait que nécessairement Marie l'aimerait à la longue. Et en effet, pour M. de Kérouare, qui ne soupçonnait rien, qu'était-ce après tout que ce grand dévouement? M. de Grand-Lieu était jeune, d'une beauté mâle et fière, brave comme l'épée de son père : Marie se consolerait bien vite. M. de Grand-Lieu ne se retira que fort avant dans la nuit. Restée seule avec le comte, la jeune fille ne laissa rien paraître de l'état de son âme. Elle rassura le vieillard sur l'étendue de son sacrifice, et ne se sépara de lui qu'avec le sourire sur les lèvres. Comme la victime antique, pour marcher à l'autel elle se couronnait de fleurs. Mais lorsqu'elle ne se sentit plus soutenue par l'exaltation du moment, ni contenue par la présence de son père, une fois seule dans sa chambre, face à face avec la réalité, son désespoir éclata, et son cœur, libre enfin, s'épancha en ruisseaux de larmes.

— O mon père ! s'écria-t-elle d'une voix déchirante, sommes-nous quittes enfin? Vous m'aviez offert le sacrifice de votre honneur; je vous immole, moi, mon bonheur, mon amour et ma vie. Votre fille a-t-elle fait assez pour l'orgueil de votre nom? Suis-je assez frappée et assez misérable ? Êtes-vous satisfait, mon père?

Elle marchait dans sa chambre d'un air égaré, les cheveux en désordre, se frappant la poitrine, et se tordant les bras avec rage. Elle aimait, la malheureuse, elle portait depuis trois ans dans son sein un amour silencieux et profond : elle aimait son cousin Octave. Il avait fallu toute l'inexpérience de M. de Kérouare dans les choses de la passion pour ne pas prévoir, durant le séjour de madame Duvivier au château, que ces deux belles jeunesses seraient irrésistiblement entraînées l'une vers l'autre. Durant trois mois, ces deux enfants s'étaient vus en toute liberté et en toute innocence, dans les bois, dans les champs, sur les bords de la Sèvre, par toutes les lunes et par tous les soleils. Ils avaient les mêmes ardeurs, les mêmes admirations naïves. La même grâce embellissait leurs personnes et leurs discours. Les mêmes goûts, les mêmes sympathies les unissaient par des liens invisibles. Pour les rapprocher fatalement, il eût suffi d'ailleurs de la division de leurs pères. L'amour naît de l'obstacle. Fiancée à son cousin Octave, peut-être Marie eût-elle aimé M. de Grand-Lieu.

Octave et Marie s'étaient aimés, ainsi qu'il arrive à

cet âge, sans se le dire, et leur amour qui s'ignorait n'avait éclaté que dans la douleur du départ. A l'heure de la séparation, ils avaient compris qu'ils s'aimaient aux déchirements de leur cœur, et, près de se quitter, tous deux s'étaient avoué l'un à l'autre ce que peut-être chacun d'eux ne s'était pas encore dit à lui-même. Que de larmes versées alors, que de regrets et d'espérances, que de promesses échangées sous les ombrages de Kérouare! Ce fut par une soirée sereine, par une douce soirée d'automne : les étoiles brillaient au ciel, la lune se levait derrière les grands arbres, la Sèvre déroulait ses flots argentés à leurs pieds. Octave devait partir le lendemain : c'était leur premier soir d'amour, hélas! et le dernier peut-être. Enivrement des premiers aveux, chastes délices, fusion des jeunes âmes, qui pourra vous peindre jamais! A la face des cieux étoilés, ils se jurèrent un amour sans fin et des tendresses éternelles. En cette heure de sainte ivresse, Marie avait tout oublié, sa foi donnée et sa main promise. Elle jura de se garder pour Octave, Octave de revenir bientôt demander Marie pour épouse à son père, et tous deux prirent à témoin les bois, le ciel, les eaux murmurantes et toute cette belle nature qui venait d'écouter leurs serments.

Il est aisé de s'expliquer à présent ce qui se passa dans le cœur de mademoiselle de Kérouare, après le départ du jeune Duvivier. Que devint l'amour d'Octave? Peut-être le saurons-nous plus tard. Celui de Marie grandit et s'exalta dans la lutte avec l'impossible. La solitude des bois, le silence des champs, la continuelle contemplation de la nature, contribuèrent à le développer. La présence de M. de Grand-Lieu et l'absence d'Octave achevèrent de lui donner tous les caractères de la passion. L'absence est poétique ; c'est une invisible fée qui pare à toute heure l'être aimé des plus brillantes fleurs de l'imagination. La prédilection de M. de Kérouare pour M. de Grand-Lieu et sa haine des Duvivier ne firent qu'embellir dans l'âme de Marie l'image de son cousin. Octave eut le beau rôle, le rôle d'exilé, de proscrit, de banni. Ce fut tout un poème qui se chanta dans le cœur de la jeune fille. Cependant les jours et les mois s'écoulaient, Octave ne venait pas ; mais Marie conservait bonne confiance et bon espoir. Ignorante de toutes choses, elle ne savait rien du monde et de la vie ; elle avait toute la candeur, toute la foi robuste du jeune âge. Il ne lui arriva pas une fois de douter de la tendresse de l'absent. Son amour lui répondait de celui d'Octave. Au lieu de s'affaiblir, ce sentiment prit de jour en jour un caractère plus grave et plus sérieux. Ce n'avait été d'abord qu'un arbuste odorant et gracieux : ce devint un arbre vigoureux et robuste, au feuillage touffu, aux racines vives et profondes. Et cependant les années s'écoulaient, Octave ne venait pas. Marie l'attendait, sans l'accuser et sans se plaindre. Il y avait même dans cette héroïque attente quelque chose qui ne déplaisait pas à ses instincts chevaleresques. Là n'était donc pas le mal de son âme, mais dans la persistance de M. de Grand-Lieu et dans la lutte ouverte qu'elle aurait à soutenir un jour contre son père, si tendrement aimé. C'était là le chagrin de sa vie, la cause de ses dévorantes tristesses ; mais au milieu des ennuis qui la consumaient, son cœur était demeuré ferme et son amour inébranlable. Elle espérait aussi que, l'heure venue, M. de Kérouare ne se montrerait pas plus rebelle au bonheur de sa fille qu'il ne l'avait été à la tendresse de sa sœur, et qu'elle saurait bien, à son tour, attendrir et fléchir ce fier esprit, sur lequel elle avait régné jusqu'alors en souveraine et même en despote. Quant à M. de Grand-Lieu, il était si froid et si calme, que sa passion n'inquiétait guère mademoiselle de Kérouare ; elle avait fini par se dire qu'il lui serait toujours facile de l'amener sans trop d'efforts à renoncer à ses prétentions. Toutefois, un jour vint où Marie sentit en elle la confiance s'abattre et le courage chanceler. Ce fut après la révolution de juillet. A partir de cette époque, la haine que M. de Kérouare portait aux Duvivier ne connut plus de bornes, et dès lors il n'avait plus même été permis de prononcer, au château, le nom d'Octave ni celui de sa mère. M. de Kérouare paraissait convaincu que c'étaient les Duvivier père et fils qui, à eux seuls, avaient fait les barricades, massacré la garde royale, pris les Tuileries, et envoyé les Bourbons de la branche aînée dans l'exil. D'une autre part, le vieillard, qui commençait à fléchir sous le poids des ans, pressait le mariage de sa fille. M. de Grand-Lieu répondait toujours qu'il était prêt ; Octave ne venait pas, et il semblait à Marie qu'elle n'avait plus qu'à mourir. Un soir pourtant, un soir, à la voix émue de son père, elle vit un instant s'éclairer sa nuit sombre ; un instant les portes de l'avenir s'ouvrirent à demi devant elle ; un instant son âme affaissée se releva et battit des ailes. Mais aussi en moins d'un instant le rayon s'éteignit, les portes d'airain se refermèrent, et l'âme retomba sur elle-même pour ne plus se relever jamais.

Tel était donc l'amour, tel était le rêve et l'espoir que Marie venait d'immoler à l'orgueil de son père, et aussi, nous devons le dire, à un sentiment d'honneur et de loyauté personnelle, que son père lui avait transmis avec le sang des Kérouare. Elle ne démentait pas une race de preux ; elle en avait, comme son père, l'orgueil, exagéré peut-être, et, lorsqu'elle avait tendu sa main à M. de Grand-Lieu, elle n'avait fait que céder à l'impulsion de son sang, à l'ordre de son propre cœur, enfin à ce besoin d'héroïsme et de dévouement qui de tout temps avait tourmenté son inquiète jeunesse. D'ailleurs, en cette circonstance, quelle âme un peu haut placée eût osé agir autrement ? M. de Kérouare et sa fille s'étaient vus pris à l'improviste comme dans un réseau de fer ; la brusque déclaration de M. de Grand-Lieu avait rivé leur foi et scellé leur parole. Pouvaient-ils sans honte repousser la ruine de ce noble jeune homme, après avoir accepté sa fortune? On se retire aisément de la prospérité, mais non pas du malheur.

Mademoiselle de Kérouare passa cette nuit dans les pleurs et dans les sanglots, se tordant sur son lit, appelant Octave et demandant si Dieu permettrait un si grand désastre. Ce fut une cruelle nuit. Mais le lendemain, plus forte que sa douleur, Marie se présenta à son père, résignée, souriante, presque sereine, et dès lors ses lèvres ne laissèrent pas échapper une plainte, ni ses yeux une larme. Elle assista de sang-froid aux préparatifs de son mariage : elle hâta elle-même les apprêts du sacrifice. Le jour fatal arriva vite. La veille, mademoiselle de Kérouare écrivit à son cousin. Il est aisé d'imaginer ce que dut être cette lettre, long cri d'amour, de remords et de désespoir. Durant quatre pages, aux genoux d'Octave, Marie supplia son jeune amant de pardonner à la malheureuse infidèle. « Ne m'accusez pas, écrivait-elle en terminant; soyez fort, soyez généreux, que votre douleur épargne la mienne, et que cette infortunée puisse mourir sans emporter votre malédiction avec elle! » Ce devoir accompli, la victime fut tout-à-fait calme, et le lendemain, le lever du jour ne la vit ni trembler ni pâlir. C'était le jour de son mariage.

Dans la matinée, M. de Grand-Lieu se présenta dans la chambre de mademoiselle de Kérouare, grave et froid comme de coutume. Lorsqu'il fut seul avec Marie :

— Mademoiselle, lui dit-il, êtes-vous sûre de n'avoir

pas obéi seulement à un élan généreux de votre âme ? Êtes-vous sûre que ma destinée ne répugne pas à la vôtre ? N'abusé-je pas, à mon insu, d'un mouvement d'exaltation et d'enthousiasme, que j'aurais fait naître sans le chercher, sans le vouloir ? N'ai-je pas surpris votre assentiment ? Pensez-vous n'être pas enchaînée, à cette heure par quelque mauvaise honte ? Dites, Marie, il est temps encore. Vous m'êtes plus chère que la vie ; mais je ne voudrais pas d'un bonheur qui dût vous coûter une larme.

Il y eut dans la voix de M. de Grand-Lieu, et dans son regard, tandis qu'il parlait, une expression de tendresse et d'humilité qui touchèrent mademoiselle de Kérouare.

— Monsieur de Grand-Lieu, répondit-elle, depuis le soir où je vous ai tendu la main, avez-vous surpris un regret dans mon cœur, un reproche sur mon visage ? Prenez-la, cette main qui vous appartient, et dites si vous la sentez hésiter dans la vôtre ?

M. de Grand-Lieu porta à ses lèvres les doigts de la jeune fille et se retira, aussi paisible dans sa joie que Marie dans son désespoir.

Le mariage eut lieu à Clisson, et la cérémonie religieuse dans la chapelle du château de Kérouare. Ce fut un beau jour pour le jeune époux, le dernier jour de son bonheur.

III.

Durant ce jour, mademoiselle de Kérouare n'avait pas un instant faibli, si bien que, la voyant ainsi, froide et sérieuse, mais calme et sereine, M. de Grand-Lieu ne put se douter du sacrifice qui s'accomplissait, et dans lequel il jouait à son insu le rôle de bourreau. De son côté, M. de Kérouare se sentit tout-à-fait rassuré sur l'avenir de sa fille, et, en présence d'une résignation si facile, c'est à peine s'il plaignit l'héroïque enfant. Toutefois, au retour de Clisson, le mariage accompli, il la prit dans ses bras et la tint longtemps embrassée.

— Ton vieux père te bénit, dit-il d'une voix attendrie; nous te bénissons tous, ajouta-t-il en levant les yeux vers les portaits des Kérouare qui tapissaient les lambris du salon.

Marie étouffa ses sanglots et pressa son cœur à deux mains pour l'empêcher d'éclater. L'ivresse de la douleur la soutint jusqu'au bout. Mais le soir, lorsque tout fut dit, lorsqu'elle sortit de la chapelle, épouse devant Dieu et devant les hommes, il se fit autour d'elle comme un de ces grands coups de vent qui dégagent parfois, dans les jours de tempête, les horizons submergés par la brume. Sa destinée lui apparut à découvert, sombre, terrible, irrévocable; l'ivresse qui l'avait soutenue s'abattit, et la réalité l'étreignit de sa main de fer.

La soirée était peu avancée, mais déjà la nuit descendait des coteaux dans la plaine.

On touchait aux derniers beaux jours de l'automne. Oppressée et n'en pouvant plus, Marie s'échappa du salon où étaient réunis son père, son époux, et les invités peu nombreux. Elle se réfugia d'abord dans sa chambre; mais, prise aussitôt d'un invincible sentiment de terreur, elle s'enfuit. Elle étouffait; elle avait besoin d'air, de mouvement, de solitude et de silence. Il faisait nuit sombre : elle sortit du château sans être aperçue. Où allait-elle ? l'infortunée ne les avait pas. Elle marchait d'un pas rapide, nu-tête, les cheveux en désordre, meurtrissant ses pieds aux cailloux des sentiers, déchirant sa robe aux buissons, pâle, égarée, mêlant ses cris aux plaintes du vent. Elle passait comme une ombre éplorée, à travers les bois. Elle allait, harcelée par son cœur, comme une biche par une meute. Soudain elle s'arrêta. La rivière coulait devant elle, les étoiles brillaient au ciel, la lune se levait derrière les grands chênes. Marie reconnut l'endroit où, par une soirée pareille, par une douce soirée d'automne, elle avait échangé son amour et sa foi contre l'amour et la foi d'Octave. Elle se laissa tomber sur le gazon de la rive et s'y débattit longtemps dans l'agonie du désespoir. Tout lui semblait prendre une voix pour l'accuser et la maudire ; dans le bruit de l'eau, dans les soupirs du vent, elle entendait la voix d'Octave qui lui rappelait leurs serments. — Grâce ! pardonne-moi ! s'écriait-elle. Elle s'arracha de ces lieux, mais partout, sur son passage, les rameaux qu'agitait la brise lui murmuraient les noms d'infidèle et de parjure. A chaque détour de haie, il lui semblait voir le fantôme irrité de son amant. Cette vallée, ces bois, ces collines n'avaient pas un coin qui ne fût plein du souvenir toujours adoré. Partout ce souvenir se dressait devant elle comme un spectre menaçant. Elle allait, se frappant le front et la poitrine, s'accusant elle-même et joignant ses imprécations à celles que lui jetait la nature entière. — Ah ! pleure, malheureuse, pleure ! s'écriait-elle ; pleure, et ne demande point de pardon ! Pleure, et ne cherche plus à t'absoudre par la grandeur de ton sacrifice ! Pleure, parjure, pleure, infidèle ! — Et ses pleurs coulaient en effet. Elle ne savait pas, elle ne comprenait plus comment elle avait pu se résigner et se soumettre. Il y avait des instants où elle s'arrêtait brusquement et se demandait si tout cela n'était pas un rêve. Parfois elle portait les mains à son visage, pour se convaincre qu'elle ne dormait pas ; elle se regardait curieusement pour s'assurer que c'était bien elle : puis, en reconnaissant sa robe de mariée, elle poussait un cri et reprenait sa course haletante. Mille projets confus se croisaient dans son cerveau malade. Parfois elle voulait aller se jeter aux genoux de son mari, lui tout avouer, et mourir à ses pieds. Alors elle se rapprochait de Kérouare ; mais aussitôt qu'elle en apercevait de loin les tourelles que blanchissait la lune, elle s'enfuyait dans les bois comme une gazelle effarée. Elle finit par arriver à un état d'exaltation difficile à décrire. Plus d'une fois elle se sentit fatalement attirée par le bruit des écluses ; plus d'une fois elle regarda d'un œil avide l'eau qui étincelait à travers le feuillage.

Cependant, au château, on commençait à s'inquiéter de cette disparition et de cette longue absence. Les invités s'étaient retirés ; M. de Kérouare et M. de Grand-Lieu restaient seuls. Ils s'étonnèrent d'abord, puis ils s'alarmèrent. On chercha vainement Marie dans le château et aux alentours : personne ne l'avait vue sortir. On l'appela à plusieurs reprises du haut de la terrasse : aucune voix ne répondit. On s'informa dans le voisinage : nul ne l'avait aperçue. Ce devint bientôt une horrible angoisse. M. de Grand-Lieu était pâle et muet, M. de Kérouare assailli par des pressentiments sinistres. Après une heure de vaine attente, le jeune homme fit seller un cheval et partit pour battre les environs. Plusieurs serviteurs l'imitèrent. Le vieux Kérouare demeura seul, en proie à une anxiété qu'il est aisé d'imaginer. Au bout de deux heures, les serviteurs rentrèrent au château : aucun d'eux n'avait trouvé les traces de leur jeune maîtresse. La consternation était sur tous les visages. M. de Grand-Lieu revint le dernier, plus sombre, plus silencieux qu'au départ. M. de Kérouare, en le voyant, cacha sa tête entre ses mains et se prit à pleurer, comme s'il eût perdu tout espoir. Pendant qu'il pleurait, M. de Grand-Lieu se promenait à grands pas dans le salon, les bras croisés sur sa poitrine ; la contraction de ses traits révélait seule tout ce qui s'agitait dans son âme.

— Monsieur le comte, dit-il enfin, en s'arrêtant devant le vieillard, ne sauriez-vous rien présumer de ce qui se passe? Vous connaissez le cœur de votre fille mieux que je ne le connais moi-même. N'avez-vous jamais rien vu, rien surpris dans ce jeune cœur, qui puisse nous aider à pénétrer ce mystère ? N'auriez-vous pas, sans le savoir, quelque fil qui puisse nous guider? Voyez, monsieur, interrogez scrupuleusement vos souvenirs : il y va de notre destinée à tous.

Et comme M. de Kérouare ne répondait pas :

— Eh bien donc! monsieur le comte, ajouta M. de Grand-Lieu, préparons nos forces et notre courage ; car je sens, — je sens là qu'il s'accomplit un affreux malheur.

M. de Grand-Lieu avait laissé son cheval sellé et bridé à la porte : il se disposait à repartir. Auparavant il voulut visiter la chambre de Marie et s'assurer qu'il ne s'y trouvait rien qui pût le mettre sur la voie. Rien, nul indice! Il se jeta dans un fauteuil et prêta l'oreille aux bruits de la nuit. En cet instant, une heure du matin sonna à l'église de Clisson. Le jeune homme tressaillit et se leva épouvanté, comme s'il venait d'entendre la première note du glas de la mort. Une sueur froide mouillait son front, son cœur battait à coups redoublés. Il allait sortir, quand soudain il crut entendre, dans le silence de la campagne, des cris plaintifs et éloignés. Il se précipita à la fenêtre, se pencha sur le balcon, et il écouta. C'étaient les courlis qui vagissaient entre les roseaux des étangs. Il écouta longtemps : il n'entendit que le gazouillement lointain des écluses, le bruissement des feuilles jaunies que détachait le vent, le chant funèbre des orfraies qui battaient l'air de leurs ailes cotonneuses. On entendait aussi les aboiements des chiens, qui, à longs intervalles, s'appelaient et se répondaient dans l'ombre. A tous ces bruits, à toutes ces rumeurs, M. de Grand-Lieu sentait son sang se glacer dans ses veines et son cœur mourir dans sa poitrine. Il s'arracha de la fenêtre ; mais à peine retourné, il poussa un grand cri : Marie de Kérouare, madame de Grand-Lieu, était debout, vis-à-vis de lui.

Il tendit ses mains tremblantes vers la pâle apparition.

— Marie, est-ce vous ? s'écria-t-il.

Elle se tenait immobile, le front illuminé par la fièvre, les yeux brillants d'un funeste éclat. Ses pieds étaient déchirés, ses vêtements en lambeaux, son visage et ses mains ensanglantés. Ses cheveux, mouillés par la rosée, pendaient le long de ses joues et sur ses épaules.

— C'est moi, dit-elle ; monsieur de Grand-Lieu, ne perdons pas de temps. Allez rassurer mon père et nos serviteurs. Personne ne m'a vue rentrer ; il est convenable que personne ne puisse me voir en cet état. Vous direz à mon père ce que vous voudrez, ce qu'il vous plaira, ce qui vous passera par la tête ; pourvu que mon père soit rassuré et qu'il croie sa fille heureuse, tout sera bien. Allez, monsieur, et faites vite : je vous attends.

Sa voix était brève, saccadée, impérieuse.

M. de Grand-Lieu sortit sans répliquer une parole.

Aussitôt qu'il fut rentré, Marie ferma la porte avec précipitation, en ôta la clé, puis, se jetant aux genoux de son mari :

— Monsieur, tuez-moi ! s'écria-t-elle.

M. de Grand-Lieu essaya de la relever ; mais elle s'attachait comme une liane à ses genoux.

— Tuez-moi ! répéta-t-elle ; c'est là, c'est à vos pieds que je veux, que je dois mourir.

— Qu'avez-vous ? dit M. de Grand-Lieu ; quelle douleur vous trouble et vous égare ?

— Je vous dis, répéta-t-elle encore, — cette fois avec un horrible sang-froid, — je vous dis que vous n'avez qu'à me tuer. C'est votre droit, c'est mon désir, c'est le seul moyen d'en finir.

— Relevez-vous, dit le gentilhomme, quelques révélations que vous ayez à me faire, votre place n'est pas à mes genoux. Calmez-vous ; quoi que vous puissiez dire,

4

je crois pouvoir vous promettre d'avance l'appui d'une âme honnête, l'assistance d'un noble cœur.

A ces mots, l'exaltation de Marie s'abattit en une pluie de larmes. M. de Grand-Lieu s'était assis. Malgré ses efforts pour la relever, la jeune fille demeura devant lui agenouillée, dans l'attitude d'une Madeleine éplorée.

Elle pleura longtemps en silence.

Silencieux comme elle, M. de Grand-Lieu la contemplait avec une ineffable expression de tristesse et d'inquiétude.

Enfin d'une voix entrecoupée de sanglots :

— Monsieur de Grand-Lieu, je vais tout vous dire. Vous me tuerez après, car il faudra toujours en venir là. Écoutez, je suis bien malheureuse !

Ses larmes l'interrompirent.

— Je vous en prie, calmez-vous d'abord, dit M. de Grand-Lieu avec bonté ; songez, mademoiselle, que vous n'avez point ici de maître, et que vous êtes sous la sauvegarde d'un homme d'honneur.

— Laissez-moi parler, reprit-elle ; je vais tout vous dire. Mon Dieu ! le pourrai-je sans vous offenser mortellement ? Il faut pourtant que vous sachiez tout. Monsieur de Grand-Lieu, je ne vous aime pas, je ne vous ai jamais aimé, je n'ai pu vous donner que ma main : depuis longtemps mon cœur ne m'appartenait plus. Ne vous irritez pas. Ma vie est à vous, et, quand j'aurai tout dit, vous ferez de moi ce que vous voudrez. Vous me tuerez, vous m'enverrez dans un couvent ; quoi que vous décidiez, je vous bénirai. Écoutez-moi. C'est une triste histoire. Je suis bien coupable, je suis plus malheureuse encore. Vous verrez, après m'avoir entendue, que vous me plaindrez un peu. Je ne crois pas qu'il y ait au monde une créature plus misérable. Lorsque vous m'avez demandée en mariage, voilà bien longtemps de cela, je n'étais qu'une enfant ; je ne savais rien de l'amour. Je n'avais connu jusqu'alors que la tendresse de mon père. Je ne savais rien, je ne me doutais de rien, je ne prévoyais rien, j'étais heureuse. C'est ce qui m'a perdue. Je laissai mon père vous engager ma parole et ma foi. Il désirait cette alliance ; son désir fut ma loi. J'avais d'ailleurs pour vous une haute estime, un saint respect, une affection de sœur. Je crus que c'était de l'amour ; j'appris plus tard que je me trompais. Que vous dirai-je ? mon cœur s'est laissé prendre à l'insu de lui-même. Je ne sais pas comment cela s'est fait. Vous n'étiez pas là pour me défendre ; j'étais seule, sans défiance, je ne songeais à rien. Ce fatal amour éclata en moi, comme la foudre dans un ciel serein. Il m'est impossible de dire comment cela est arrivé ; mais à votre retour, vous n'aviez plus de fiancée. Ne m'interrompez pas. Allez, j'ai bien souffert ! Rappelez-vous mes sombres tristesses. Si vous saviez, monsieur de Grand-Lieu, que de nuits passées dans les larmes ! Vous avez dû me prendre pour un enfant capricieux et boudeur ; c'est que j'étais si malheureuse ! Bien souvent j'ai voulu vous tout avouer : votre bonté m'encourageait ; la crainte d'affliger mon père m'a toûjours arrêtée. J'attendais une heure propice. Je ne prétends pas m'excuser, je ne cherche pas à m'absoudre ; mais cependant je dois vous dire que, depuis que j'aimais, je ne croyais plus à votre amour ; je croyais qu'en recherchant ma main, vous n'aviez obéi qu'aux derniers vœux de votre père, de même que moi je n'avais cédé qu'aux trop chères volontés du mien. Je pensais que nous pourrions toujours, sans secousse et sans déchirement, rompre les liens qui nous unissaient l'un à l'autre. Vis-à-vis de vous j'étais donc sans remords ; vous n'étiez pas même en question ; mon père seul me préoccupait. Un jour, jour funeste ! il eut pitié de ma douleur. La motié de mon secret m'échappa ; à ses pieds, comme je suis aux vôtres, j'osai lui dire, monsieur de Grand-Lieu, que je ne vous aimais pas. Vous, qu'il avait déjà nommé son fils, vous devinez ce qu'il dut souffrir ! Cependant j'embrassais ses genoux, j'arrosais ses mains de mes pleurs. Il y avait longtemps que je souffrais. Ma santé n'avait pu résister à tant de luttes intérieures. J'étais pâle, amaigrie ; j'avais les yeux brûlés de larmes. Mon père attendri n'y tint plus. Il se leva pour vous écrire, pour vous redemander sa parole et la mienne. Hélas ! c'est alors que vous êtes entré. Une heure plus tard, nous étions tous sauvés. Pauvre, ruiné, proscrit, vous veniez généreusement nous rendre notre promesse. Pouvions-nous l'accepter ? Vous comprenez bien que cela ne se pouvait pas ; vous comprenez bien qu'au lieu de la briser, votre malheur rivait à jamais notre chaîne. Vous m'aimiez, vous le disiez du moins. Vous nous rendiez notre parole, mais sans retirer la vôtre. Que faire ? Je vous tendis la main.

— Avez-vous tout dit ? demanda M. de Grand-Lieu.

— Pas encore, répondit la jeune fille.

Après quelques instants de recueillement douloureux :

— Dieu qui me jugera, reprit-elle d'une voix plus calme, m'est témoin que dès lors le sacrifice fut complet dans mon cœur. Autant que je le pus, j'imposai silence à mon amour : si je n'en étouffai pas tout d'abord les cris et les regrets, j'en immolai sur-le-champ les rêves et les espérances. J'acceptai mes devoirs dans ce qu'ils avaient de plus sévère et de plus rigoureux. Seulement je me rassurai en songeant que j'en mourrais bientôt : voilà tout. Ainsi, m'exaltant dans mon désespoir, je suis arrivée sans faillir jusqu'à ce dernier jour. Ce matin encore, ma main n'a pas tremblé dans votre main. Ce soir, voilà quelques heures à peine, lorsque j'ai dit oui devant Dieu, ma voix n'a pas hésité. J'étais résignée, j'étais prête ; du moins je le croyais. Depuis cet instant, que s'est-il passé ? je l'ignore. Tout ce que je puis dire, c'est que jusqu'à cet instant suprême, je n'avais rien compris. J'avais tout laissé s'accomplir, avec la confiance que rien ne s'accomplirait. J'étais folle. Réveillée brusquement, comme par un coup de tonnerre, j'ai ouvert les yeux, et me suis trouvée, pour la première fois, face à face avec mon malheur. J'ai eu peur ; j'ai voulu fuir. Ce que je suis devenue, je ne m'en souviens plus.

— Avez-vous tout dit ? demanda M. de Grand-Lieu.

— Pas encore, murmura-t-elle.

Longtemps elle hésita.

— Monsieur de Grand-Lieu, reprit-elle enfin en baissant la tête, j'avais trop présumé de mon dévouement, de mes forces et de mon courage. Tout ce que j'ai pu vous donner, je vous l'ai donné. L'homme que j'aime n'est plus pour moi qu'un souvenir. Je porte un mort dans mon cœur, mais je lui resterai fidèle.

Et comme M. de Grand-Lieu se taisait :

— Ma vie est à vos pieds, dit-elle.

M. de Grand-Lieu resta muet, accoudé sur le bras du fauteuil, le front appuyé sur sa main.

Marie, toujours agenouillée, attendait l'arrêt de son juge.

— Ainsi, vous aurez d'un seul coup, en un jour, brisé trois destinées ! dit-il avec un profond sentiment de tristesse. Malheureuse enfant, c'est l'orgueil qui vous a perdue.

— Par pitié, tuez-moi ! s'écria-t-elle en arrachant ses cheveux avec désespoir.

— Mademoiselle, relevez-vous, dit M. de Grand-Lieu avec fermeté. La nuit est avancée ; vous devez avoir besoin de repos. Dans quelques heures, si vous voulez me recevoir, nous règlerons ensemble, d'un commun accord, la nature de nos relations dans le présent et dans l'avenir. Fiez-vous à moi, et croyez qu'en ceci, comme en toutes choses, je consulterai les intérêts de votre bonheur autant que ceux de notre dignité.

Comme Marie restait dans la même attitude, il la prit par la main, et la releva malgré elle.

— Je pense, ajouta-t-il, et sans doute vous pensez avec moi qu'on doit ignorer ici le dénouement de cette journée. Vous ne voudriez pas abréger la vieillesse de votre père. Il y a déjà trop de victimes. Si vous y consentez, nous le laisserons croire à nos félicités. Croyez que les efforts qu'il m'en coûtera égaleront au moins les vôtres. Ne vous préoccupez pas de l'explication que j'ai donnée à M. de Kérouare de votre disparition et de votre absence. Votre père n'y fera même pas allusion. Tâchez de reposer, et que demain votre visage ne démente pas trop mes paroles. Je ne vous tuerai pas ; vous n'irez pas dans un couvent. Si quelqu'un doit mourir, ce n'est pas vous, mademoiselle.

A ces mots, M. de Grand-Lieu salua poliment sa femme.

La jeune fille se jeta vivement devant la porte et lui barra le passage.

— Qui donc doit mourir, si ce n'est moi ? s'écria-t-elle avec exaltation ; si ce n'est moi, qui donc voulez-vous tuer ?

— Mais... je ne veux tuer personne, répondit M. de Grand-Lieu avec un doux et triste sourire.

— Le jurez-vous ?

— Je vous en donne ma parole.

— C'est que, monsieur de Grand-Lieu, si vous aviez le malheur de toucher à un seul cheveu de sa tête, je me tuerais sous les yeux de mon père.

— Je ne vous ai pas même demandé son nom, répliqua froidement M. de Grand-Lieu.

Il sortit. Le jour était près de paraître. Lorsque, au bout de quelques heures, M. de Grand-Lieu rentra dans la chambre de sa femme, il trouva Marie couchée, en proie à une fièvre ardente. Ses mains étaient brûlantes, ses yeux hagards, son haleine embrasée. Dans son délire, elle voyait Octave blessé par M. de Grand-Lieu. Elle demandait grâce à son amant près d'expirer ; celui-ci la repoussait, et mourait en la maudissant... M. de Grand-Lieu s'était assis à son chevet et s'efforçait de la calmer ; mais il apparaissait à Marie tout couvert du sang aimé, et l'infortunée se détournait de lui avec horreur.

IV.

La maladie de Marie fut longue : on désespéra de sa vie ; la jeunesse triompha de la mort. Tant que dura le danger, M. de Grand-Lieu soigna sa femme avec une sollicitude qui ne se démentit pas un instant. Marie n'ouvrit jamais les yeux sans l'apercevoir auprès d'elle, à la fois empressé et discret, constamment à l'écart, et n'accourant que lorsque sa présence devenait nécessaire. Pas un mot, pas un regard qui pût faire allusion au passé, mais à toute heure un visage bienveillant et des paroles affectueuses. Tant de dévouement ne s'adressait pas à un cœur ingrat ; la jeune fille en fut profondément touchée : elle avait une trop belle âme pour pouvoir en être humiliée. — Une nuit qu'elle s'était éveillée après un long assoupissement, elle aperçut, à la clarté voilée de la lampe, M. de Grand-Lieu qui se tenait assis dans le fond de la chambre. Il veillait dans une attitude rêveuse et réfléchie. Elle demeura longtemps à le regarder avec un sentiment de reconnaissance exaltée.

— Monsieur de Grand-Lieu ! dit-elle enfin d'une voix éteinte.

Il se leva et courut vers elle.

— Monsieur de Grand-Lieu, reprit Marie, asseyez-vous auprès de moi.

Et lorsqu'il eut pris place au chevet :

— Vous êtes bon, ajouta-t-elle.

Le jeune homme resta silencieux.

— Oui, vous êtes bon, répéta Marie : monsieur de Grand-Lieu, vous êtes un grand cœur ; mais que ne me laissez-vous mourir ? Pourquoi voulez-vous que je vive ?

— Vous vivrez pour être heureuse, répondit M. de Grand-Lieu.

— Heureuse ! dit elle, en secouant tristement la tête. Pourquoi me parlez-vous ainsi ? Vous savez bien qu'il n'est plus de bonheur pour moi sur la terre.

— Vous vivrez pour être heureuse, répéta le gentilhomme avec une sombre assurance. Vous n'êtes qu'un enfant, ajouta-t-il aussitôt d'une voix plus douce et plus tendre : pouvez-vous savoir ce que l'avenir vous réserve ? Moi, j'ai bonne confiance. A votre âge, il n'est point de malheur qui ne puisse se réparer. Comme moi, ayez bon espoir : je réponds de votre bonheur.

— Et qui donc me répondra du vôtre? s'écria-t-elle avec désespoir.

— N'en ayez nul souci, répondit M. de Grand-Lieu : vivez, et vous serez étonnée un jour de voir combien il était aisé de simplifier les embarras qui peut-être à cette heure vous semblent inextricables. Reposez-vous sur moi de ce soin.

— Que prétendez-vous donc? demanda Marie d'un air alarmé. Qu'espérez-vous? qu'avez-vous résolu?

— Rien qui ne soit en vue de votre félicité. Je vous expliquerai tout plus tard. Vous êtes trop faible à présent pour m'entendre. Je vous le répète, ayez bonne confiance, la vie vous garde de beaux jours.

— Vous ne parlez jamais que de moi, dit-elle avec inquiétude; mais vous, monsieur, mais vous? Ce n'est pas ma destinée qui me préoccupe à ce point, c'est la vôtre.

— Chère Marie, dit M. de Grand-Lieu en lui prenant la main, trop parler vous agite. Voilà déjà votre sang qui s'enflamme et votre oppression qui redouble. Calmez-vous et reposez; il ne s'agit pour vous que de vivre : je réponds du reste devant Dieu.

— Dites-moi seulement que vous me pardonnez.

— Vous pardonner? quoi donc? demanda-t-il en lui baisant la main.

Elle voulut continuer de parler, mais il l'en empêcha

par un geste caresssant, et bientôt Marie s'assoupit, une main dans celle de son époux. Il demeura près d'elle le reste de la nuit. Qui pourrait dire ce qui se passa, durant ces longues veilles, dans cette âme silencieuse ?

On trembla pour Marie pendant un mois et plus. A vrai dire, ce fut moins la jeunesse qui la sauva que les soins réunis de son mari et de son père. Ces deux tendresses la disputèrent victorieusement à la mort. Je crois fermement, pour ma part, qu'à force de les aimer on empêche les gens de mourir. Si le danger dura longtemps, la convalescence fut plus longue encore ; mais les jours de convalescence sont des jours charmants, mélancoliques et voilés comme une fin d'automne. Il ferait bon d'être malade, ne fût-ce que pour être convalescent. C'est, à coup sûr, un des plus doux états que nous puissions connaître. Notre âme s'est alors réfugiée tout entière dans le sentiment de sa délivrance. Épuisée par les tortures du corps, elle n'a plus d'énergie pour ses propres souffrances. Elle n'en a qu'un vague souvenir, pareil à l'impression produite par les rêves. Elle se laisse aller mollement au flot qui la caresse et la soulève. Il lui semble qu'elle est née d'hier et qu'elle commence une nouvelle vie. Autour d'elle, tout lui sourit et lui fait fête : l'amitié se réjouit et la bienveillance s'empresse. La conscience de son bien-être s'épanouit et rayonne sur tous les visages. Il en est de la convalescence comme de l'enfance : on la berce, on la gâte, on la choie ; on lui donne tout, on ne lui demande rien. Marie n'échappa point à ces bienfaisantes influences. La joie de ses serviteurs en la voyant sauvée, le bonheur de son père en la sentant renaître, tombèrent sur son cœur comme une rosée salutaire. Quoique toujours présente, la pensée d'Octave s'était, pour ainsi dire, amollie ; la fièvre semblait en avoir emporté ce qu'elle avait d'âcre et de brûlant. Déjà, dans l'esprit de Marie, d'autres préoccupations se mêlaient à celle de ce jeune homme : confuses, il est vrai, indécises, inavouées, pareilles à ces vagues rumeurs qui courent dans l'air au lever du jour. Parfois, en se rappelant la conduite de son mari, ce qu'il avait été pour elle, la jeune fille tombait dans de longues rêveries, où la figure de M. de Grand-Lieu passait gravement, mystérieuse et poétique. Elle aimait à se raconter à elle-même tous les détails de ce grand dévouement. Elle revenait avec un charme douloureux sur cette nuit sombre et terrible qui avait suivi son mariage ; elle se revoyait aux pieds de son époux ; elle revoyait M. de Grand-Lieu l'écoutant, et Marie ne pouvait s'empêcher d'admirer ce noble visage, ce maintien digne et calme, cette belle et simple attitude. En remontant plus haut le courant de ses souvenirs, — car, en dépit d'elle-même, M. de Grand-Lieu la préoccupait sans cesse, — elle se rappelait le jour où ce jeune homme l'avait prise en ses bras, quand son cheval s'était emporté sur le bord de la Sèvre. A ce souvenir, elle se troublait et devenait tremblante. Mais elle s'arrachait bientôt à ces images, en s'accusant de les avoir trop longtemps caressées : car n'avait-elle pas juré de demeurer fidèle au mort adoré qu'elle portait dans son sein ? Bien souvent encore les reproches de son cousin tourmentaient ses veilles et son sommeil ; elle s'inquiétait de cette destinée qu'elle avait trahie et délaissée : que faisait Octave ? où ses jours allaient-ils ? s'était-il relevé de ce cruel abandon ? son existence n'en serait-elle pas à jamais brisée ? A ces questions, la pauvre fille sentait sa tête s'égarer et son cœur se serrer sous les étreintes du remords. Toutefois, ce n'était plus une obsession de toutes les heures et de tous les instants; affaiblis par la maladie, les organes de Marie ne servaient plus comme autrefois sa douleur, et bientôt elle finissait par tomber dans une espèce d'anéantissement qui lui laissait à peine la faculté de penser et de souffrir. Elle ne pensait pas ; elle ne souffrait pas ; elle écoutait d'un air distrait ce qui se disait autour d'elle ; elle assistait à la vie comme une ombre : c'étaient là ses instants les plus doux.

M. de Grand-Lieu n'avait point failli au rôle qu'il avait généreusement accepté, et, grâce à lui, M. de Kérouare ne se doutait de rien. Cependant, à mesure que Marie revenait à la vie et à la santé, M. de Grand-Lieu s'éloignait d'elle et se montrait de plus en plus froid et réservé. Il entrait le matin dans la chambre de sa femme, n'y demeurait que quelques instants, faisait seller son cheval, disparaissait pour le reste de la journée et ne revenait que le soir ; il lui arrivait même parfois de s'absenter durant plusieurs jours. Marie n'osait ni se plaindre ni l'interroger, et tous deux s'accusaient mutuellement d'indifférence.

M. de Grand-Lieu venait de renouer les relations politiques qu'il avait rompues quelques mois avant son mariage. La Vendée s'agitait : on y trouvait encore le moyen de mourir héroïquement. Ce n'était qu'un jeu, mais on jouait son sang. Les enfants voulaient continuer les aïeux. On s'armait en silence, on se réunissait en secret, la nuit, au fond des bois ou dans les châteaux solitaires. De temps en temps, on voyait des cavaliers passer au galop sur la lisière des forêts ; on entendait siffler des balles, dernières escarmouches de la légitimité. Des figures étranges apparaissaient tout-à-coup derrière les genêts. On se battait bien et l'on mourait de même. Pour être des géants, il ne manquait aux fils que la foi de leurs pères. Ils avaient plus d'imagination que de conviction ; c'étaient moins des héros que des poètes. Ç'aura été d'ailleurs le dernier mouvement chevaleresque qui se sera vu en France. Aussi ne faut-il pas trop en médire, mais le respecter, au contraire, comme toute poésie qui s'en va.

Inhabité depuis le mariage de mademoiselle de Kérouare, le château de Grand-Lieu était devenu un des centres de l'activité légitimiste. Les chefs s'y rassemblaient plusieurs fois par semaine, et s'y concertaient sur l'emploi de leurs forces. Dans ces assemblées, dont il était l'âme et la vie, M. de Grand-Lieu se montrait d'une exaltation qui, plus d'une fois, effraya les faibles et étonna les forts. De tout temps on l'avait connu ardent, prompt à la guerre, mais jamais exalté ni terrible à ce point. Les plus impatients furent souvent obligés de le modérer. On s'étonnait qu'étant nouvellement marié à une femme jeune et belle, il compromît si légèrement un bonheur qu'il n'avait pas eu le temps d'épuiser. Mais alors M. de Grand-Lieu reprochait à ses amis leurs hésitations et leur inertie. — Vous n'êtes pas des hommes, leur disait-il, mais des enfants qui jouent au dévouement et à la guerre. Vous vous êtes laissé séduire et entraîner par la poésie de votre rôle, voilà tout, rien de plus. Qu'attendez-vous pour agir ? A cette heure, il n'y a qu'un homme en Vendée, et cet homme est une femme. Vous n'allez pas à la cheville de vos pères, vous n'êtes bons tout au plus qu'à mettre en vers les grandes choses qu'ils ont faites. Ils faisaient des poèmes, et vous, vous les chantez. — Sa voix était puissante, et plus d'une fois sa parole entraîna l'assemblée.

Le château de Grand-Lieu était merveilleusement situé pour servir de foyer à toutes ces agitations : au milieu des bois, entouré de gorges profondes, on s'y rendait, la nuit, de Nantes, de Clisson, de Tiffauges et des alentours. Parfois, aussi, de peur d'éveiller les soupçons, on s'assemblait dans quelque ferme isolée, sous quelque chaume sûr et fidèle. Ces marches, ces contre-marches, ces rendez-vous mystérieux, ces délibérations entourées de périls, enfin tout ce poétique appareil, plaisait singulièrement à ces jeunes imaginations. C'était là surtout ce qui les charmait : il est vrai d'ajouter que la mort ne les effrayait pas : héroïques enfants que leurs mères grondaient au retour !

M. de Kérouare ignorait ces réunions, et lorsqu'il interrogeait M. de Grand-Lieu sur ses fréquentes absences, celui-ci les expliquait de façon à ne point inquiéter le vieillard ; mais il était plus difficile de tromper Marie, et depuis qu'elle avait recouvré la santé, madame de Grand-Lieu vivait dans des angoisses continuelles, d'autant plus cruelles, d'autant plus dévorantes, qu'elle ne pouvait les confier à personne. Vingt fois elle fut sur le point de s'adresser à son mari, mais le courage lui manqua. M. de Grand-Lieu n'avait plus pour sa femme qu'une exquise politesse ; empressé et presque tendre si M. de Kérouare assistait à leurs entrevues, il reprenait, aussitôt qu'ils étaient sans témoins, sa froideur et sa gravité naturelles. Depuis son mariage, sa figure avait pris une teinte sombre et presque sauvage. Parfois ses yeux brillaient d'un farouche éclat : on le sentait consumé par une ardeur maladive. Lorsqu'il s'éloignait du château, au galop de son cheval, Marie, appuyée sur le balcon de la fenêtre, le suivait longtemps du regard, puis, lorsqu'il avait disparu, toujours sans se retourner, elle s'asseyait en soupirant, et tombait dans une de ces rêveries dont nous parlions tout-à-l'heure. Elle en sortait souvent tout en larmes. — Qu'avait-elle ?

elle l'ignorait. Pourquoi ces pleurs ? elle n'avait pas songé à Octave.

Marie avait pris l'habitude de ne se coucher qu'après avoir entendu rentrer M. de Grand-Lieu. S'il ne rentrait pas, elle passait la nuit debout et sans sommeil ; s'il restait deux jours absent, Marie restait deux nuits sans repos. Il est vrai que les absences de M. de Grand-Lieu se prolongeaient rarement au-delà de vingt-quatre heures. Cependant, un soir, il était parti plus sombre que de coutume ; trois jours s'écoulèrent sans le ramener. Vers la fin du troisième, brisée par la fatigue et par l'inquiétude, madame de Grand-Lieu s'était jetée tout habillée sur son lit. Une main de plomb pesait sur ses paupières ; le corps triompha de l'âme : elle s'endormit. Elle dormit longtemps, mais d'un sommeil léger, fiévreux, agité. Au milieu de la nuit, elle s'éveilla en sursaut et courut précipitamment à la fenêtre qu'elle ouvrit. Elle avait cru, dans son sommeil, entendre des coups de feu. Il n'était pas rare, à cette époque, et dans ces campagnes, d'être réveillé par des bruits pareils. Marie écouta : tout était calme. Cependant elle croyait bien ne s'être pas trompée. Après s'être assurée que M. de Grand-Lieu n'était pas rentré, elle revint à la fenêtre, décidée à veiller le reste de la nuit.

Presque au même instant, elle entendit au pied du château le galop d'un cheval, et bientôt des pas retentirent dans le corridor.

Pour gagner son appartement, M. de Grand-Lieu était

obligé de passer devant celui de sa femme. Marie crut remarquer que le pas de son mari était moins ferme, moins assuré qu'à l'ordinaire. Son cœur frissonna sous un pressentiment funeste. Elle courut à la porte de sa chambre, l'ouvrit et arrêta M. de Grand-Lieu au passage.

— Vous ne reposez pas, Marie? demanda-t-il avec étonnement et d'un ton de doux reproche.

Sa voix était faible, altérée, presque mourante, et, bien que le corridor fût obscur, Marie s'aperçut qu'il se soutenait avec peine.

— Mon Dieu! mon Dieu! s'écria-t-elle, qu'avez-vous?

— Souffrez, dit-il, que je vous salue ; il se fait tard, nous avons besoin de repos l'un et l'autre.

Marie l'attira vivement dans sa chambre, et le débarrassa, malgré lui, du manteau qui l'enveloppait, tout mouillé par la pluie d'orage.

Ce premier soin rempli, elle examina M. de Grand-Lieu à la lueur de la lampe : M. de Grand-Lieu se tenait debout devant elle, armé et couvert de sang.

— Vous êtes blessé! s'écria-t-elle.

Il avait reçu, en effet, un coup de feu dans le bras gauche.

— Vous êtes blessé, monsieur! répéta Marie.

— Ne faites pas de bruit, dit M. de Grand-Lieu en la repoussant doucement de sa main droite : ce n'est rien, moins que rien ; la balle a seulement labouré les chairs. Quelques gouttes de sang, voilà tout. Je regrette vivement d'avoir troublé votre sommeil, cela n'en valait pas la peine.

— Laissez-moi voir, laissez-moi vous soigner, dit-elle d'une voix suppliante. C'est mon devoir, — et mon droit peut-être, — ajouta-t-elle en hésitant.

— Vous oubliez, Marie, répliqua M. de Grand-Lieu, que ce ne saurait être ni votre droit, ni votre devoir. D'ailleurs, je vous le répète, ce n'est rien, et demain, au château, nul ne s'apercevra de cette égratignure.

— Ce n'est rien ! ce n'est rien ! murmura-t-elle d'une voix étouffée. N'est-ce donc rien que d'exposer vos jours ?

— Vous oubliez encore, répondit M. de Grand-Lieu, que je ne me dois à personne. Est-ce à moi de vous rappeler que je suis libre, et que ma vie n'importe à nulle autre ?

— Ah, monsieur ! s'écria-t-elle.

— Si vous le voulez, nous en resterons là, reprit M. de Grand-Lieu d'un air sombre. Je vous avais promis de ne jamais toucher au passé : ce n'est pas moi qui ai failli à ma promesse. Je souhaite vivement qu'il n'en soit plus question entre nous. Permettez que je me retire, et croyez qu'absent ou présent, je suis uniquement préoccupé du soin de votre bonheur. Si j'échoue, c'est que je suis maudit, et vraiment il ne faudra pas trop m'en vouloir.

— Vous êtes cruel, dit Marie.

— Cruel? vous ne le pensez pas, répondit M. de

Grand-Lieu en souriant; non, répéta-t-il encore, vous ne le pensez pas.

— Oui, oui, vous êtes cruel, répéta-t-elle; vous êtes impitoyable. Allez, je vous comprends, vous méditez une horrible vengeance. Je le connais à présent, ce bonheur que vous me préparez. Eh bien! il me fait horreur.

— Vous ne savez rien, vous ne comprenez rien, répliqua le jeune homme avec calme. Je ne médite pas de vengeance. Je n'ai pas lieu de me venger. Rassurez-vous donc, Marie; je ne suis ni cruel ni impitoyable. Et, tenez, depuis bien longtemps j'ai une lettre à vous remettre. J'ai beaucoup tardé : vous étiez faible et souffrante, et je redoutais pour vous quelque commotion dangereuse. Vous ne m'en voudrez pas d'avoir si longtemps attendu? Je veillais sur votre santé. Je vous crois à cette heure assez bien rétablie pour pouvoir désormais, sans danger, vous occuper de votre correspondance. Prenez donc cette lettre. Je n'ai pas besoin de vous dire que le cachet m'en a été sacré.

Parlant ainsi, il lui tendait une lettre qu'il avait tirée de la poche de son habit.

— Monsieur de Grand-Lieu, je vous prie de la lire, s'écria Marie refusant de la prendre.

M. de Grand-Lieu déposa la lettre sur le marbre de la cheminée, et se retira après avoir salué silencieusement sa femme.

Marie demeura longtemps à la même place, la tête

cachée entre ses mains, le cœur abîmé dans des pensées amères. Enfin, elle s'approcha de la cheminée et jeta les yeux sur la lettre.

L'enveloppe était au timbre de Paris.

C'était une lettre d'Octave.

V.

A la vue de cette lettre, Marie oublia M. de Grand-Lieu et la pensée d'Octave, un instant assoupie, se réveilla dans son cœur, plus vive et plus terrible que jamais. Elle acheva cette nuit dans les larmes, sans pouvoir se décider à rompre le cachet fatal. Vingt fois elle l'essaya, vingt fois elle en fut empêchée par une invisible puissance. Il lui semblait qu'en ouvrant cette enveloppe, des caractères de feu allaient s'en échapper ; elle croyait les sentir s'agiter et courir sous ses doigts en lignes brûlantes. — Ah ! cruel, s'écriait-elle, pourquoi m'avoir écrit, et que peux-tu me dire que je ne me sois dit à moi-même ? N'était-ce pas assez du cri de ma conscience ? Était-il besoin d'ajouter tes reproches aux remords qui me déchirent ? Mon Dieu ! je n'ai donc pas assez souffert ? le sacrifice n'est donc pas consommé ? Je n'ai donc pas vidé mon calice jusqu'à la dernière goutte ? Pourtant, mon Dieu, vous savez par combien de tortures j'ai racheté mon crime. Peut-être mérité-je à cette heure quelque indulgence et quelque pitié. Mon Dieu, soutenez-moi ! J'ai été forte contre ma douleur ; mais contre la douleur d'Octave, je sens que je vais être sans force et sans vertu. — Ainsi disant, elle couvrait la lettre de pleurs et de baisers, la pressant sur son sein avec amour, la repoussant avec désespoir.

Le matin, au lever du jour, elle sortit du château et se prit à suivre le cours de la Sèvre. On était alors aux premiers jours de juin. De blanches vapeurs flottaient sur la rivière ; les oiseaux commençaient à ramager sous la feuillée. Tout emperlés des larmes de la nuit, les bois étincelaient aux premiers rayons du soleil. Marie marchait le long de l'eau ; elle connaissait bien ce sentier ; c'était depuis longtemps celui de sa douleur.

Après une heure de marche, elle arriva à cette même place, où par un soir d'automne, elle avait reçu les premiers aveux d'Octave. Pour que rien ne manquât à son martyre, ce fut là, sous ces mêmes ombrages, qu'elle résolut de lire la lettre qu'elle avait emportée dans son sein. Longtemps encore elle hésita, longtemps elle roula entre ses doigts tremblants le papier redouté. Enfin, par un mouvement désespéré, elle rompit le cachet, arracha la lettre de son enveloppe, en ouvrit les feuillets, et lut les lignes suivantes :

« Comment, mon aimable cousine, vous pensez encore à tous nos enfantillages ! Vous voulez que je vous pardonne et vous promettez de mourir ! Décidément il

n'y a que la Vendée pour les fidélités héroïques.
Rassurez-vous, chère Marie ; c'est à vous de
pardonner ; j'avais pris à l'avance le soin de vous
absoudre. Il ne tiendrait qu'à moi d'usurper le beau
rôle ; j'aime mieux vous le restituer. Ma franchise sera mon excuse. Imaginez-vous, ma cousine, que
je suis marié depuis dix-huit mois. Vos remords ont
éveillé les miens, et vous me voyez tout confus et tout
humilié. Mais aussi, pouvais-je raisonnablement supposer tant d'amour et tant de constance ? Non, sans doute,
je n'ai pas oublié cette soirée que vous me rappelez, où
nous échangeâmes nos serments au clair de la lune. Je
me souviens qu'en effet il faisait un temps magnifique,
quoique un peu froid. C'était en automne, si j'ai bonne
mémoire : vous étiez charmante, et je vois encore vos
petits pieds tapis dans l'herbe de la rive. Vienne octobre
prochain, il y aura cinq ans de cela. Ainsi, durant cinq
ans, vous m'avez aimé, vous m'avez attendu, et la veille
de votre mariage vous m'appeliez, vous m'attendiez encore. Savez-vous, mon aimable cousine, qu'il y a là de
quoi me rendre bien honteux et bien fier ? Toujours est-il que je ne m'en doutais pas. Je me suis marié sans me
soupçonner infidèle. Si vous n'avez pas reçu de lettre
de faire-part, c'est qu'à dater de juillet 1830, votre père
nous a formellement interdit toute espèce de relations
avec le château de Kérouare. Je vous croyais mariée depuis longtemps, et heureuse. Qui m'eût dit que je vous
trahissais m'aurait fort surpris, je vous le jure. Vous ap-

prendrez avez plaisir que j'ai épousé un excellent parti, quarante mille livres de rente, sans parler des espérances. Il est vrai que ce n'est ni votre grâce ni votre beauté. Comme vous, j'ai dû céder aux désirs de mon père ; comme moi, vous vous résignerez. Vous verrez que rien n'est bon, rien n'est efficace comme le mariage pour abattre les folles exaltations de la jeunesse. Vous ne mourrez pas ; ne voulez-vous pas que je vive ? Je n'ai pas l'honneur de connaître M. de Grand-Lieu ; mais d'après ce que je me suis laissé dire, ce gentilhomme me semble vous convenir en tout point. Je regrette toutefois que vous l'ayez épousé précisément parce qu'il était ruiné : ce n'est pas avec de pareils procédés que se font les bonnes affaires.

« Adieu, mon aimable cousine ; je baise vos blanches mains, et vous prie d'agréer les vœux que nous ne cessons, ma mère et moi, d'adresser au ciel pour votre bonheur.

» Octave Duvivier. »

Marie lut deux fois, coup sur coup, cette lettre : la première fois, d'un œil égaré, la seconde, d'un regard froid et sûr ; puis, après l'avoir remise sous l'enveloppe, elle la glissa tranquillement dans la poche de son tablier.

Cela fait, elle demeura longtemps assise au pied d'un chêne, la tête entre ses mains, calme, silencieuse, immobile. Que se passa-t-il en elle ? Il faut, pour le comprendre, avoir enseveli un vivant dans l'oubli de son cœur. Lorsqu'elle se leva, elle était radieuse et comme transfigurée. Il lui sembla que Dieu venait de l'arracher du néant, et qu'elle assistait pour la première fois aux splendeurs de la création. Elle passa ses mains sur son visage comme quelqu'un qui cherche à se ressouvenir, puis elle promena autour d'elle un regard charmé. Tout était fête et joie autour d'elle. Les oiseaux chantaient à plein gosier; les insectes ailés semaient l'air de rubis, d'améthystes et d'émeraudes; les vapeurs, qui, quelques heures auparavant, enveloppaient les bois et les coteaux, s'étaient dissipées, et la nature entière s'épanouissait sous les chauds baisers du soleil. Ce fut dans l'âme de Marie une pareille fête. Elle entendait chanter en elle des voix nouvellement écloses; elle sentait l'image de M. de Grand-Lieu se dégager, pour ainsi dire, des brouillards qui l'avaient si longtemps obscurcie, elle croyait la voir rayonner dans son cœur ainsi que dans un ciel serein. On eût dit une révélation divine. Un sentiment de bonheur non encore éprouvé, inondait tout son être ; ses yeux se mouillèrent de douces larmes, et, posant une main sur son sein :

— Mon noble époux ! s'écria-t-elle.

Madame de Grand-Lieu reprit aussitôt le chemin du château. Elle allait d'un pas léger et d'un cœur joyeux. Chose étrange ! Octave était aussi absent de sa pensée que s'il n'eût jamais existé. Il s'était abîmé dans son souvenir comme un cadavre dans la mer, sans laisser de sillons ni de rides à la surface. Rien ne restait de lui dans cette âme régénérée.

En arrivant à Kérouare, Marie aperçut le cheval de M. de Grand-Lieu, sellé et bridé, qui attendait son maître à la porte. Elle s'approcha du bel animal, et le caressa de sa petite main. Au même instant M. de Grand-Lieu parut, équipé et prêt à partir. Il semblait ne pas se ressentir de sa blessure de la veille.

— Vous partez? vous partez encore? lui dit Marie d'une voix triste et caressante.

Appuyé contre son cheval, M. de Grand-Lieu la contemplait en silence.

— Ne partez pas! ajouta-t-elle d'un ton suppliant.

M. de Grand-Lieu sourit tristement. Marie essaya vainement de le retenir : il était en selle.

— Je vous en prie, dit encore la jeune fille, restez ; monsieur de Grand-Lieu, je ne vous demande qu'un jour, un jour seulement. Me le refuserez-vous? ajouta-t-elle en levant vers lui ses beaux yeux remplis de tendresse.

M. de Grand-Lieu ne répondait que par un mélancolique sourire. Cependant son cheval piaffait en hennissant, et déjà l'écume blanchissait le mors.

— Marie, dit enfin le gentilhomme, je ne vous ai jamais vu l'air si heureux que ce matin.

— Ah! oui, s'écria-t-elle avec effusion, je suis en effet bien heureuse.

En ce moment, une félicité céleste illuminait son doux visage.

— Il paraît, ajouta M. de Grand-Lieu, que vous avez reçu des nouvelles satisfaisantes.

Et il enfonça ses éperons dans les flancs de son cheval qui partit au galop.

Marie, éperdue, voulut le rappeler, mais la voix expira sur ses lèvres, et déjà M. de Grand-Lieu avait doublé la lisière du bois. Elle le suivit longtemps du regard, longtemps elle écouta le pas de son cheval; puis, lorsqu'il eut disparu et qu'elle n'entendit plus rien, elle se sauva dans sa chambre.

Elle passa cette journée dans d'inexprimables angoisses, et crut que le soir n'arriverait pas. Elle essaya de prendre quelque repos, mais vainement. Elle sortit pour tromper la marche du temps; il lui semblait que l'ombre des arbres, au lieu de s'alonger, restait toujours à la même place. Dans les sentiers qui sillonnent en tout sens les bois d'alentour, elle vit passer à cheval plusieurs gentilshommes des environs, non pas en troupe, mais un à un, et se suivant à longue distance. Tous étaient armés d'un fusil de chasse à deux coups; mais il était aisé de voir, à leur air mystérieux et sombre, qu'il ne s'agissait pas de plaisir. Marie remarqua qu'ils prenaient tous la même direction que M. de Grand-Lieu. Un grand trouble s'empara de son cœur. Inquiète, alarmée, elle alla trouver son père et l'interrogea.

— Mon père, dit-elle, que se passe-t-il? Depuis longtemps on s'agite autour de nous. Je ne sais rien, je n'ai rien surpris ; mais quelque chose me dit que de grands malheurs se préparent. Nous sommes sur une mine qui finira par éclater. Cette terre tremble sous nos pieds.

Le vieillard voulut rassurer sa fille.

— Je n'ai point peur, s'écria-t-elle en l'interrompant; mais êtes-vous sûr que M. de Grand-Lieu soit étranger à ce qui se passe? Pourquoi ces fréquentes absences ? Hier, il n'est rentré que bien avant dans la nuit, et ce matin, il est reparti, sans que j'aie pu le retenir. Mon père, ne savez-vous rien de ses desseins ? Votre parole aurait peut-être plus d'influence que la mienne. Rappelez à M. de Grand-Lieu que vous lui avez confié le bonheur de votre enfant : depuis longtemps il l'oublie trop, mon père.

— Il ne l'oublie pas, mon enfant, répliqua le comte de Kérouare ; je réponds de son amour pour toi et de sa sollicitude. Ce matin encore, avant son départ, nous avons eu un long entretien durant lequel il n'a été question que du bonheur de notre chère Marie. Son généreux cœur n'est préoccupé que de toi : il n'y a que l'amour de ton père qui se puisse comparer au sien.

— Il nous fuit pourtant, il nous évite, dit Marie en dévorant ses pleurs.

— Tu calomnies ses intentions, ma fille : il cherche à réparer l'échec qu'a reçu sa fortune, et en ceci, comme en toutes choses, il n'agit qu'en vue de ta félicité. Ce matin il m'en parlait encore, et, près de me quitter, ce noble jeune homme m'a embrassé en prononçant ton nom.

— Il vous trompe, mon père, il vous trompe, s'écria Marie avec des sanglots. Ce n'est point de sa fortune qu'il s'agit, ni de mon bonheur, mais bien de notre perte à tous.

A ces mots, elle s'arracha des bras de son père, et s'enfuit tout éplorée. Je ne sais quel instinct la poussa dans l'appartement de M. de Grand-Lieu : elle y pénétra pour la première fois. Tout y était en désordre. Une neige de papiers déchirés en mille morceaux couvrait le parquet ; cà et là des gouttes de sang toutes fraîches, des armes éparses sur les meubles. Le lit n'était pas défait ; il était évident que M. de Grand-Lieu avait veillé toute la nuit. Sur la plaque de marbre de la cheminée, un moule à balles et des traces de plomb figé. Plus loin, des paquets de poudre éventrés et vides. De lettres, nulle part ! Marie chercha partout et ne trouva rien. Seulement, dans une boîte de palissandre, le portrait du père de M. de Grand-Lieu, et, dans la même boîte, un bouquet desséché de fleurs des champs, qu'elle reconnut pour les avoir cueillies elle-même et portées tout un jour sur son sein.

Marie sortit de cette chambre, plus tremblante qu'avant de l'avoir visitée ; mais, en voyant le soleil qui descendait enfin à l'horizon, elle se sentit soulagée d'un grand poids et se prit à respirer plus à l'aise. On assurait dans le château que M. de Grand-Lieu avait promis de rentrer avant la fin du jour. La jeune fille alla s'asseoir au pied du coteau, sur le bord de la Sèvre. Le jour baissait, et tous les bruits lointains la faisaient tressaillir comme une commotion électrique. Un paysan du village voisin vint à passer, se rendant à la ville ; elle l'arrêta de la voix pour lui demander des nouvelles.

— Que dit-on ? que fait-on ? le pays est-il tranquille ?

Le bonhomme hocha la tête.

— Les mauvais jours sont revenus, dit-il.

Et il continua son chemin.

Ces quelques paroles avaient glacé Marie de terreur. Cependant, au milieu de toutes ces angoisses, elle éprouvait un sentiment de bonheur, vaste et profond comme la mer, dans lequel elle se plongeait avec ivresse. Au milieu des voix orageuses qui grondaient dans son cœur, il y avait une voix charmante qui, par instant, les couvrait toutes, et qu'elle écoutait avec ravissement.

Le jour baissait ; M. de Grand-Lieu ne revenait pas. A l'heure où les hommes des champs prennent leur repas du soir, Marie gagna la ferme voisine. Elle trouva la famille attablée et causant des affaires du jour. C'était là précisément ce que Marie voulait entendre. Elle prit place sur un escabeau, et elle écouta. Les récits étaient contradictoires. Les uns assuraient qu'on en venait aux mains du côté de Tiffauges, les autres du côté des Herbiers. Tous s'accordaient à dire qu'à Clisson la générale avait battu trois fois durant le jour. Des troupes de Nantes, arrivées de la veille, avaient pris position dans les alentours. Tout le pays était sous les armes. Plusieurs noms de chefs insurgés furent jetés dans la conversation. On ne prononça pas celui de M. de Grand-Lieu ; mais Marie crut remarquer qu'on l'observait à la dérobée. Elle remarquait tout, elle écoutait tout avec une avide épouvante. On parlait aussi de rassemblements mystérieux. Le plus jeune garçon de la ferme affirmait avoir vu, le soir même, plusieurs cavaliers tout armés s'introduire dans le château de la Pénissière. Il en avait reconnu plusieurs qu'ils nomma.

— Avez-vous aperçu M. de Grand-Lieu ? demanda Marie en s'efforçant de sourire.

— Non, madame, répondit le jeune gars, je n'ai pas vu M. de Grand-Lieu.

— S'il n'était mort, tu aurais vu son père, ajouta le chef de la famille, vieux vendéen incorrigible.

— Vous n'avez eu que trois fermes brûlées sous vous; vous pensez que ce n'est point assez, dit une femme jeune encore, en pressant entre ses bras deux beaux enfants, dont l'un était à la mamelle. Vous voulez que nos fils soient aussi malheureux que l'ont été nos pères.

Le vieillard, pour toute réponse, leva les épaules et

tourna son regard indigné vers un portrait de Charette, qui pendait à la muraille.

Marie se retira. Il faisait nuit sombre ; le ciel était chargé de gros nuages. La foudre grondait au loin ; déjà de larges gouttes de pluie s'échappaient de la nuée épaisse. Marie rentra au château : M. de Grand-Lieu n'avait pas encore reparu. M. de Kérouare chercha à faire passer dans l'esprit de sa fille une sécurité qu'il n'avait plus lui-même. Depuis quelques heures, des bruits sinistres étaient arrivés jusqu'à lui. Pendant l'absence de Marie, une visite domiciliaire avait eu lieu au château de Kérouare. On avait saisi dans l'appartement de M. de Grand-Lieu les armes et les papiers qui s'y trouvaient. Le même jour, à la même heure, de semblables perquisitions avaient été faites au château de Grand-Lieu ; un vieux serviteur venait d'en apporter la nouvelle. Au dehors, on avait remarqué, vers le soir, des mouvements inaccoutumés. Des détachements d'infanterie avaient battu les bois environnants ; on avait vu les baïonnettes reluire à travers les halliers ; à cette heure encore, on entendait les roulements lointains du tambour qui se mêlaient au bruit du tonnerre ; le tocsin sonnait à Clisson, et le vent d'orage en apportait jusqu'à Kérouare les cris de détresse. On essayait de cacher à madame de Grand-Lieu une partie de la vérité ; mais la consternation qui régnait autour d'elle lui en apprenait déjà trop.

— Vous dites donc, mon père, s'écria-t-elle tout

d'un coup, en s'adressant à M. de Kérouare, vous dites que M. de Grand-Lieu vous a embrassé en partant?

— Et, en m'embrassant, il a prononcé ton nom, ajouta le vieillard qui pressait la main de sa fille.

— Il a prononcé mon nom ! dit-elle comme en rêvant.

Puis elle ajouta :

— Ce doit être la première fois que M. de Grand-Lieu vous a embrassé, mon père ?

— C'est la première fois en effet, répondit M. de Kérouare.

Elle se leva brusquement, écrivit à la hâte quelques lignes, demanda Georges, le plus intelligent, le plus actif, le plus alerte de ses serviteurs. Georges accourut.

— Sellez un cheval, lui dit-elle d'une voix ardente ; allez au château de la Pénissière, voyez M. de Grand-Lieu, remettez-lui cette lettre, et soyez de retour dans une heure.

— Oui, madame, répondit l'honnête garçon.

Deux minutes après, il passait, comme le vent, sur la lisière du bois.

Au bout d'un quart-d'heure, l'orage éclata avec une incroyable furie. Une heure, deux heures s'écoulèrent ; Georges ne revenait pas. La pluie tombait par torrents ; à chaque instant la foudre éclatait. Enfin, sur le coup de minuit, un cheval s'arrêta devant la porte du château. C'était le cheval de Georges ; mais la selle était vide. Ce fut un nouveau sujet d'alarmes, en même temps qu'un sombre et terrible présage. Tout le château était debout ; on ne parlait pas, on osait se regarder à peine.

Au lever du jour, on entendit de toutes parts résonner les clairons et battre les tambours. Bientôt on put voir des bataillons défiler au loin dans la plaine. Des messagers qu'on avait envoyés aux informations rapportèrent que les troupes se dirigeaient vers le château de la Pénissière, qui se préparait, assurait-on, à faire bonne résistance. Marie ne douta plus que son mari ne fût au nombre des insurgés. Georges avait été trouvé sans vie dans la forêt : son cheval s'était sans doute emporté, et le malheureux avait été tué, avant d'avoir pu remplir son message. Madame de Grand-Lieu voulait partir pour aller elle-même arracher son mari aux dangers qui le menaçaient. On eut bien de la peine à lui démontrer que ce projet n'était pas réalisable. En effet, dès le matin, la Pénissière avait été cernée, et c'eût été folie que de vouloir y pénétrer. D'ailleurs il était encore permis de douter que M. de Grand-Lieu comptât parmi les rebelles. — Il t'aime, disait M. de Kérouare, il sait que sa vie est la tienne ; le bonheur l'a rendu ménager de ses jours. — Hélas ! Marie le connaissait, ce bonheur, et voilà bien pourquoi elle s'arrachait les cheveux avec désespoir. Chose étrange, encore une fois ! au milieu de tant d'émotions, elle ne songea pas à Octave, pas même pour l'accuser et le maudire. Il était mort en elle, ou plutôt il n'avait jamais vécu.

Madame de Grand-Lieu avait pris place à sa fenêtre, observant, écoutant avec une horrible anxiété, l'œil fixe, l'oreille avide, le cœur haletant. M. de Kérouare se tenait debout près de sa fille. Tous les serviteurs étaient rassemblés dans la chambre de leur jeune maîtresse. La Pénissière est si près de Kérouare, que Marie aurait pu en apercevoir la toiture, sans les massifs de verdure qui la lui cachaient. Avant ce jour, ce n'était, à vrai dire, qu'une ferme ; cette grande et folle journée l'érigea pour jamais en château. Ce fut avec le sang de vingt jeunes héros que furent signés ses titres de noblesse.

Cependant tout restait calme. Des paysans qui passaient au pied de Kérouare prétendaient que c'était une fausse alerte, et qu'il n'y avait à la Pénissière personne autre que le fermier. Un rayon d'espérance commençait à briller, quand tout-à-coup un roulement de tambours se fit entendre, et presque au même instant la fusillade s'engagea.

On vit alors un spectacle qui aurait arraché des larmes aux yeux les plus indifférents. Marie tomba mourante entre les bras de son vieux père, et tous les serviteurs se pressèrent autour d'elle en pleurant.

A ce mouvement de faiblesse succéda dans l'âme de madame de Grand-Lieu un courage froid et terrible. Elle s'arracha des étreintes de M. de Kérouare, et reprit sa place à la fenêtre. Tout ce qu'on tenta pour l'éloigner fut inutile : l'héroïque fille resta debout, ferme et immobile. Elle mourut ainsi de mille morts, car tous les coups de feu la frappèrent au cœur.

Les décharges continuaient. On pouvait distinguer l'attaque et la riposte, et, pour ainsi dire, les demandes et les reponses. De loin en loin, de lourdes explosions, puis des coups isolés, puis de longs silences plus lugubres, plus effrayants que le bruit même. D'une part, le tambour battait sans interruption ; de l'autre, les cors et les clairons sonnaient de belliqueuses fanfares. En même temps, partaient des deux côtés des chants également connus de la victoire : la jeune Marseillaise et le vieil Henri IV se mêlaient au milieu du sifflement des balles.

Madame de Grand-Lieu n'avait point changé d'attitude. Elle était là comme assistant sur quelque place de Grève à l'exécution de son époux. M. de Kérouare sentait, malgré lui, son reste de sang s'allumer. Le vieux coursier hennissait à l'odeur de la poudre.

De temps en temps passaient des curieux qui, s'étant approchés, autant qu'ils l'avaient pu faire, du théâtre du combat, en semaient des nouvelles sur leur passage. On les arrêtait, on les interrogeait. Les uns affirmaient que le château pouvait tenir longtemps encore, et que sans artillerie on en viendrait difficilement à bout ; d'autres, en souriant, que c'était un enfantillage, et que, pour se rendre maître de la place, il suffisait de quelques hommes résolus. L'on s'accordait sur ce point, que les nobles rebelles se défendaient comme des lions, et n'avaient d'ailleurs aucune chance de salut. Quelques-uns cependant, qui prétendaient bien connaître les lieux, assuraient qu'on pouvait aisément s'échapper par les derrières, qui n'étaient point gardés, grâce à la pluie d'orage qui avait inondé les prairies d'alentour. On citait plusieurs gentilshommes des environs, engagés dans cette échauffourée ; mais nul ne put dire si M. de Grand-Lieu était de la sanglante fête.

Vers le milieu du jour, on aperçut une épaisse fumée s'élever au-dessus des bois : c'était la Pénissière qui brûlait. La fusillade s'était ralentie, mais les chants avaient redoublé parmi les assiégés qui, triomphant dans leur désastre, remplissaient l'air des joyeux éclats de leurs voix et de leurs instruments.

Marie n'avait pas bougé ; seulement la pâleur de son front s'était illuminée, et ses yeux brillaient d'une fiévreuse ardeur.

Tout-à-coup une troupe de cavaliers au galop déboucha du bois dans la vallée. L'un d'eux s'en détacha brusquement et se dirigea vers le château de Kérouare avec la rapidité d'un caillou lancé par une fronde.

Il n'y eut qu'un cri dans l'appartement de madame de Grand-Lieu, un cri de joie et de délivrance.

— Sauvé ! il est sauvé ! c'est lui !

Marie s'était élancée la première ; mais presque aussitôt elle recula avec épouvante.

Ce n'était pas M. de Grand-Lieu.

VI.

C'était un jeune gentilhomme des environs de Mortagne, le vicomte de W***, ami d'enfance de M. de Grand-Lieu, bien connu au château de Kérouare. Il avait ses vêtements en désordre, les mains et le visage noircis par la poudre ; son front saignait d'une blessure profonde. En le reconnaissant, Marie s'était jetée dans les bras de son père. Le jeune homme se tenait debout, silencieux. Au château de la Pénissière, les chants avaient cessé : on n'entendait plus que quelques coups de feu qui se répondaient de loin en loin ; une fumée noire et épaisse continuait de s'élever au-dessus du bois.

— Qu'avez-vous fait de M. de Grand-Lieu? s'écria la jeune fille en s'arrachant des bras de M. de Kérouare, qu'avez-vous fait de mon mari?

— Tout ce qu'il était humainement possible de faire pour le sauver, nous l'avons fait, madame, répondit le jeune homme : nos efforts ont été vains. M. de Grand-

Lieu a refusé de partager la chance de salut qui nous était offerte. Rien n'a pu l'entraîner, ni nos prières, ni notre exemple. Il a protégé notre retraite, nous l'avons tous embrassé en partant. C'est moi qu'il a pressé le dernier sur son noble cœur. J'ai tenté un dernier effort: je l'ai supplié en votre nom, madame. Je lui ai dit qu'il avait assez fait pour son parti, qu'il devait se conserver pour vous, pour votre père, pour notre cause sainte. — Adieu ! m'a-t-il dit avec un triste sourire : mon parti ne me doit rien et Dieu seul connaît la cause pour laquelle je veux mourir. — Ce sont ses dernières paroles. Peut-être ce papier qu'il m'a chargé de vous remettre vous en apprendra-t-il davantage.

Marie s'empara du papier que lui tendait le vicomte de W***. C'était un testament en bonne forme, daté du château de la Pénissière, par lequel M. de Grand-Lieu léguait à sa femme les débris de sa fortune. Pas un mot, d'ailleurs, pas une plainte, pas un regret, pas un adieu !

— Il est resté seul ? demanda la jeune fille.

— Seul vivant, au milieu des flammes.

— Alors, ces coups de feu ?...

— C'est lui qui vit et se défend encore.

— Partez, monsieur, s'écria-t-elle : on doit être à votre poursuite. Ce château est suspect ; cherchez un asile plus sûr. Et nous, mon père, allons, allons sauver M. de Grand-Lieu, ou mourir avec lui !

Sa voix était éclatante, et son visage illuminé.

Au même instant une détonation retentit.

— Mort! s'écria Marie en tombant à genoux.

On écouta : plus rien ! cette explosion fut la dernière ; aucune autre n'y répondit.

Le soir de cette mémorable journée, on vit un spectacle digne d'une éternelle pitié. Madame de Grand-Lieu et son père sortirent du château de Kérouare et se dirigèrent vers la Pénissière, suivis de tous leurs serviteurs. Le vieux comte marchait tête nue, appuyé sur le bras de sa fille : Andromaque et le vieux Priam allant redemander les dépouilles d'Hector ! Le cortége s'écoula lentement le long des sentiers. Tous étaient silencieux : comme leur maître, les serviteurs avaient le front découvert. Marie ne chancela pas une fois durant ce trajet funèbre. Son pas était ferme ; ses yeux ne pleuraient pas. Elle soutenait la démarche tremblante de son père. Au bout de deux heures, ils s'arrêtèrent devant la cour de la Pénissière. M. de Kérouare et madame de Grand-Lieu s'étant présentés à la porte, deux factionnaires les repoussèrent durement ; mais un jeune officier parut, et, s'inclinant avec respect devant cette muette douleur qu'il comprit sans l'interroger, il donna des ordres pour qu'on laissât entrer le vieillard et sa fille.

Ils entrèrent. Ces lieux dévastés offraient en raccourci le tableau d'un champ de bataille et l'image d'une ville prise d'assaut. Le château était debout, mais il n'en restait que les murs ; le toit s'était effondré dans les flammes. Les ruines fumaient encore. La cour était jonchée de cadavres, les uns appartenant à la troupe, les autres qu'on avait arrachés de l'incendie, tous frappés par-devant, défigurés et à peine reconnaissables.

Les vivants bivouaquaient au milieu des morts. Çà et là des fusils en faisceaux, des tambours et tout l'appareil militaire. Plus loin, des soldats blessés, étendus sur des matelas. Le sol était souillé de sang et couvert de débris.

Marie s'avança, sans faiblir, au milieu de toutes ces horreurs. Elle se pencha sur chaque cadavre, les examina tous, froidement, un à un, et s'assura que celui de M. de Grand-Lieu manquait. Un éclair d'espérance traversa son âme désolée.

— Est-ce là, monsieur, tous les morts trouvés dans la place? demanda-t-elle d'une voix émue au jeune officier.

— Tous, oui, madame.

— Et pensez-vous, monsieur, les avoir tous arrachés des flammes? ajouta M. de Kérouare. L'incendie n'en a-t-il pu consumer quelques-uns?

— Quelques-uns ont été peut-être ensevelis sous les décombres, répliqua l'officier; mais je ne le pense pas.

— Il est sauvé! s'écria Marie dans son cœur.

En tournant la tête, elle aperçut un soldat qui, par un geste silencieux, lui indiquait un coin de la cour ombragé par un mûrier. Marie frissonna, marcha droit au lieu indiqué, poussa un cri, et tomba sur le corps sans vie de M. de Grand-Lieu ; M. de Kérouare ayant voulu s'approcher de sa fille :

— Éloignez-vous, mon père, éloignez-vous, dit-elle.

Elle demeura seule, agenouillée près du cadavre de son mari, lui parlant à voix basse, comme s'il avait pu l'entendre, et couvrant de baisers son front pâle et ses mains glacées. M. de Grand-Lieu avait reçu trois coups de feu dans la poitrine ; mais son corps n'avait subi aucun outrage. Son visage était calme et serein ; ses belles mains avaient la mate blancheur de l'albâtre.

La douleur de Marie fut grave, sans larmes et sans éclat. Au bout d'une heure, elle se releva, et s'approchant de M. de Kérouare, qui s'était assis à quelques pas de distance, courbé sur ses genoux tremblants :

— Du courage, mon père ! dit-elle en lui tendant la main.

Ils s'avancèrent vers l'officier, pour lui demander la permission d'enlever le corps de M. de Grand-Lieu.

— C'est mon époux, dit la jeune femme.

— C'est mon fils, ajouta le vieillard.

Le jeune homme donna aussitôt des ordres pour qu'on préparât un brancard de feuillage sur lequel on étendit les dépouilles mortelles du guerrier vendéen. Quatre serviteurs du château de Kérouare le soulevèrent sur leurs épaules. Lorsque le convoi sortit de la cour, le tambour battit ; rangés de front sur une ligne, les soldats présentèrent les armes, et l'officier salua avec la lame de son sabre.

Le brancard marchait en tête; M. de Kérouare et sa fille venaient ensuite, escortés du reste de leurs serviteurs.

Il est à Clisson, sur le plateau de la colline qui domine la rive gauche de la Sèvre nantaise, un cimetière rustique, caché sous l'ombrage des hêtres et des chênes. C'est là que M. de Grand-Lieu fut enseveli le lendemain, sans pompe et sans honneurs.

A partir de ce jour, on vit tous les soirs, à la même heure, madame de Grand-Lieu, en habits de deuil, venir s'agenouiller ou s'asseoir sur la tombe de son mari. Elle y restait de longues heures, et plus d'une fois M. de Kérouare fut obligé de l'en arracher.

Souvent aussi on la vit errer, comme une ombre plaintive, autour du château de la Pénissière.

Il serait difficile d'ailleurs d'imaginer une douleur plus calme et plus paisible. Jamais de sanglots ni de pleurs; toujours affectueuse et tendre pour son père, bonne pour ceux qui l'entouraient; seulement distraite, silencieuse, écoutant à peine, et ne répondant, la plupart du temps, que par un pâle sourire.

Cependant en moins de quelques mois, ses yeux se cavèrent, son front se flétrit, ses lèvres se décolorèrent. Elle ne souffrait pas : elle s'éteignait.

Un matin elle dit à son père :

— Mon père, est-ce que vous m'en voudriez, si je mourais avant vous?

— Tu veux donc mourir? demanda le vieillard.

— Je serais partie depuis longtemps, dit-elle : c'est la crainte de vous affliger qui m'a retenue sur la terre. Si vous voulez, mon père, nous partirons ensemble.

— Quand tu voudras, ma fille, je serai prêt, répondit M. de Kérouare en branlant tristement la tête.

Elle ne parlait jamais de M. de Grand-Lieu, et ne souffrait pas qu'on parlât de lui devant elle.

Plus sa fin approchait, plus elle devenait sereine.

Sur le dernier temps, elle était presque joyeuse.

Elle mourut juste un an après la mort de son mari, le jour anniversaire du combat de la Pénissière.

La veille, elle s'était couchée sans avoir pu accomplir son pèlerinage accoutumé. Les forces lui avaient manqué. Le lendemain matin, M. de Kérouare entra dans la chambre de sa fille : Marie était assoupie. Le vieillard passa la journée auprès d'elle.

Vers le soir, elle s'éveilla, se tourna vers son père, et lui tendit la main avec un céleste sourire :

— Mon père, êtes-vous prêt? dit-elle.

M. de Kérouare garda cette main dans la sienne, et la sentant se refroidir et se glacer, il se pencha avec effroi sur le visage de sa fille.

La tête de Marie reposait immobile; l'âme, enfin délivrée, venait de s'envoler, et déjà les anges l'avaient déposée, blanche et sans tache, aux pieds de l'Éternel.

M. de Kérouare suivit de près son enfant. Tous deux furent ensevelis à côté de M. de Grand-Lieu. On montre à Clisson leurs trois tombes.

M. Octave Duvivier, un des agents de change de Paris les plus distingués et les plus spirituels, ayant naturellement hérité du château de Kérouare, s'est empressé de le vendre à un honnête manufacturier de Nantes, qui se propose de le faire abattre et de le remplacer par une filature de coton.

KARL HENRY.

I.

Les grands dévouements accomplis en vue de la cause publique ne me touchent guère, je l'avoue. La foule est là qui les contemple, l'histoire les inscrit sur ses tables d'or et l'immortalité s'en empare. Placé à si gros intérêts, l'héroïsme n'a rien qui m'éveuve ni qui me surprenne. Ce n'est d'ailleurs, la plupart du temps, qu'un transport au cerveau, un emportement des sens exaltés, et tel s'exécutera de bonne grâce en plein théâtre, aux acclamations des loges et du parterre, qui dans les coulisses n'eût été qu'un très-pauvre sire.

Ce qui me touche et m'émeut profondément, au delà de ce que je pourrais dire, c'est l'héroïsme à huis clos, c'est le dévouement fonctionnant dans l'ombre, sans aucune des excitations de la gloire, c'est l'abnégation et le sacrifice en vue d'un devoir terne et presque ingrat. La vie bourgeoise a toujours ses héros et ses martyrs, plus grands que Curtius et les Décius : je n'en veux citer qu'un exemple.

Vers l'an 1830, je faisais partie d'un groupe de jeunes gens tendrement unis. La même province nous avait vus naître et grandir, nous avions étudié dans le même collége, le même désir d'apprendre et de connaître nous avait conduits à Paris : nous nous aimions et nous avions vingt ans. Que sont-ils devenus, tous ces jeunes amis qui s'étaient promis de vivre et de vieillir ensemble ? La mort a pris les uns, la vie a dispersé les autres. A cette heure, nous descendons, chacun de notre côté, le versant de la colline que nous gravissions alors en nous tenant tous par la main, et c'est à peine s'il en reste encore deux ou trois qui se cherchent parfois du regard et se hèlent de loin en loin. Que de rêves envolés ! que d'ambitions déçues ! que d'espérances avortées ! Hélas ! et qu'elles ont passé vite, ces belles années de la jeunesse !

Or, dans ce temps déjà si loin de nous, le hasard avait jeté dans notre intimité un jeune homme pour qui nous nous étions tous pris, les uns et les autres, d'une affection fraternelle. Il se nommait Karl Henry. Comme sa famille l'avait voué dès l'âge le plus tendre à l'étude du droit, il se trouvait avoir à vingt ans la passion et le génie de la musique. A coup sûr Gall et Spurzheim eussent trouvé quelque conformité entre son crâne et ceux de Mozart et de Beethoven. Quoique charmant, il n'était point beau ; mais qui l'eût observé dans un coin du Théâtre Italien, alors qu'on exécutait l'*Othello* ou le *don Juan,* aurait cru voir le souffle de Dieu passer sur ce pâle visage. Le fantastique Hoffmann, en le voyant ainsi, l'eût aimé. Karl avait d'ailleurs l'admiration muette. Je me souviens d'avoir assisté près de lui à la première représentation de *Guillaume Tell*. Il ne bougea ni ne souffla mot; pas un cri, pas un geste, pas un mouvement d'enthousiasme. Seulement, quand nous fûmes dehors, il m'entraîna loin de la foule, et tout-à-coup, me serrant dans ses bras, il laissa couler avec ses larmes les flots émus qui l'oppressaient. Plongeant du premier coup dans la profondeur du chef-d'œuvre, il avait tout senti, tout compris ; il me tint le reste de la nuit à m'en dévoiler les magnificences.

C'était, je l'ai dit, une vraie passion, la seule que nous lui ayons connue pendant le temps qu'il vécut parmi nous. Il eût fait volontiers vingt lieues à pied pour entendre la symphonie en *ut mineur :* il était pauvre et se privait gaiement de dîner pour payer sa place aux Bouffes. Il s'étonnait, avec raison d'ailleurs, que Rossini n'eût point été couronné, comme Pétrarque au Capitole : un jour, en apprenant que la veuve de Mozart vivait encore, il parla sérieusement de partir pour aller lui baiser les mains.

On pense bien qu'avec un tel amour il était musicien lui-même. Il connaissait en effet cette langue divine. Il lisait une partition comme nous autres un livre, et tous ces petits points noirs, qui n'étaient pour nous que des taches d'encre, gazouillaient sous ses yeux et lui donnaient les plus beaux concerts. Il jouait même du violon; mais il avait toujours refusé de se faire entendre devant nous, disant qu'il n'en jouait que pour lui seul, à l'unique fin d'accompagner les mélodies qui chantaient dans son cœur. A vrai dire, nous n'étions guère désireux de savoir à quoi nous en tenir là-dessus. Nos goûts et nos instincts nous portaient ailleurs, et notre éducation musicale avait été si nulle ou si incomplète, que les idées qui le préoccupaient nous étaient à peu près étrangères. Nous n'avions pas eu le bonheur d'être élevés au piano comme on l'est à présent, et de grandir dans une atmosphère de dièzes, de bémols, de blanches et de doubles croches : aussi étions-nous en ceci d'une ignorance devenue bien lourde à porter, depuis que la France s'est transformée en un immense orchestre où les enfants eux-mêmes font glorieusement leur partie. Karl Henry n'était donc pour nous qu'un garçon affectueux et tendre, qui aimait beaucoup et savait un peu la musique. Karl ne se croyait pas autre chose. Plein de candeur et s'ignorant lui-même, il n'avait jamais songé à se demander si ce grand amour qu'il avait n'était pas une révélation du génie qui couvait dans son sein. Bien qu'il n'y trouvât aucun charme, il se préparait, par l'étude des lois et de la procédure, à réaliser l'espoir de sa famille, et quoiqu'il souffrît en silence, il continuait de creuser patiemment son sillon, car c'était avant tout une âme droite et forte, profondément pénétrée du sentiment de ses devoirs.

Voici pourtant ce qui arriva :

Un soir, étant allé le visiter (il occupait une petite chambre au cinquième étage dans la rue du Bac), je le surpris dans un état d'exaltation difficile à décrire. Il était à peu de chose près en chemise, un archet d'une main, un violon de l'autre, les cheveux en désordre, les yeux étincelants, le front chargé de sueur. Aussitôt qu'il me vit, il déposa sur une table son violon et son archet, et venant à moi : — Ah! mon ami, s'écria-t-il en m'embrassant, que c'est beau! que c'est admirable! Ce doit être la symphonie que les anges et les séraphins jouent les jours de fête aux pieds de l'Éternel.

Il s'agissait de je ne sais quelle symphonie qu'il avait dénichée le jour même, en flânant sur les quais, et qu'il était en train de déchiffrer lorsque j'avais ouvert la porte. Dans son enthousiasme, il reprit l'archet et le violon ; puis, se campant devant son pupitre, il attaqua la partition. C'était la première fois que je l'entendais. Lorsqu'il eut achevé, il se tourna vers moi, et me voyant violemment ému : — N'est-ce pas que c'est beau? me dit-il. — Oui, m'écriai-je, oui, c'est adorable. Et, l'embrassant à mon tour, je le pressai contre mon cœur. Heureux, et ne supposant pas qu'il fût pour quelque chose dans l'admiration que je manifestais, il ne résista plus au charme qui l'entraînait. Pareil à ces chanteurs qu'il faut solliciter deux heures et qu'on ne peut arrêter une fois qu'ils ont commencé, il me joua tous les morceaux qu'il affectionnait le plus. Quant à l'arrêter, je n'y songeais guère, et je l'écoutais dans un ravissement que rien ne saurait exprimer. En même temps je l'observais avec surprise, car, aussitôt qu'il jouait, il se passait en lui quelque chose de si étrange qu'il eût été difficile de ne pas en être frappé. C'était une transfiguration complète. Son front s'illuminait : je croyais voir autour de lui comme une atmosphère lumineuse, je croyais entendre les étincelles du fluide électrique pétiller dans les boucles dorées de sa chevelure frémissante. Le regard inspiré, les narines gonflées, les lèvres tremblantes, il y avait dans sa pose et jusque dans ses doigts nerveux qui couraient et s'allongeaient sur les cordes de l'instrument, ce je ne sais quoi d'imprévu, de poétique et de pittoresque qui n'appartient qu'aux grands artistes, et que la médiocrité essaye vainement d'imiter. Après chaque morceau, il venait s'asseoir près de moi sur son lit, et là, nous causions du grand art qu'il aimait. Il me raconta qu'il tenait le peu qu'il en savait d'un vieil oncle qui lui avait laissé, en mourant, son violon, vrai trésor. — Car c'est un *Stradivarius*, ajouta-t-il en le baisant avec amour et respect. Là-dessus, il joua cette valse qu'on est convenu d'appeler la dernière pensée de Weber, ou plûtôt cette dernière pensée de Weber qu'on est convenu d'appeler une valse. Quand il eut fini, pour dissiper l'impression douloureuse, il exécuta quelques fantaisies éblouissantes, et quand je lui demandai de quel maître, il me répondit en souriant que c'était de sa façon. Me voyant rêveur : — A quoi donc pensez-vous ? dit-il. — Je me demande, lui répondis-je, si vous ne seriez point par hasard quelque homme de génie. — Il partit d'un grand éclat de rire et se mit à se rouler sur son lit comme un chat en gaieté; mais tout d'un coup et sans transition il redevint sérieux et grave. — Mon ami, me dit-il, ne me parlez jamais ainsi, gardez-vous de troubler mon cœur ; j'ai besoin de toutes mes forces et de tout mon courage. A ces mots, il serra son violon dans sa boîte, et prenant un volume que je reconnus pour être les *cinq Codes*, il le plaça sous son traversin. — Voilà mon oreiller, me dit-il : c'est le talisman qui défend mon chevet contre les tentations de l'art et contre les séductions de la gloire.

En cet instant, deux heures du matin sonnèrent à l'église des missions et à tous les couvents d'alentour. Je serrai la main de Karl, et me retirai tout étourdi, ne sachant que penser de ce que je venais d'entendre.

II.

A partir de ce jour, je retournai tous les soirs dans la chambre de la rue du Bac. Chère petite chambre, nid d'étudiant et de poète, je crois la voir encore ! C'est là que j'ai passé les plus doux instants de ma première jeunesse. Je vois encore les murs tapissés d'un papier de tente à raies bleues, les deux fenêtres ouvrant sur de vastes jardins dont les parfums montaient jusqu'à nous durant la belle saison : çà et là les portraits lithographiés de la Sontag et de la Malibran ; les bustes en plâtre de Haydn, de Gluck et de Mozart ; des rayons chargés de *trios,* de *quatuors* et de sonates ; quelques livres de jurisprudence se prélassant sur une table d'un air ennuyé ; enfin le Stradivarius dans son étui de bois peint en noir, comme un Dieu dans son tabernacle : je revois tout, je n'ai rien oublié, tous ces détails d'ameublement se groupent avec grâce dans mes souvenirs autour de l'aimable figure qui en était l'âme et la vie. Après tant d'années qui nous séparent de ces jours charmants, il est encore des airs que je ne puis entendre sans que je ne sente aussitôt mon cœur tressaillir, celui, par exemple, d'une *fièvre brûlante*, de Grétry, que Kard Henry ne se lassait pas de jouer sur son violon, et que je ne me lassais pas d'écouter. J'ai, depuis lors, entendu bien des exécutants, car, Dieu merci! ce ne sont pas les exécutants qui auront manqé à notre époque. J'en ai vu de fort habiles et de très-illustres : les uns jouaient tout un opéra sur une seule corde ; les autres imitaient tous les instruments, et jouaient de tous, excepté de celui qu'ils avaient à la main. J'ai assisté à des merveilles en ce genre. Eh! bien, je le dis encore à cette heure, à part deux ou trois grands artistes que Dieu nous a pris, sans doute pour diriger l'orchestre de ses chérubins, je n'en ai pas rencontré qui m'ait autant charmé que le faisait ce jeune Karl Henry. Il est vrai qu'en ces sortes de choses je n'ai jamais été un juge bien compétent. Si je suis touché, tout est bien ; si je reste froid, rien ne vaut. Il est des gens qui soutiennent que c'est au monde la plus sotte façon de juger : j'en suis fâché, car c'est la mienne. Je fais plus de cas d'un sentiment naïf simplement exprimé, que de tous les tours de force et d'agilité qu'exécutent les clowns de l'art, aux applaudissements de la foule. En musique comme en littérature, je suis de l'avis d'Alceste, et préfère la chanson du roi Henri, pourvu qu'on me la chante juste, à tous les sonnets d'Oronte et à tous les gargouillades des gosiers les plus exercés. A ce compte, comme il m'arrivait presque tous les soirs, en écoutant le violon de Karl, de me sentir ému jusqu'aux larmes, on comprend que j'en sois venu vite à croire à son génie. Le bruit s'en répandit parmi nos amis ; tous voulurent l'entendre, tous furent charmés comme moi. Karl devint bientôt l'Orphée de notre groupe. Nous lui composions un public de jeunes enthousiastes : nous lui donnions comme un avant-goût de la gloire.

— Hélas! nous disait-il souvent, amis, vous me perdez, vous jetez dans mon cœur une ivresse funeste, vous éveillez en moi des rêves insensés. Pourquoi me montrer ce fantôme que je ne dois jamais saisir? pourquoi me présenter la coupe enchantée où mes lèvres ne boiront jamais ? Je suis voué à une tâche ingrate, et l'obscurité me réclame.

Cependant tous, excepté lui, nous nous précipitions, avec l'ardeur de notre âge, dans les avenues de la littérature et des arts. Son droit achevé, Karl Henry se préparait à retourner dans sa province. Naturellment fier et réservé, il ne nous avait jamais entretenus de sa position ; mais, à la façon dont il vivait, nous avions compris aisément que sa famille était peu fortunée. Un soir que j'étais seul avec lui dans sa chambre, qu'il se disposait à quitter pour toujours, il en vint à me parler pour la première fois des rigueurs de sa destinée : il le fit avec amertune.

— Vous êtes heureux, vous autres, disait-il : moi, je vais m'ensevelir vivant dans un tombeau.

Il marchait comme un jeune lion dans sa cage et se frappait le front. Pour se calmer, il prit son violon et improvisa des mélodies si remplies de tristesse que des larmes coulèrent le long de mes joues et qu'il pleurait lui-même en s'écoutant. Je me levai, je courus à lui, et, le prenant entre mes bras, je lui demandai pourquoi, au lieu d'aller s'enfouir dans une carrière qui répugnait à tous ses instincts, il ne cherchait pas à se créer par son talent, par son génie peut-être, une position sur le grand théâtre où sa place me semblait marquée. Ce n'était pas la première fois que je l'entreprenais sur ce sujet : je réussis à l'ébranler.

Le hasard m'avait mis en relation avec un gentilhomme qui avait l'honneur et le bonheur d'être admis dans l'intimité du grand Baillot. Ce gentilhomme recherchait les artistes, aimait la musique et passait pour s'y connaître. Je lui parlai de mon jeune ami avec un enthousiasme tel qu'il conçut le désir de l'entendre. Nous convînmes d'un jour. Ce jour arrivé, j'allai prendre M. de R***, et le menai chez Karl Henry, que je n'avais pas cru devoir prévenir, dans la crainte de l'effaroucher.

Ce Karl Henry était déjà comme tous les grands artistes, un être bizarre, fantasque, capricieux. Il nous fut impossible de tirer de lui un seul coup d'archet, et lorsqu'il su qu'il avait affaire à la curiosité d'un ami de Baillot, il ne se gêna point pour témoigner son humeur et demanda sérieusement si nous prétendions nous moquer de lui. Nous eûmes bien de la peine à l'apaiser. J'espérais qu'il consentirait du moins à causer de son art avec M. de R*** ; mais pendant tout le temps que dura notre visite, nous ne pûmes le faire parler d'autre chose que du Code de procédure et des Pandectes de Justinien. Il déclara qu'il n'entendait rien à la musique, qu'il ne s'en souciait pas davantage et qu'il donnerait volontiers toutes les perruques réunies de Mozart, de Weber, de Haydn et de Beethoven, pour un seul cheveu du faux-toupet de Tribonien. J'étais désolé. En sortant, je crus devoir adresser des excuses à M. de R*** ; mais celui-ci m'interrompit en me disant : — Ce garçon me plaît : tâchez de me le faire entendre.

Voici de quelle façon je m'y pris et comment j'en vins à mes fins.

A quelque temps de là, je fis cacher M. de R*** dans un cabinet qui n'était séparé de ma chambre que par une mince cloison. J'avais écrit le matin à Karl pour lui dire que je l'attendais avec son violon. Je l'appelais ainsi toutes les fois que j'étais triste et souffrant ; il accourait et me guérissait en quelques coups d'archet. A l'heure indiquée, je me blottis tout habillé sous ma couverture et j'attendis mon médecin qui ne manqua pas d'arriver.

- Après être resté quelques instants assis à mon chevet, il tira son violon de l'étui, et se prit à jouer comme je ne l'avais pas encore entendu jusqu'ici. Cependant, me défiant de moi-même, je me demandais avec inquiétude ce qu'en devait penser M. de R*** dans sa cachette, quand tout-à-coup, au milieu d'un grand morceau de Beethoven, la porte du cabinet s'ouvrit violemment; M. de R*** se précipita dans la chambre et passant brusquement ses bras autour de Karl, il le pressa contre son cœur. En même temps, je m'étais jeté à bas de mon lit, et je sautais comme un fou sur le parquet, tandis que Karl, son violon d'une main et son archet de l'autre, ne savait comment se défaire des étreintes qui l'étouffaient.

Il est de par le monde quelques hommes qui, sans avoir jamais rien fait, se trouvent mêlés activement au mouvement des arts et de la littérature : hommes heureux qui, à défaut de la puissance créatrice, ont reçu du ciel le goût, l'instinct et la passion des belles choses. Critiques en plein vent, bohémiens de l'intelligence, ils vivent en marge des peintres, des sculpteurs, des écrivains et des poètes. Tout Paris sait leurs noms : parfaitement inconnus hors barrières, ils jouissent *intra muros* d'autant de célébrité que n'importe qui. Au courant de tout, il n'est pas un chef-d'œuvre sur le chantier qu'ils ne visitent au moins une fois la semaine, pas de production contemporaine dont ils ne prélèvent, pour ainsi dire, la fleur et les prémices. Ils connaissent le drame que M. Victor Hugo achève pour le Théâtre-Français, et le tableau que M. Gabriel Gleyre exposera, l'an prochain, au Louvre. Leur parole a de l'autorité, leur opinion fait loi. Natures bienveillantes, exempts pour la plupart des jalousies, des haines et des réalités du métier, ils vont au-devant du talent qui commence, ils s'en emparent et le protégent : ils sont les parrains du génie. Ils mourront sans avoir rien fait que parler ; mais ils auront eu, leur vie durant, tous les petits profits de la gloire.

M. de R*** était un de ces hommes heureux. Le jour même il emmena bon gré, mal gré Karl Henry dîner avec lui, et, le soir, sans lui dire où il le menait, il le conduisit chez Baillot.

III.

On sait, ou, si l'on ne sait pas, on saura que Baillot (irréparable perte !) réunissait chez lui, une fois par semaine, quelques artistes de choix, et qu'il exécutait avec eux, en présence de rares élus, les symphonies de Beethoven et les quatuors de Mozart. Ce qu'on ne peut savoir, à moins d'en avoir été témoin, c'est avec quelle grâce, avec quelle bonté ce grand artiste présidait ces réunions dont il était l'âme et la gloire. Ces soirs-là, les anges s'échappaient du ciel pour venir écouter à la porte du sanctuaire. Or, ce fut par un de ces soirs que M. de R*** introduisit Karl chez le roi du violon.

J'étais resté chez moi, plein de trouble et d'anxiété. Je sentais que l'avenir de Karl dépendait de cette épreuve solennelle; j'étais sûr qu'il ne rentrerait pas chez lui sans m'apporter auparavant le bulletin de la soirée. En effet, entre onze heures et minuit, je le vis entrer, comme un insensé, dans ma chambre. Il se jeta dans mes bras, et durant plus de cinq minutes je ne pus rien comprendre à ses discours : il parlait, riait et pleurait à la fois. Enfin, les premiers transports apaisés, je réussis à le faire asseoir et j'écoutai avec ivresse le récit souvent interrompu de son triomphe. J'exigeai qu'il n'omît pas le plus petit détail : je voulais tout savoir, il dit tout : sa surprise, lorsqu'il s'était vu, sans y avoir été préparé, face à face avec Baillot; son éomtion devant le bienveillant accueil du maître ; sa joie et ses extases, lorsqu'il avait entendu la plus belle musique du monde exécutée par les plus grands artistes d'ici-bas. Mais lorsqu'il en fut arrivé à l'endroit de sa narration que je guettais surtout avec impatience, il se leva, et la voix plus ardente, le regard plus brillant, le front plus inspiré :

— Voici ! s'écria-t-il. Je me tenais debout, dans un coin, on venait d'achever la symphonie pastorale ; je contemplais Baillot avec un sentiment de religieuse admiration, quand je le vis se détacher d'un groupe, se diriger vers moi et me présenter son violon. Je ne compris pas d'abord ce qu'il voulait ; dans mon trouble, je pris machinalement le violon et le lui rendis après l'avoir porté pieusement à mes lèvres. Mais ce n'était point de cela qu'il s'agissait, et je compris enfin que j'étais tombé dans un horrible guet-apens. Mon premier mouvement fut de me précipiter vers M. de R*** pour lui tordre le cou ; je me sentis cloué à ma place. J'essayai de parler, je ne pus; je voyais tourner autour de moi tous les objets et tous les assistants, tandis que devant moi, dans le centre de la ronde infernale, Baillot, immobile et terrible comme la statue du Commandeur, me présentait son violon. Je crus que j'étais fou, j'espérai que c'était un rêve. Combien de temps dura cette hallucination ? je l'ignore. Tout ce que je sais, c'est qu'il vint un instant où comme un homme qui se jette la tête la première dans le gouffre qu'il ne peut plus éviter, par un mouvement de rage et de désespoir je m'emparai du violon, et, saisissant l'archet comme un glaive, j'allai me planter au milieu du salon. Je ne me souviens plus du reste, si ce n'est qu'il se fit tout d'un coup un tonnerre d'applaudissements et que je tombai dans un fauteuil, épuisé et sans connaissance. Quand je revins à moi, je me vis entouré de visages amis et j'aperçus Baillot qui me regardait en souriant. — O mon maître !.. m'écriai-je tremblant et confus, en m'inclinant sur ses mains que je pressais respectueusement dans les miennes. Lui, simple et bon comme le génie, m'ouvrit ses bras et m'embrassa aux applaudissements de l'assemblée. — Armé chevalier ! dit M. de R*** en me frappant doucement sur l'épaule. Je lui sautai au cou, mais je ne l'étranglai pas.

Ce que j'avais prévu arriva : cette soirée décida de la destinée de ce jeune homme. Il jeta, comme on dit, le froc aux orties et se voua tout entier au culte de l'art. Il ne me confia rien des luttes qu'il eut à soutenir, à ce sujet, contre sa famille ; mais je pus m'en faire aisément une idée. Je compris qu'il ne recevait plus la pension que son père lui avait servie jusqu'alors, et qu'en attendant la vogue et la fortune, il allait se trouver aux prises avec ce monstre hideux qui s'appelle la pauvreté. Dirigé par Baillot qui le tenait en vive affection et qui ne lui épargna ni ses leçons ni ses conseils, il pouvait espérer de devenir en peu de temps un des violonistes les plus distingués de son époque ; mais Karl aspirait à une plus belle gloire, et Baillot lui-même loin de l'en détourner, l'y poussait, car le maître avait reconnu dans l'élève une étincelle du foyer créateur. D'ailleurs le grand artiste pressentait avec tristesse l'invasion des exécutants qui devaient quelques années plus tard se ruer dans son domaine, comme autrefois les Normands dans le royaume de Charlemagne ; Baillot semblait prévoir qu'il emporterait avec lui le secret de ce bel art qu'il avait élevé si haut. Karl tourna donc vers la composition toutes ses études, toutes ses facultés et tous ses efforts. Cependant il fallait vivre. Trop fier pour s'ouvrir sur sa position de fortune soit à Baillot, soit à M. de R*** qui aurait pu le faire attacher à l'un des théâtres lyriques, il donnait çà et là quelques leçons, copiait de la musique, comme Jean-Jacques, et jouait, le soir, à l'orchestre d'un petit théâtre du boulevard. Il gagnait ainsi le pain de chaque jour et travaillait le reste du temps en vue de l'avenir qui promettait de le récompenser de tant de douleurs et de tant d'amertumes dévorées en silence.

Ce fut à cette époque de sa vie que je partis pour un

long voyage. J'allai lui dire adieu dans cette petite chambre où j'avais passé près de lui de si bonnes heures.

— A mon retour, lui dis-je, vous serez célèbre et ce ne sera plus dans ce pauvre nid que je devrai vous venir chercher : la gloire et la fortune vous en auront fait descendre depuis longtemps, et je me vanterai d'avoir été le premier à vous comprendre, à vous deviner.

— Quoi qu'il arrive, me dit-il, obscur ou célèbre, riche ou pauve, vous me trouverez bien heureux de vous revoir et de vous embrasser.

Nous nous séparâmes en promettant de nous écrire.

IV.

Pour peu qu'on ait vécu, on sait ce que deviennent ces promesses de s'écrire entre amis, surtout à cet âge orageux où la passion de l'amitié a cédé le pas à tant d'autres. Je reçus une lettre de Karl à Gênes. Je lui répondis de Florence. Notre correspondance n'alla pas au-delà, mais au milieu des préoccupations qui m'absorbaient, je portai partout le souvenir et l'image de ce jeune homme: je le retrouvai partout dans ma pensée comme une des joies les plus vives que me réservait le retour. Je cherchais son nom dans tous les journaux français qui me tombaient sous la main. Je ne doutais pas que son étoile ne brillât bientôt du plus vif éclat.

Après quatre ans d'absence, en traversant le Berry pour rentrer à Paris (car, abeilles ou frelons, c'est là toujours qu'il nous faut revenir), je profitai d'un accident arrivé à la diligence pour gagner à pied la cité voisine où se trouvait le plus prochain relais. Je ne tardai pas à l'apercevoir coquettement assise sur le ver-

sant d'une jolie colline. La position en était délicieuse :
les maisons groupées dans la verdure, le clocher perçant le feuillage, la rivière au bas du coteau, le pont
d'un effet moins rassurant que pittoresque, la belle avenue de peupliers, tout me charmait et j'admirais tout,
sans songer que j'avais devant moi un de ces repaires
de méchants et de sots, qui s'appellent des petites
villes. Quand j'y entrai, tout changea de face, car il est
à remarquer qu'il en est de ces trous d'humains comme
des autres que les bêtes fauves se creusent au fond des
forêts : ce n'est aux alentours que fraîcheurs et parfums, gazons touffus, sources d'eau vive ; à l'intérieur,
c'est un charnier infect et hideux. Au bout d'une rue
sale, étroite et mal pavée, qui s'appelait modestement
rue Royale, je débouchai sur une petite place dont l'extrémité plantée d'arbres tenait lieu sans doute de jardin
public. Quelques bourgeois à l'air important et rogue s'y
promenaient gravement en fumant leur pipe. Pour
égayer mes loisirs, je m'arrêtai devant une halle d'un
aspect malhonnête et peu sain, et je me mis à lire les
affiches qui en placardaient l'extérieur. J'appris là une
foule de choses, d'abord que j'avais l'honneur d'être
dans les murs de la ville de Saint-Florent ; ensuite que
M. de Saint-Ernest et mademoiselle Plantamour, *premiers sujets du Théâtre-Français*, se rendant à la cour
du roi de Piémont, où ils étaient impatiemment attendus, avaient daigné s'arrêter quelques jours à Saint-Florent pour y jouer les plus belles pièces de leur ré-

pertoire ; puis, que le célèbre Loyal, *artiste en agilité*, s'élèverait en ballon, le dimanche, après vêpres, et lancerait un feu d'artifice sur la ville, à soixante-quinze mille pieds au-dessus du niveau de la mer : puis, qu'il venait d'arriver à Saint-Florent une ménagerie composée, entres autres bêtes curieuses, de deux *mastodontes* vivants, animaux d'autant plus rares, disait l'affiche, que la race en est complétement perdue depuis quelques milliers de siècles. Suivaient les annonces judiciaires, *biens à vendre ensemble ou séparément, coupes de bois, licitations, adjudications;* mais, dieux immortels! quels ne furent pas mon étonnement et ma stupeur, en apercevant ces simples mots : *S'adresser à Me Karl Henry, avoué à Saint-Florent!* Avoué, lui, Karl Henry! avoué à Saint-Florent! Hélas! pensai-je avec tristesse, il aura manqué d'énergie et de volonté, il a succombé dans la lutte. Le papillon est retourné à sa chrysalide, le lis est rentré dans sa bulbe noire et terreuse.

Cependant je doutais encore que ce fût lui.

Un enfant du crû, à qui je donnai généreusement de quoi passer deux fois le pont des Arts, au premier voyage qu'il ferait à Paris, me conduisit à l'étude de Me Karl. Je pénétrai dans une grande maison triste, froide et silencieuse. L'étude était à gauche au rez-de-chaussée ; à droite, montait lourdement vers les étages supérieurs un large escalier dans lequel un propriétaire de la Chaussée-d'Antin aurait trouvé moyen de faire tenir deux ou trois appartements complets ; dans le fond, j'entrevis un petit jardin où quelques fleurs se réjouissaient sous les baisers d'un doux soleil d'automne.

Le cœur ému, je poussai la porte de l'étude et j'entrai dans une salle humide et sombre, meublée de deux clercs dont je me pris, en attendant le maître absent, à observer le travail ingénieux et cruel. Ce travail consistait à attraper les mouches qui volaient autour de leur écritoire et à les enfermer sous une coquille de noix percée d'un trou presque imperceptible ; cela fait, ils veillaient sur les tentatives d'évasion, et quand une des prisonnières s'avisait de passer sa petite tête par le trou fatal, un des jeunes bourreaux la lui tranchait avec la lame d'un canif. Je vis ainsi décapiter plusieurs douzaines de victimes ; le sol était jonché de cadavres. Heureusement, le retour du patron vint mettre fin à ces sanglantes exécutions. Au bruit de ses pas qu'ils reconnurent, un des terroristes cacha précipitamment dans sa poche l'instrument du supplice, et s'étant jetés chacun sur sa plume, tous deux se mirent à griffonner avec rage.

C'était lui, c'était mon Karl Henry ! il rentrait du tribunal, avec une énorme liasse de papiers sous le bras, encore tout chaud et tout bouillant d'une plaidoirie, vraie catilinaire, qu'il venait de fulminer contre une bande de canards qui s'étaient permis de prendre leurs ébats dans le pré d'un de ses clients. Nous tombâmes dans les bras l'un de l'autre, et quand nous nous fûmes embrassés à plusieurs reprises, il m'entraîna dans le jardin et me fit asseoir sous une tonnelle de houblon et de vigne vierge. On pense quelle joie des deux côtés, que de questions échangées coup sur coup et n'attendant pas la réponse !

— Parlons de vous d'abord, dit-il en insistant : ensuite viendra mon tour.

— Je n'ai rien à raconter, lui répliquai-je ; j'ai quelque peu voyagé et n'ai retiré de mes voyage d'autre satisfaction que celle de rentrer chez moi. S'assurer que les hommes sont partout les mêmes, pétris partout du même limon, en proie aux mêmes inquiétudes, agités des mêmes passions ; retrouver partout le spectacle des mêmes misères ; changer sans cesse de lieux et ne point parvenir à se changer soi-même ; errer isolé de ville en ville, sans communications avec notre passé, sans liens avec notre avenir, traîner çà et là une curiosité ennuyée ; admirer des monuments qui n'attestent pour la plupart que l'orgueil, la folie et le malheur des hommes ; se fatiguer à chercher bien loin des sites moins beaux que ceux qu'on a chez soi, voilà ce qu'on appelle voyager : c'est à coup sûr le plus triste de tous les plaisirs. Parlons de vous, ami. Tel d'ailleurs n'a jamais quitté le foyer de ses pères, qui en sait plus long que beaucoup d'autres revenant des contrées lointaines : tel n'a fait que le tour de son cœur, qui a vu plus de pays que s'il eût fait le tour du monde. Par quel hasard vous trouvez-vous ici, dans cette petite ville, au fond de cette province, à la tête de cette étude, vous que j'ai quitté, il y a quatre ans à peine, à Paris, épris des arts, amoureux de la gloire, rempli d'ardeur et de génie?

Voyant qu'il se taisait, je craignis d'avoir offensé quelque amour-propre déjà souffrant, irrité quelque susceptibilité douloureuse.

— Pardonnez ces questions, m'écriai-je, et ne songeons qu'à la joie de nous retrouver.

— Mon ami, dit-il enfin, avez-vous quelque affaire qui vous presse et ne sauriez-vous, sans nuire à vos intérêts, me donner un jour ou deux? D'abord, vous me devez cela après une si longue séparation; ensuite, vous comprendrez mieux ce que j'ai à vous dire, quand vous aurez passé quelques heures sous ce toit.

— Je n'ai rien qui me presse et suis tout à vous, m'écriai-je.

— Allez donc, ajouta-t-il, avertir à la diligence : je vous attendrai pour dîner.

Je revins au bout d'une heure, l'étude était fermée; je montai au premier étage, ce fut Karl lui-même qui m'ouvrit la porte. Il me prit par la main et m'introduisit dans un grand salon où se tenaient deux femmes assises dans l'embrasure d'une fenêtre. Il me conduisit vers elles et s'adressant à la plus âgée :

— Ma mère, dit-il en me nommant, c'est l'ami dont je vous ai tant de fois parlé.

Puis, me présentant à la plus jeune qui s'était levée pour me recevoir :

— Mon ami, me dit-il, c'est ma femme.

Je restai quelques instants troublé : j'avais compté sur un dîner de garçons et ne m'attendais pas, en venant, à trouver Karl en ménage. J'observai sa femme : elle avait la beauté du diable. Je m'aperçus bientôt que sa mère était aveugle : elle avait l'air commun, revêche et tracassier.

— Monsieur, dit-elle d'une voix aigre, vous avez pour ami un bien mauvais sujet : je veux croire, sans vous flatter, que vous valez mieux que lui.

— Ma mère, répondit Karl avec douceur, notre ami est trop modeste et trop indulgent pour en convenir.

J'avais pensé d'abord que ce n'était de la part de la vieille mère qu'une façon de plaisanter, mais, à l'attitude du fils, je crus comprendre qu'elle parlait sérieusement, et je n'en doutai plus, quand j'entendis la jeune femme dire à son tour :

— Allons, maman, il ne faut pas le gronder, il est bien gentil, ce pauvre chéri : il a bien travaillé tout ce mois. Il a plaidé à toutes les audiences et n'a pas gagné moins de douze procès.

— C'est bon, c'est bon ! répliqua la bonne vieille en grommelant ; c'est un paresseux qui mourra sans avoir achevé d'acquitter le prix de son étude.

— Ma mère, dit Karl en s'agenouillant auprès d'elle, vous êtes parfois bien sévère.

Et il lui baisa la main.

En cet instant, la porte du salon s'ouvrit pour donner passage à trois grandes filles qui n'étaient ni de la première beauté ni de la première jeunesse, une exceptée qui paraissait au matin de la vie, et qui ne manquait ni de grâce, ni d'un certain charme. Les deux autres pouvaient avoir de vingt-huit à trente ans; elles ressemblaient à ces fleurs étiolées, flétries avant de s'être ouvertes et auxquelles il n'a manqué, pour s'épanouir, qu'un peu de brise et de soleil. Elles me saluèrent d'un air sec et compassé, tandis que la plus jeune m'examinait d'un regard curieux.

Savez-vous rien de plus éloquent et de plus adorable que la façon dont Oreste, dans *Iphigénie en Tauride*, présente à sa sœur son ami? « *c'est Pylade, ma sœur.* » Rien de plus; mais à ce trait sublime, que Talma rendait, dit-on, avec tout le génie de l'amitié antique, qui ne sent pas son cœur s'émouvoir n'est point digne d'avoir un ami. Ce fut ainsi que Karl me présenta à ses sœurs : en entendant prononcer mon nom, la plus jeune sourit et un pâle rayon passa sur le terne visage des deux autres.

On fit cercle autour de l'aveugle et la conversation s'engagea. On parla de Paris.

— Séjour de perdition ! dit la mère.

— Karl y a fait bien des folies ! ajouta la sœur aînée en se pinçant les lèvres.

— Si j'ai le malheur d'avoir un fils, je réponds bien qu'il n'y mettra jamais les pieds, répliqua la jeune madame Karl.

— On dit qu'on y enlève les femmes en plein jour, dit la seconde sœur avec indignation.

— Je voudrais bien y aller, moi ! dit la troisième en soupirant.

Pendant le peu de temps que dura cet aimable entretien, je découvris que toutes ces femmes se détestaient les unes les autres. Ce devait être un enfer que cette maison. Les deux vieilles filles jalousaient leur belle-sœur qui était jalouse elle-même de la grâce et de la distinction de la plus jeune. Karl gardait le silence et je pleurais sur lui dans mon cœur.

Une grosse créature, qui cumulait dans l'intérieur de Karl Henry les fonctions de cuisinière et de femme de chambre, étant venue annoncer que le dîner était servi, on passa dans la salle à manger.

D'après le fragment de conversation que je viens de raconter, on peut se faire aisément une idée de ce qui se dit pendant le repas. Ce qui me frappa surtout, c'est qu'à part la jeune sœur qui paraissait aimer son frère d'une tendre affection, on traitait le maître du logis avec un sans-façon qu'on aurait pu prendre au besoin pour du mépris et du dédain mélangés d'un peu de pitié. Loin d'en témoigner de l'humeur, Karl se montrait pour sa mère, sa femme et ses sœurs, plein de respect, d'égards et de tendresse. Ne m'avisai-je pas de parler du talent de Karl sur le violon ! Le pauvre ami me regarda d'un air suppliant ; mais il n'était plus temps. On le traita de fou, d'extravagant, d'artiste et de poète, tous mots qui avaient la même signification dans l'esprit de celles qui les prononçaient. La mère déclara que le gueux de violon était bien heureux qu'elle fût aveugle, et qu'elle l'aurait jeté depuis longtemps au feu si elle avait pu mettre la main dessus.

— Ah! monsieur, s'écria la femme de Karl avec componction, on ne saura jamais tout le tort que le violon a fait à mon pauvre mari!

— C'est le violon qui l'a perdu, ajouta une des vieilles filles.

— Encore s'il en jouait avec agrément, dit l'autre.

— Mais ce pauvre chéri n'est pas même capable de faire danser la société, reprit l'épouse avec compassion.

Karl avait de grosses larmes qui roulaient dans ses yeux, et je vis sa jeune sœur qui lui serrait furtivement la main sous la table.

La fin du dessert fut signalée par l'apparition d'une espèce de butor que j'aurais pu croire échappé de la ménagerie dont j'avais lu l'annonce quelques heures auparavant. C'était un gros homme à la démarche lourde, à l'air rusé et fin, moitié renard, moitié hippopotame. Je crus comprendre que j'avais devant moi le prédécesseur et le beau-père de Karl; en effet c'était l'honnête homme qui avait cédé en même temps son étude et sa fille à mon malheureux ami. Il avait donné vingt-cinq mille francs de dot à sa fille, et vendu soixante-quinze mille francs à son gendre, une étude qui en valait quarante mille. A ce compte, il s'était débarrassé pour rien de sa progéniture, et se trouvait gagner dix mille francs sur le marché.

Il entra, ses mains dans ses goussets, le chapeau sur la tête, avec l'impertinent aplomb d'un créancier mal appris en visite chez son débiteur. Soit qu'il n'eût point remarqué la présence d'un étranger, soit qu'il ne s'en souciât pas autrement :

— Les avoués de mon temps, dit-il en jetant un coup d'œil sur la table, servaient moins de plats au dessert, mais ils avaient du pain sur la planche.

A ces mots, Karl Henry se leva pâle et froid de colère.

— Ah çà ! monsieur mon gendre, s'écria l'aimable beau-père, sans lui laisser le temps de répondre, j'en apprends de belles sur votre compte. Il paraît que vous refusez des causes, sous prétexte qu'elles sont mauvaises. Sachez, monsieur, qu'il n'y a de mauvaises causes que celles qui ne rapportent rien. Qu'est-ce que cela signifie? avez-vous résolu de ruiner mon étude et de mettre mon enfant sur la paille ?

— Monsieur, répondit Karl avec dignité, vous oubliez que votre étude est devenue la mienne, que votre enfant est ma femme, que mes affaires ne sont pas les vôtres et que je suis maître chez moi.

— Malheureux, s'écria la mère aux abois, tu outrages ton bienfaiteur ! Il ne te manque plus que de chasser les sœurs et la mère.

— Comment, mille diables! disait le beau-père en frappant du pied le parquet, vous me devez encore vingt mille francs et je n'aurais pas le droit de mettre le nez dans vos affaires ! Payez-moi et je vous laisserai tranquille, mais je ne souffrirai pas que vous fassiez du désintéressement à mes dépens.

— Ah ! mon cher M. Jauneret, reprit la mère avec désespoir ; ce n'a jamais été qu'un sans ordre ; c'est lui, le malheureux ! qui a fait mourir mon pauvre cher mari de chagrin.

— Ah ! que je suis malheureuse ! ah ! que je suis malheureuse ! s'écria la femme de Karl, se précipitant tout en pleurs, dans les bras de son excellent père.

— Il est certain qu'au train dont il y va, ajouta une des vieilles filles, Karl finira par perdre l'estime des honnêtes gens.

— Va, laisse-les dire ! murmura la jeune sœur en l'embrassant ; notre père est là-haut qui te bénit, et moi, je suis ici-bas qui t'aime.

Karl la pressa sur son cœur avec effusion. Puis m'ayant fait signe de le suivre, il sortit, impassible et grave.

V.

Quand nous fûmes dans son étude, seuls en présence l'un de l'autre, il s'accouda sur une table, appuya son front sur sa main, et demeura longtemps silencieux, dans une attitude affaissée. Je le regardais avec tristesse, et mesurant l'abîme dans lequel il s'était laissé choir, je ne pouvais me défendre d'un sentiment de pitié presque dédaigneux. Je l'accusais malgré moi d'avoir fléchi dans la lutte glorieuse qu'il avait entreprise et d'avoir préféré aux poétiques douleurs de la pauvreté ce qu'on est convenu d'appeler dans le monde *une position lucrative et honorable.*

Comme s'il eût deviné ce qui se passait en moi :

— Mon ami, dit-il enfin, je dois vous sembler bien bas tombé; que de fois, moi-même, n'ai-je pas pleuré sur ma déchéance! mais Dieu me jugera : j'ai foi en sa justice et en sa bonté. Mon histoire est bien simple; je vais vous la dire en deux mots. Ma famille a toujours été pauvre; j'ai compris de bonne heure que j'en devais être un jour l'unique appui. C'est à ces fins que mes parents me firent donner ce que nous appelons une éducation libérale. Orgueil ou tendresse, ils se saignèrent aux quatre veines, aucun sacrifice ne leur coûta, et mes sœurs manquèrent de tout afin que rien ne me manquât. Vous savez par quelle fatalité j'en arrivai à trahir les espérances qu'on avait placées sur ma tête. Vous savez aussi que je ne m'y décidai pas légèrement. Longtemps je combattis mes goûts et mes instincts; lorsque j'y cédai sur la foi de Baillot, je m'accusai longtemps avec amertume de disposer, contre le vœu de mes parents, d'une destinée qui ne m'appartenait pas. Cependant, je me disais que dans notre époque la gloire et la fortune se tiennent par la main, et la conscience que j'avais de pouvoir un jour enrichir ma famille, me faisait persévérer dans la voie nouvelle où j'étais entré. J'ai bien lutté, j'ai bien souffert; je me suis débattu sous les étreintes de la pauvreté : j'ai marché, chargé de reproches et de malédictions; mes sœur aînées m'appelaient mauvais fils; ma mère m'appelait mauvais frère; ma jeune sœur m'envoyait en secret ses petites économies et parfois mon père y joignait les siennes, car il m'adorait, mon vieux père. Je marchais, j'avançais toujours. J'entendais une voix mystérieuse qui me disait, va! et j'allais. J'allais, les pieds meurtris et le cœur en sang; mais quand je voulais m'arrêter, va! s'écriait la voix fatale. Je reprenais ma course et j'allais.

O ma petite chambre! enchantements de l'art! joies

du travail! fêtes de la solitude! pauvreté, liberté! hallucinations de la gloire! Un jour enfin, un jour, la côte que je gravissais s'adoucit sous mes pas; il se fit autour de moi comme un grand coup de vent qui balaya le ciel, et, du haut de la montagne où je venais d'atteindre, j'aperçus la terre promise. Ignoré de la foule, mon nom n'était déjà plus inconnu parmi les artistes. Chez Baillot, on exécutait ma musique et je me sentais déjà caressé par le premier souffle de la célébrité, pareil aux brises qui précèdent et annoncent le lever de l'aurore. Baillot croyait à mon génie, et moi-même, pardonnez-moi, mon Dieu, ce dernier cri d'un orgueil que vous avez si cruellement frappé! parfois je me surprenais à y croire. Mais au moment où j'entrevoyais, quoique dans un avenir encore lointain, le prix assuré de mes efforts, je tombai foudroyé sur le sol d'airain de la réalité. Mon père mourut. Éternelle douleur! il est mort et je ne l'ai point assisté à son heure suprême. Ses yeux, près de se fermer pour ne plus se rouvrir, ne m'ont pas vu agenouillé à son chevet; je n'ai pas reçu ses derniers adieux : mes larmes n'ont point coulé sur ses mains glacées. O noble et tendre cœur! âme charmante! nature aimable et bonne! Mon ami, si votre père vit encore, ne vous reposez pas sur l'avenir du soin de réparer les négligences, les oublis trop communs aux affections humaines, et dont ne sont pas exemptes les plus saintes et les plus sacrées! hâtez-vous de l'aimer, car rien n'est plus incertain que cet avenir sur lequel nous comptons pour réparer les fautes du passé, pour nous acquitter en tendresse ; et croyez-le, c'est un grand remords et un grand désespoir de ne pouvoir payer que sur un tombeau une dette d'amour. Mon père mourut : ce fut un coup de foudre. Je ne sentis d'abord que la perte horrible : quand je vis clair à travers mes larmes, je demeurai frappé de terreur devant l'immensité du désastre. La mort de mon père laissait ma mère et mes trois sœurs sans aucune espèce de ressources. Le revenu de la place qu'il occupait de son vivant suffisait tout juste aux besoins de sa famille ; l'argent qu'il avait pu mettre de côté à force d'ordre et de privation, avait été absorbé par mon éducation et par mon entretien, durant les trois premières années que j'avais passées à Paris. Ma mère aveugle et mes trois sœurs, habituées à vivre dans une honnête aisance, se trouvaient donc réduites à la pauvreté. J'examinai froidement ma position. Je commençais, il est vrai, à entrevoir le but où tendaient mes efforts ; mais j'en étais encore loin. Il ne suffit pas d'arracher au travail le secret du talent ; il faut ensuite réussir. Tout est là, réussir ! et quand on on a réussi, il faut réussir encore, puis encore et toujours. Ce n'était plus pour moi qu'une question de temps, mais je ne pouvais plus attendre. Vous n'êtes pas sans avoir réfléchi aux obstacles sans nombre que notre art doit vaincre et renverser avant d'arriver jusqu'au public. Écrivain ou poète, j'aurais pu tenter la chance : musicien, je fus perdu. Nul ne saura, Dieu seul a vu ce qui s'est passé en moi à cette époque de ma vie ; c'est ce qui me fait espérer en sa justice et en sa bonté. Ma mère et mes sœurs étaient près de crier la faim; ma résolution fut bientôt prise. Je renonçai au jeu de hasard qui s'appelle la gloire. Je vendis toutes mes partitions et j'en envoyai le prix à ma mère ; je réglai mes petites affaires, et, sans rien dire à personne, je partis, un matin, à pied pour ma province. Je n'étais plus le Karl Henry que vous aviez connu quelques années auparavant; celui-là s'était lui-même immolé, la veille, sur l'autel de ses devoirs.

A ces mots, il s'interrompit, et moi, je pris sa main que je pressai avec un sentiment d'admiration et de respect.

— Mon ami, reprit Karl, vous devinez aisément le reste. J'avais étudié le droit et la procédure. Je rencontrai un homme qui ne demandait qu'à se débarrasser de sa fille et de son étude ; j'épousai l'étude et la fille. Ainsi fut consommé le sacrifice. Ce que j'ai supporté, vous ne sauriez l'imaginer. Les commencements ont été bien rudes ; j'ai dû lutter, non-seulement contre moi-même, mais aussi contre les sots et les méchants au milieu desquels je suis condamné à vivre. Mon ami, on m'a abreuvé de dégoûts, d'outrages et d'amertume. Ajoutez les ennuis d'une profession par laquelle il est presque impossible de s'enrichir sans s'appauvrir du côté de l'âme et de la probité. Non, voyez-vous, nul au monde ne saura ce que j'ai souffert. Mon goût pour la musique a fait douter de mon aptitude aux affaires ; mon violon m'a perdu de réputation : j'ai dû m'interdire d'y toucher. Mes confrères, race pire que celle des loups-cerviers, ont fait courir le bruit que j'étais fou ; j'ai vu ma clientèle s'éclaircir, et ce n'est qu'à grand'peine que je suis parvenu à la ramener. Un soir, dans un bal à la sous-préfecture, où je me trouvais avec ma femme et mes sœurs, le ménétrier ayant fait défaut, on me pria de le remplacer. Je m'y résignai de bonne grâce. J'envoyai chercher mon violon, et je jouai d'abord, sur un mouvement vif et rapide, cette valse que vous aimiez tant, *La dernière pensée de Weber*. Tout alla bien durant quelques instants ; mais je ne sais par quel fatal enchantement j'en vins à oublier le bal et le monde qui m'entourait. Sans y prendre garde, je ralentis peu à peu la mesure, et me mis à jouer comme autrefois dans ma petite chambre, quand je vous avais pour complice et pour auditeur. Tandis que je jouais, tous ces souvenirs charmants s'éveillaient dans mon cœur, mais pleins de tristesse et de mélancolie, et je sentais mon visage inondé de larmes. Tout-à-coup je me réveillai : les groupes de valseurs étaient immobiles et me regardaient avec stupeur ; les méchants riaient sous cape ; les sots s'apitoyaient sur mon sort ; ma femme venait de s'évanouir, et mon beau-père me lançait des regards à me percer de part en part. Le sous-préfet me déclara que je jouais faux ; madame la sous-préfète parla sérieusement de me faire jeter par ses gens à la porte. Qui pourrait dire tout ce qu'il m'a fallu d'énergie pour me relever, après un coup pareil, dans l'opinion de Saint-Florent ? Je crois même que ce temps d'épreuve et de réhabilitation dure encore. J'accomplirai jusqu'au bout ma tâche. Avec le devoir pour point d'appui, la volonté est un levier qui peut, sinon soulever des montagnes, du moins les étayer sans en être écrasé. Pourtant, mon ami, n'allez pas croire que j'aie la prétention de me donner à vous pour un héros de résignation ; je ne joue pas au martyr. J'ai bien souvent des rébellions secrètes ; bien souvent aussi j'ai de secrets dédommagements. Ma famille est moins dure et plus indulgente que vous ne le pourriez croire : vous êtes tombé sur un mauvais jour. Ma vieille mère est aigrie par l'âge et par les infirmités, mais elle m'aime au fond. Mes sœurs aînées ont vu leur jeunesse se flétrir dans le célibat ; il faut bien leur pardonner quelques mouvements d'humeur. Ma femme ne me comprend guère ; mais la faute en est à son éducation plus encore qu'à ses instincts. Mon beau-père a parfois de bons moments à table. Jenny, ma jeune sœur, est ma joie, ma consolation, mon ange tutélaire. Nous sommes frère et sœur moins par le sang que par le cœur. Elle aime la musique ; elle chante avec goût. La nuit, quand tout repose et dort, nous nous levons à pas de loup, et nous nous réfugions dans la partie la plus retirée du logis. Je prends mon violon, elle chante, et nous faisons ainsi de petits concerts, en nous gardant bien toutefois d'éveiller personne. Une fois dans la semaine, à certaines heures, nous nous donnons rendez-vous dans la campagne. Chacun s'échappe de son côté ; nous nous retrouvons derrière une haie et de là nous nous envolons à travers champs, causant d'arts, de poésie, et souvent de notre père qui nous chérissait l'un et l'autre. Nous nous aimons comme deux enfants du bon Dieu ; la jalousie de ma femme qui nous surveille comme deux amoureux, donne à notre tendresse un charme et un attrait de plus. Telle est ma vie ; je souffre et je bénis le ciel qui a mis un rayon de soleil entre les murs de ma prison, une fleur entre les barreaux de ma fenêtre.

Ainsi parla Karl Henry.

Qu'ajouterais-je à ce simple récit ? Je partis le lendemain, et, pour finir comme j'ai commencé, pensez-vous que l'histoire ait dans ses fastes beaucoup de héros qui vaillent ce pauvre avoué de province ?

LE CONCERT

POUR LES PAUVRES.

A M. le marquis Auguste de Belloy.

LE CONCERT
POUR LES PAUVRES.

Vous, ami, qui l'avez connue, vous savez que de longtemps on ne trouvera pas sa pareille. Elle est restée dans notre mémoire à tous, comme une des plus charmantes figures qui aient brillé en ce temps-ci. Elle avait le génie, la beauté, la jeunesse, avec la grâce et la bonté qui font qu'on pardonne à la gloire. Elle a filé comme une étoile, mais on peut voir encore le sillon lumineux qu'a laissé son passage. Puisqu'il vous plaît d'entendre parler d'elle, et que tout ce qui se rattache à son souvenir a pour vous un attrait toujours souriant et toujours nouveau, je veux vous conter comment il me fut donné de la voir pour la première fois.

Il y a bien quelques années de cela. J'étais jeune et ne connaissais guère alors que mon village. Un ami de ma famille, qui me tenait en grande affection, ayant parlé de m'emmener dans le midi de la France où l'appelaient des affaires de succession, on pensa qu'avant de me lâcher dans la vie, il ne serait pas mal de me faire courir un peu le monde. Je partis donc par une belle matinée d'avril, en compagnie de l'ami Jacques, dans une petite carriole qui jouait la chaise de poste à s'y méprendre, attelée d'une petite jument aux jarrets de fer, que son maître appelait *Bergère*. Vous jugez quel voyage enchanté ! Le printemps partout, en moi, autour de moi : tout fleurissait, bruissait, verdissait dans mon cœur comme sur la terre, et mes seize ans mêlaient leur ramage aux gazouillements des oiseaux dans les bois.

Nous allions à petites journées, à la façon des *vetturini*, partant le matin, au soleil levant, prenant nos repas au hasard, couchant le soir à la grâce de Dieu. Mais, très cher, rassurez-vous, vous n'avez point à redouter de nouvelles impressions de voyages. On ne m'a jamais vu parmi ces pèlerins indiscrets et bavards, qui vont frappant à toutes les portes, et secouant sans façon à tous les foyers la poussière de leurs sandales. Que raconter d'ailleurs et que dire ? Il y a des gens heureux : l'imprévu jaillit sous leurs pas ; le fantastique et le pittoresque les escortent le long de la route ; touristes prédestinés qui, de Paris à Saint-Cloud, trouveront le moyen d'écrire une odyssée. Moi, mon ami, tout au rebours, et je crois sérieusement que je ferais le tour du monde sans apercevoir la queue d'une aventure. J'ai quelquefois voyagé à pied, à cheval, en voiture ; lancé, comme une flèche, par la vapeur, j'ai descendu le cours des fleuves ; comme Annibal, j'ai franchi les Alpes ;

comme le pieux Énée, j'ai navigué sur la mer azurée ; l'Océan m'a porté sur sa croupe verdâtre. Eh bien ! je le confesse en toute humilité, rien ne m'est advenu d'étrange ni de romanesque : sur l'onde, bon vent et flot paisible ; sur terre, jamais d'autre drame que les accidents du paysage, et toujours devant moi le sentier sûr et battu de la réalité, s'allongeant inflexible et nu comme le rail d'un chemin de fer. Les départs au matin, par l'air frais et sonore ; les haltes au milieu du jour ; les pèlerinages aux vieux murs ; le salut échangé avec le contadin qui se rend à la ville ou retourne au hameau ; les conversations silencieuses de l'âme avec la nature ; les rêves confiés à la nuée qui passe ; les rencontres bienveillantes ; les arrivées le soir à l'hôtellerie ; l'accueil de l'hôte, la curiosité, parfois la sympathie qu'éveille presque à coup sûr un visage étranger et jeune : tels sont, à vrai dire, les incidents solennels qui ont jusqu'à présent signalé mes voyages ; c'est, en quelques mots, tout le poème de ma première campagne, moins l'épisode que je veux vous conter.

Mon ami Jacques parlait peu. Entre le lever et le coucher du soleil il fumait de quinze à vingt pipes et dormait le reste du temps. *Bergère* faisait de huit à dix lieues par jour, plus ou moins, suivant les étapes. Tout m'était nouveau et tout me ravissait, excepté pourtant les villes que nous traversions et qui toutes me semblaient affreuses. Je me demandais s'il était possible que des êtres organisés comme mon ami Jacques et moi consentissent librement à traîner leur vie dans ces hideux repaires, auxquels je comparais avec orgueil le trou natal où j'avais grandi. Charme de la patrie ! puissance des lieux où s'est écoulée notre enfance ! magie du coin de terre où nos yeux se sont ouverts à la lumière des cieux ! Je me souviens de m'être rencontré, voilà quelques années, dans un coupé de diligence, avec un élève du collége Saint-Louis, qui, pour la première fois depuis cinq ans, allait passer les vacances dans sa famille. Malgré la différence de nos âges, nous nous prîmes bientôt d'amitié l'un pour l'autre. C'était un aimable jeune homme, presque un enfant encore, turbulent, expansif et tendre. Il me parlait avec une joie pétulante de sa mère, de ses deux sœurs, du domaine où il était né et qu'il allait revoir après cinq ans d'absence. Je me plaisais à l'écouter : en l'écoutant je me reportais avec bonheur et mélancolie aux jours heureux de ma jeunesse. Comme nous venions de gravir à pied une côte rapide, arrivé sur le plateau, je ne pus m'empêcher de me récrier en voyant le paysage qui se déroulait à nos pieds. C'était merveilleux en effet : des bois diaprés de mille couleurs, des coteaux couronnés de pampres rougis par l'automne ; la rivière qu'enflammait le couchant ; des villages fumant çà et là ; des clochers perçant le feuillage éclairci ; l'ombre des peupliers s'allongeant sur l'herbe des prés ; puis, de la vallée montant jusqu'à nous, tous les parfums, toutes les rumeurs, toutes les harmonies du soir. Mon jeune **gars hocha la tête.**

— Si vous voulez voir quelque chose de beau, me dit-il, il faut venir avec moi à Fresnes.

— Qu'est-ce que Fresnes ? lui demandai-je.

— Fresnes, répondit-il, c'est où je vais, c'est le domaine où je suis né, où m'attendent ma mère et mes sœurs.

— Et c'est beau ?

— Oui, c'est un peu beau, ajouta-t-il avec un fin sourire.

— Vous avez des bois ?

— Des forêts.

— De l'eau ?

— Un lac, une rivière.

— Des coteaux ?

— Vous pouvez dire des montagnes.

— Ce doit être en effet un beau pays, lui répliquai-je.

Le reste de la journée, il ne fut question que de Fresnes entre nous. Le lendemain, dans la matinée, la diligence relaya devant la porte du Lion-d'Or, dans une méchante ville appelée, je crois, Saint-Maixent, à deux petites lieues de Fresnes ; c'était là que mon jeune ami et moi devions nous séparer. Un domestique l'attendait en effet au débotté, avec deux chevaux. Le conducteur ayant déclaré que la voiture, par je ne sais quel vice d'administration, s'attarderait à Saint-Maixent au moins durant quatre heures, je cédai aux instances de mon jeune camarade, et me décidai à l'accompagner jusqu'au domaine de ses pères. J'étais curieux de visiter cet Éden, et d'en emporter l'image dans mon souvenir. J'enfourchai donc le cheval du serviteur, et nous partîmes au galop de nos bêtes. Nous avancions au milieu d'un pays plat, nu, sec et morne; mais je me rassurai en songeant à Vaucluse, où l'on arrive par enchantement, au détour d'un rocher aride. Enfin, après une heure de galop, nos chevaux s'arrêtèrent au bout d'un village, devant une grille de bois peinte en vert; mon compagnon se jeta à bas de sa monture, tomba dans les bras de trois femmes qui pleuraient de joie, et ce fut pendant quelques minutes des embrassements que la parole humaine ne saurait exprimer. Bien que fort ému et véritablement attendri, je cherchais du regard le lac et la rivière, les montagnes et les forêts. A franchement parler, c'était un pays infâme. Les premiers transports apaisés, l'enfant me prit par la main.

— Tenez, me dit-il les yeux mouillés de larmes, voici nos forêts, nos montagnes, et là-bas notre lac et notre rivière. Hier, avais-je raison? savez-vous rien au monde de plus beau?

J'ouvris de grands yeux pour mieux voir. Le lac était une mare où barbotaient une douzaine de canards; la rivière, un filet d'eau malsaine; la forêt, un bouquet de chênes au feuillage rongé moins par l'automne que par les chenilles; les montagnes, quelques quartiers de roc à moitié ruinés par les mineurs. Charme du pays natal! ainsi que je m'écriais tout-à-l'heure; et vous-même, mon cher Auguste, sous le ciel bleu de l'Italie, au milieu des orangers de la rivière de Gênes, n'avez-vous pas regretté parfois le parfum de vos pommiers en fleurs, votre maison près du cours de la Seine, les allées de votre verger? Ne vous êtes-vous jamais oublié à chercher du regard le clocher de votre village, ce clocher déjà historique, et qu'à votre tour vous deviez illustrer plus tard !

Cependant, plus nous approchions du Midi, plus les villes prenaient une tournure coquette, un aspect élégant et propre. C'était toujours moins beau que la patrie, et certes j'aurais donné de grand cœur toutes les cités se mirant orgueilleusement dans le Rhône pour mon village, qui baigne modestement ses pieds dans les eaux de la Creuse: mais c'était beau pourtant, j'en convenais. Vers la fin d'avril, par une soirée chaude et dorée comme un soir d'été, *Bergère*, la carriole, l'ami Jacques, sa pipe et moi, nous entrâmes triomphalement dans Carpentras. Voilà, par exemple, une ville charmante qui partage, je ne sais pourquoi, avec Brives-la-Gaillarde, Pézenas et Landernau, le privilége de fournir tous les niais et tous les jobards que sacrifie la littérature à l'amusement du public. Je ne connais ni Landernau, ni Pézenas, ni Brives-la-Gaillarde, mais je certifie que Carpentras, au pied du mont Ventou, blottie dans son enceinte de remparts crénelés, comme une perdrix dans une croûte de pâté, est une des plus poétiques villes de France qui rôtissent au soleil du Midi. Nous descendîmes à l'hôtel *des Trois Chats qui miaulent*. Sur l'enseigne en plein vent, un artiste de l'endroit avait peint trois chats dans un état d'exaltation difficile à décrire, et qui semblaient exécuter le trio le plus infernal qui se puisse imaginer.

A peine descendus de notre char, nous remarquâmes autour de nous une agitation qui ne devait pas être habituelle. Des groupes animés stationnaient devant l'hôtel et sur la place du théâtre. Il y avait, avec l'air du printemps, je ne sais quel air de fête répandu dans l'atmosphère. Des voitures arrivaient de toutes parts et se croisaient en tout sens. Nécessairement il se préparait là quelque chose de joyeux et d'étrange que nous ignorions : car *Bergère*, mon ami Jacques et moi, nous étions trop inconnus et d'ailleurs trop modestes pour attribuer ce mouvement et ce concours des citoyens à notre passage en leurs murs. Il était clair qu'on attendait un prince du sang ou un acteur en représentation.

La cloche du dîner interrompit brusquement les commentaires auxquels nous nous livrions depuis quelques instants. A table d'hôte, j'observai pour la première fois une nouvelle espèce de bipèdes dont je n'avais même pas jusqu'alors soupçonné l'existence, M. de Buffon et les autres naturalistes ayant omis d'en faire mention dans leurs histoires. Mon ami Jacques m'assura que ces êtres bizarres étaient des commis-voyageurs. Ils nous apprirent qu'on donnait le soir même à Carpentras, dans la salle du théâtre, un concert au profit des pauvres. Un concert! à ce mot je rougis de plaisir, ce que voyant, mon ami Jacques se prit à pâlir d'épouvante; car il y avait au monde deux choses qu'il avait en haine profonde : la première, sa femme, et la seconde, la musique. La musique était le seul point sur lequel nous différions de sentiment.

Il faut bien se dire qu'alors un concert était chose rare en province. A cette époque, l'éducation musicale de la France commençait à peine, et, pour ma part, je n'avais entendu d'autres concerts que ceux des oiseaux dans nos ramées. Depuis ce temps nous avons fait en ceci des progrès rapides, la France est devenue musicienne pour le moins autant que l'Allemagne. La mélomanie a tout envahi, et il est difficile de prévoir où s'arrêtera le mal. Il n'est pas, dans nos départements, une ville de quatre mille âmes qui n'ait une fois par semaine son concert d'amateurs, et tous les jours, à toute heure, deux ou trois cents mains occupées à tapoter sur le clavier de cet instrument sans âme et sans cœur qui s'appelle un piano. C'est une rage, une maladie. Dernièrement, j'ai revu mon village. Autrefois, voici vingt ans à peine, on n'y comptait qu'un clavecin, le clavecin de ma pauvre marraine. Je vois encore ses doigts blancs et secs se promenant sur les touches d'ivoire; j'entends encore sa voix mélancolique et tendre chantant les vieux airs de *Richard*. J'ai retrouvé mon endroit infesté de pianos, de cornets à pistons, de basses énormes, de trompettes colossales et d'autres instruments antédiluviens. Le jour de mon arrivée, il y avait concert chez M. le maire ; le lendemain, on donnait une sérénade à un député de l'opposition. Dieu me pardonne, je parierais qu'à cette heure la fille de ma nourrice a un piano et que mon frère de lait joue de la flûte ou de la clarinette ! Autrefois Toinette chantait les airs du pays en patois, et François nous faisait danser le dimanche, sur la place aux ormeaux, aux sons de la musette. Soyez sûr que la musique a déjà tué parmi nous beaucoup de bonnes choses qui la valaient peut-être. Elle a tué la comédie, la tragédie, le drame, le théâtre en un mot. Aux plaisirs de l'intelligence, qui demandent toujours un certain travail, elle a substitué un délassement qui n'en exige aucun. Pour en jouir, il suffit d'ouvrir les oreilles. Dans les familles, le piano a tué le silence d'abord, le recueillement, puis l'amour des livres et les lectures qui charmaient jadis les soirées d'hiver.

Les concerts sont aujourd'hui un divertissement assez commun et assez vulgaire, à la portée de tout le monde ; on les donne à la douzaine. Je ne parle pas seulement de Paris, où nous avons des concerts en veux-tu, en voilà ; je parle aussi de la province, où il est bien difficile de passer entre deux rangées de maisons sans recevoir une sonate dans la poitrine. Mais au temps où je voyageais avec mon ami Jacques, dans la carriole traînée par *Bergère*, un concert était un événement, quelque chose de rare et de solennel. On s'y prenait trois mois à l'avance, et quand le grand jour avait lui, c'était de toutes parts une affluence pareille à celle qui encombrait Carpentras à l'heure dont nous parlons. Il faut tout dire : à ce concert au profit des pauvres, on devait entendre plusieurs amateurs célèbres dans le département et aux alentours, entre autres un flageolet de Tarascon dont on racontait des merveilles. Mais l'attrait le plus vif, l'appât le plus séduisant, le vrai charme de cette fête, c'était la comtesse de R..., qui avait promis d'y concourir de sa grâce, de sa beauté, de sa voix et de son talent.

Or, il y avait sur la comtesse de R... toute une histoire, qu'on racontait de façons diverses. A ce propos, les êtres étranges que mon ami Jacques appelait des commis-voyageurs, s'en donnaient à cœur joie et se permettaient une foule de traits subtils et de plaisanteries ingénieuses que je ne saurais trop redire. Toutefois, ce que j'entendais piquait au vif ma curiosité. J'appris que la comtesse de R... était, quelques années auparavant, une cantatrice célèbre; son nom, que n'a point dévoré l'oubli, résonne encore aujourd'hui, entre les noms de Pasta et de Catalani, comme une harpe éolienne. N'ayant pu parvenir à faire de la prima donna sa maîtresse, le comte de R... en avait fait sa femme. On ajoutait qu'amant jaloux autant que mari sévère, après l'avoir enlevée au théâtre, il la tenait dans son château, où l'infortunée victime se mourait de regrets, de tristesse et d'ennui.

Peut-être n'étaient-ce là que des fables inventées à plaisir. Toujours est-il que depuis trois ans que la comtesse habitait le pays, on l'avait à peine entrevue. Si les uns vantaient sa jeunesse et sa beauté, d'autres affirmaient qu'elle n'était rien moins que jeune et belle. D'autres enfin prétendaient qu'elle avait perdu sa voix après quelques mois de mariage. A l'unique fin de savoir à quoi s'en tenir sur toutes ces questions, le pays qui d'ailleurs n'aimait point le comte de R... à cause de sa grande fortune, de son grand nom, de son rare esprit et de ses belles manières (j'ai su tout cela plus tard), le pays, dis-je, avait imaginé de donner un concert pour les pauvres, et de prier la comtesse de R... de concourir à cette œuvre de charité. Le fait est que la charité n'entrait pour rien dans cette bonne œuvre ; c'était tout simplement un prétexte pour arriver jusqu'à la mystérieuse châtelaine, un piége que lui tendait la curiosité des méchants et des sots, qui n'étaient pas fâchés en même temps de rappeler à M. le comte qu'il avait épousé une *chanteuse*, et de lui prouver qu'on était dans le secret de sa mésalliance. Une députation de notables s'était donc rendue au château. A leur grand désappointement, ils n'avaient pu pénétrer jusqu'à la comtesse, mais le comte les avait accueillis avec toutes sortes de bonnes grâces, et s'était empressé de promettre le concours de sa femme à l'œuvre charitable. La nouvelle s'en était répandue bientôt à dix lieues à la ronde, et voilà pourquoi l'on accourait de toutes parts à cette fête.

Décider l'ami Jacques à prendre un billet de concert, il n'y fallait pas songer. Rien qu'à l'idée qu'on allait faire de la musique à Carpentras, il voulut atteler *Bergère* et s'enfuir à la hâte. J'eus bien de la peine à l'en dissuader. Sur le coup de huit heures, il alla se coucher, et moi, conduit par la foule, je pris, libre et joyeux, le chemin du théâtre. La salle était déjà pleine. Les concertants et leurs instruments occupaient la scène, ornée de fleurs et de guirlandes de feuillage. Un piano, destiné à la comtesse de R..., était placé près de la rampe, en face de l'assemblée. Tout le monde était à son poste ; nul ne manquait que la comtesse. Déjà on s'interrogeait avec inquiétude ; tous les regards erraient çà et là ; la comtesse de R... ne paraissait pas. Après une heure de vaine attente, comme des murmures d'impatience commençaient à circuler dans la salle, l'orchestre prit le parti de commencer.

On joua d'abord l'ouverture de *la Caravane*. Je trouvai l'exécution parfaite et d'un effet magique ; je ne me doutais pas jusqu'alors que, douze hommes étant donnés, on pût arriver à produire un pareil tapage. Flûtes, violons, basses et clarinettes rivalisèrent d'énergie et de bon vouloir ; j'en suais pour eux à grosses gouttes. Il n'est pas besoin d'ajouter que ce morceau fut couvert d'applaudissements frénétiques : les mères, les sœurs, les épouses, les cousines des exécutants, sanglotaient à pierres fendre et pleuraient comme des robinets ouverts.

La dernière mesure achevée, tous les yeux cherchèrent la comtesse de R,..; point de comtesse.

Au bout de quelques minutes de répit, un monsieur gros et court, habit noir et cravate blanche, s'avança sur le bord de la scène, salua gracieusement, tira de sa poche trois ou quatre morceaux de buis ; puis, après les avoir ajustés les uns aux autres, il annonça qu'à l'aide de ce léger instrument, il allait imiter le chant de tous les oiseaux, depuis le chant du rossignol jusqu'au croassement du corbeau. A ces mots, il courut dans l'assemblée un murmure de flatteuse approbation, auquel succéda presque aussitôt un profond et religieux silence. Ce monsieur gros et court était le flageolet de Tarascon.

Il imita d'abord le gazouillement du rossignol, puis successivement le ramage de la mésange et de la fauvette, le sifflement du merle, le cri de la chouette, le roucoulement de la colombe, le gloussement de la poule, le chant aigu du coq, et, comme il l'avait promis, le croassement du corbeau. Ce flageolet était à la fois une volière et une basse-cour. Après une heure de cet agréable exercice, que sembla goûter fort le public de Carpentras, le monsieur remit en morceaux son précieux instrument, les fourra dans sa poche, et se retira au milieu des applaudissements de la foule. Mon voisin de droite, qui ne pouvait croire aux merveilles qu'il venait d'entendre, assurait qu'il y avait des oiseaux cachés dans les coulisses. Mon voisin de gauche, aimable et fin railleur, était d'avis que ce monsieur envoyât son flageolet, pour le faire empailler, à M. Dupont, le naturaliste.

Au monsieur gros et court succéda un autre monsieur, long et mince. Celui-ci était d'Avignon. Il annonça qu'il allait, à l'aide d'un simple violon, imiter tous les instruments, depuis la flûte jusqu'au tambour, ce qu'il fit en effet avec les meilleures intentions du monde. Il joua de tous les instruments, excepté du violon. En y songeant, je me suis dit plus tard qu'il est ainsi beaucoup d'artistes chez qui le talent d'assimilation a tué l'individualité, habiles à tout reproduire, si ce n'est leur propre nature, échos de tous, si ce n'est d'eux-mêmes.

Au monsieur long et fluet succéda un troisième monsieur, chevelu, barbu, frisé, pommadé, bichonné, gants queue de serin, manchettes relevées sur le poignet; un beau, un dandy ; le lion n'était pas encore inventé. Il avait la taille d'un tambour-major, des mains à tuer un bœuf d'un coup de poing, des épaules à rendre jaloux Hercule. Il se mit au piano, et chanta *Fleuve du Tage*, d'une voix amoureuse qui nous plongea tous dans le ravissement. Dès lors, j'ai toujours professé une profonde admiration pour la valeureuse jeunesse qui charme ainsi les soirées du monde. Aller sur le terrain ; essuyer sans pâlir le coup de feu de son adversaire ; assister vaillamment à une bataille rangée ; charger l'ennemi d'un pied ferme ; marcher sans faiblesse au supplice ; tout cela n'a rien qui m'étonne. Mais en présence de deux ou trois cents personnes, se camper bravement devant un piano, et chanter dans sa barbe : *Je vais revoir ma Normandie*, ou autre complainte analogue, c'est le plus haut point d'héroïsme où l'homme puisse arriver. Ces messieurs ont fait leurs preuves de courage, et sont en droit de refuser un duel. Les femmes en ceci partagent mon opinion, et comme, en général, elles aiment les héros, il est bien rare qu'un chanteur de romances ne l'emporte pas auprès d'elles sur un homme d'esprit.

Cependant la comtesse n'arrivait pas. Il était près de dix heures : raisonnablement on ne devait plus compter sur elle. Toutefois on attendait, on espérait encore, lorsqu'un quatrième monsieur, de Carpentras celui-là, le chef d'orchestre, le meneur de la fête, s'approcha de la rampe, et, après trois saluts compassés, communiqua à l'assemblée une lettre qu'il venait de recevoir à l'instant. C'était une charmante petite lettre, par laquelle madame de R... s'excusait de ne pouvoir se rendre au concert, et priait MM. les commissaires de vouloir agréer son offrande avec ses regrets. Cette lettre était accompagnée d'un billet de mille livres.

On pense si ce dut être un cruel désappointement pour les curieux, les sots et les méchants. Ce fut un tohu-bohu général, un *tolle* universel. Que ne dit-on pas ? que n'entendis-je pas ? Il était assez clair que la comtesse était vieille et laide, puisqu'elle refusait de se montrer ; qu'elle avait perdu sa voix, puisqu'elle refusait de se faire entendre. Mais ce fut l'envoi du billet de mille livres qui surtout échauffa la bile de ces honnêtes gens. Il convenait bien à une chanteuse des rues de prendre ainsi des airs de princesse ! Les indigents de Carpentras avaient-ils besoin des munificences du château de R...? La ville ne suffisait-elle pas à nourrir ses pauvres? On était d'avis que ce billet de mille livres fût immédiatement renvoyé à l'orgueilleuse donatrice. En même temps, comme le plus grand nombre n'avait payé que pour voir et pour entendre chanter la comtesse, ce n'étaient de toutes parts que gens qui se disaient volés et réclamaient impérieusement leur argent : si bien que de ce concert donné au profit des pauvres, les pauvres couraient grand risque de ne retirer d'autre bénéfice que l'avantage de n'y avoir point assisté. L'indignation allait croissant, l'exaspération était au comble. Vainement, pour apaiser les passions déchaînées et couvrir le bruit de l'orage, l'orchestre attaqua, avec une vigueur peu commune, l'ouverture de *Lodoïska*; l'orage couvrait le bruit de l'orchestre. Il m'est arrivé, depuis cette soirée mémorable, d'assister à bien des concerts, mais je ne pense pas avoir jamais entendu un pareil vacarme. On sifflait, on hurlait ; une demi-douzaine de chiens, qui avaient suivi leurs maîtres, poussaient des aboiements plaintifs, auxquels de mauvais plaisants répondaient par des miaulements lamentables. Les enfants piaulaient, les femmes criaient, les hommes menaçaient de jeter les banquettes sur le théâtre, et, au milieu de la tempête, l'ouverture de *Lodoïska* allait toujours son train ; les Tartares étaient dans la salle.

Il était difficile de prévoir comment se terminerait cette scène de confusion et de désordre, quand soudain les flots en fureur retombèrent silencieux et immobiles, comme si le doigt de Dieu leur eût commandé de se taire et de se calmer.

Une jeune étrangère avait d'un pied léger, sans que nul s'en fût aperçu au milieu du trouble général, franchi les degrés qui séparaient le parquet du théâtre, et soudain on la vit apparaître, assise devant le piano destiné à madame de R..., comme un ange descendu du ciel. N'était-ce pas un ange en effet ? Elle touchait à peine aux premiers jours de la jeunesse ; les grâces naïves de l'enfance ornaient encore son charmant visage ; mais déjà l'éclat du génie illuminait son front et ses regards. Elle se tenait simple et grave, sans embarras et sans hardiesse, la bouche demi-souriante. A cette apparition, tout fit silence. Quelle était cette femme ? Personne n'aurait pu le dire. Tous les yeux étaient rivés sur elle : calme et sereine, elle paraissait remarquer à peine la foule qui la contemplait. Elle dénoua les rubans d'une capote blanche, qu'elle déposa négligemment à ses pieds. Sa coiffure était basse ; ses cheveux, séparés sur le front, s'abattaient le long de ses tempes, lisses et noirs comme des ailes de corbeau. Elle ôta ses gants, et ses petites mains coururent sur le clavier. Enfin, après avoir préludé durant quelques instants, la jeune étrangère chanta.

Anges et séraphins aux ailes frémissantes, qui tenez là-haut les harpes d'or et chantez en chœur aux pieds de l'Éternel, comment donc chantez-vous, harmonieuses phalanges, si l'on chante ainsi sur la terre ! J'écoutais, éperdu, sans haleine, immobile, et tous écoutaient comme moi. Ce que j'ai entendu, nul ne saura jamais l'exprimer. Elle chantait dans cette douce langue que les femmes et les enfants gazouillent sur les bords de l'Arno. Ce furent d'abord de suaves ondulations qui s'épandirent comme de belles nappes d'eau sous de frais ombrages, pour s'égarer bientôt en de gracieux méandres, telles qu'un fleuve au cours lent et paisible entre des rives embaumées. Je crus voir, je vis un instant les flots mélodieux s'échapper de ses lèvres, je les sentis me soulever et m'emporter dans les célestes espaces. Magie du chant ! puissance de la voix ! Dans cette salle enfumée, à la lueur des quinquets huileux, sur une banquette poudreuse, il me sembla que j'assistais pour la première fois aux splendeurs de la création. Elle disait, sur un ton doux et grave, le charme des nuits sereines, les mutuelles tendresses à la clarté des astres d'argent, la barque sillonnant en silence le miroir du lac endormi, et moi, la tête entre mes mains, je voyais, comme dans un rêve, les montagnes d'azur au travers des roses vapeurs du couchant ; je respirais les parfums du soir, j'entendais s'éveiller les brises, et les soupirs amoureux se mêler au murmure de l'onde et au frissonnement du feuillage.

Ce premier chant achevé, l'assemblée resta silencieuse, immobile; pas un bruit, pas une rumeur, pas un mouvement dans la salle, suspendue tout entière aux lèvres de l'enchanteresse. On écoutait encore. La jeune femme avait laissé ses doigts sur les touches d'ivoire. Après les avoir tourmentées au hasard et d'un air distrait, elle s'abandonna de nouveau à l'inspiration de ses souvenirs. Que vous dirai-je? Vous voyez bien que je suis là comme un pauvre diable de muet que les émotions étouffent et qui n'a qu'un cri pour les exprimer. J'ai toujours aimé la musique, et n'ai jamais pu rien entendre au vocabulaire musical. Cette langue, hérissée de bémols et de bécarres, m'est aussi familière que le sanscrit et le persan. J'aime la musique à la façon des lézards, qui seraient fort en peine, j'imagine, de dire si la symphonie qui les charme est en *ut* majeur ou en *si* mineur. Comment donc vous rendrais-je les effets de cette voix qui, tour-à-tour vive et légère, tendre et sonore, grave et profonde, jaillissait, éclatait, se brisait en cascades de notes cristallines, coulait à flots harmonieux, grondait comme le torrent dans l'abîme? Il y avait en elle la grâce des jeunes amours et l'énergie des passions terribles. Ainsi, la belle inspirée exprima tour-à-tour les joies naïves, les coquetteries agaçantes, les emportements jaloux, les transports brûlants, les douleurs éplorées; j'entrevis pour la première fois l'image des poétiques héroïnes dont le nom ne m'était point encore révélé, Rosine, Anna, Juliette, Elvire. Elle chanta la romance du *Saule* que j'avais entendu chanter à ma marraine ; j'entendis cette fois la Desdemona de Shakspeare, mélancolique comme la nuit qui semble gémir avec elle, pressentant sa terrible destinée, la prédisant dans chacun de ses accents, la racontant dans chacun de ses regards, Desdemona près de mourir. Qu'elle était belle alors et touchante ! Puis elle chanta des chants du Tyrol, agiles et bondissants comme le chamois sur la neige des cimes alpestres : car cette voix, qui savait descendre si profondément dans les cœurs, savait aussi se jouer en fantaisies éblouissantes.

Après nous avoir tenus durant près d'une heure dans un enivrement que je ne cherche pas à décrire, elle se leva calme et souriante. En cet instant, la salle éclata, et je pensai que la voûte s'effondrerait sous les applaudissements de la foule. J'ai cru dès-lors à tout ce qu'on nous a raconté de l'influence d'Orphée sur les bêtes de son pays. Tous les cœurs étaient émus, tous les yeux mouillés de larmes. J'ai plus tard assisté à bien des triomphes de ce genre. J'ai vu des pianistes épileptiques exciter des admirations effrénées ; j'ai vu lancer des roses et des camélias à la tête de gros ténors bien portants ; jamais je n'ai retrouvé les émotions de cette soirée, si grotesque au début, et qui finissait d'une façon si imprévue et si touchante. On ne songeait même pas à se demander quelle était cette jeune femme que personne ne connaissait ; l'enthousiasme avait absorbé la curiosité. Cependant, toujours calme et sereine, la bouche épanouie dans un demi-sourire, elle ne paraissait pas se douter de ce qui se passait autour d'elle. Le flageolet de Tarascon s'étant avancé pour la féliciter, elle lui rit gentiment au nez ; le génie que nous venions d'entendre n'était plus qu'un enfant espiègle. Au milieu des applaudissements, sous le feu de tous les regards, elle remit tranquillement ses gants et sa capote de voyage ; puis, ouvrant un petit sac de velours vert qu'elle avait gardé jusqu'alors suspendu à son bras par une torsade de soie à glands d'or, elle le façonna comme une bourse de quêteuse, et le présentant dans le creux de sa main aux personnes qui l'entouraient :

— Messieurs, pour les pauvres de votre ville ! dit-elle de cette voix qui savait si bien le chemin des âmes.

Vous pensez si les applaudissements redoublèrent, et si chacun s'empressa de mettre la main à sa poche. Les pauvres de Carpentras firent là une bonne soirée. Ce fut une averse de blanches petites pièces qui tomba de toutes parts dans le sac de la belle quêteuse. Je vis une femme élégante et parée, tout émue encore et toute frémissante, détacher de son bras un riche bracelet, le glisser dans la bourse, puis baiser la main qui la lui présentait. Je vis une jeune fille, simplement vêtue, et qui sans doute n'avait rien à donner, y déposer en rougissant le bouquet de violettes qu'elle tenait à la main et qu'elle avait mouillé de ses larmes. Quelle pluie de fleurs valut jamais cette modeste offrande? La quête achevée, l'étrangère, après en avoir versé le produit sur la table du piano, retira le bouquet de violettes qui s'y trouvait mêlé, et l'ayant mis à sa ceinture, elle offrit à la jeune fille son petit sac vert en échange.

Je n'ai pas besoin d'ajouter que le concert n'alla pas plus loin ; les violons étaient rentrés dans leurs boîtes, les clarinettes dans leurs étuis. Appuyée sur le bras de sa femme de chambre, la belle inconnue se retira à travers les flots empressés qui s'ouvrirent pour la laisser passer. Déjà les musiciens complotaient une sérénade, et les jeunes gens de Carpentras se proposaient de lui offrir un banquet patriotique. Malheureusement une chaise de poste, attelée de quatre chevaux, attendait à la porte du théâtre : les postillons étaient en selle. Elle monta dans la voiture, et, au moment où monsieur le maire s'avançait pour la complimenter, les fouets claquèrent, les chevaux partirent au galop, et la chaise disparut bientôt au milieu des cris et des bénédictions de la foule.

Était-ce un rêve? je ne savais. J'étais ivre. Il faisait une nuit magnifique ; je m'échappai de la ville et ne rentrai qu'à l'aube naissante. Mon ami Jacques dormait encore. Je l'éveillai brusquement et lui sautai au cou ; mais lui, voyant que c'était de musique qu'il s'agissait, m'envoya à tous les diables, remit sa tête sur l'oreiller et se prit à ronfler de plus belle.

Une indisposition de *Bergère* nous obligea à prolonger

notre séjour à Carpentras. Durant les quelques jours que nous y restâmes, il ne fut question que du concert pour les pauvres, de la comtesse de R... et de la mystérieuse étrangère. Chacun se perdait en commentaires plus absurdes les uns que les autres. Comme il n'y avait pas d'autre sujet de conversation à la table d'hôte *des Trois Chats qui miaulent,* mon ami Jacques était d'une humeur de sanglier. Las d'entendre parler musique, un beau matin il attela *Bergère*, qui entrait à peine en convalescence, et nous partîmes au petit trot, lui, jurant bien de ne jamais remettre les pieds dans cette ville de malheur, et moi, emportant un des plus charmants souvenirs que devait me laisser ma jeunesse. Aussi, vous ai-je toujours défendue contre les railleurs, ô ville aux remparts crénelés ! Aussi, m'apparaissez-vous toujours pleine de grâce et d'harmonie, ô cité que Pétrarque aimait ! Je n'ai jamais écrit votre grand nom qu'avec respect, ô Carpentras, et, tant que je vivrai, vous aurez une plume amie pour répondre à vos détracteurs.

Notre voyage s'acheva comme il avait commencé, l'un rêvant, l'autre fumant. Nous visitâmes Nîmes, Arles, Montpellier, Marseille. Nous eûmes la douleur de perdre *Bergère* à Alais ; la noble bête creva sur la paille. Après avoir terminé ses affaires et recueilli çà et là quelques milliers de francs qui lui revenaient de l'héritage d'une vieille tante, l'ami Jacques acheta un petit cheval qu'il baptisa du nom de *Bistouri*, en mémoire de son premier maître, chirurgien terrible et barbare, et nous retournâmes à notre village avec ce nouveau compagnon. C'était un animal aux jarrets moins solides que ne l'étaient ceux de la défunte (c'est *Bergère* que je veux dire), entêté, capricieux, fantasque, ne se gênant pas pour flâner le long des haies vives et se rouler gaîment dans la poussière du chemin, buvant à tous les ruisseaux, tondant tous les gazons, ruant, reniflant, gambadant, portant au vent, au demeurant le meilleur fils du monde. Ainsi, je m'en revins comme j'étais allé; mais ému, mais troublé, plongeant un regard avide dans toutes les chaises de poste qui filaient près de nous sur la route, et rapportant dans mon cœur des voix confuses et de vagues images qui ne s'y trouvaient pas au départ. *Bistouri* nous versa trois fois, et nous arrivâmes sans plus d'accidents au pays.

L'année suivante, on me mit la bride sur le cou et on me lâcha dans Paris. Je hantai l'Opéra, les concerts; mais la voix que je cherchais, je ne l'entendis nulle part, si ce n'est dans mes songes où je l'entendais toujours. Les talents les plus admirés me faisaient sourire; les chants les plus applaudis me trouvaient distrait et indifférent; les idoles des loges et du parterre me paraissaient indignes des ovations qu'on leur décernait. Malgré leur pompe et leur éclat, toutes ces représentations où je courais avec la foule me laissaient triste et désenchanté. J'avais alors un petit camarade, grand amateur de musique, passionné pour les beaux chants et pour les belles voix. Nous allions ensemble aux théâtres lyriques, et nous revenions ensemble, la nuit, le long des quais, bras dessus bras dessous, lui joyeux et plein d'enthousiasme, moi chagrin et le front baissé. Lorsqu'il me demandait pourquoi j'étais ainsi, je répondais par cette moitié de phrase devenue proverbiale entre nous : — Ah! si tu avais assisté, l'an passé, à un concert pour les pauvres qui s'est donné à Carpentras... Et lui de m'interrompre et de rire à votre nom, ô ville éternellement chère, où j'entendis pour la première fois chanter cette âme mélodieuse qui n'est restée, sur la terre comme dans vos murs, que le temps de charmer le monde !

Découragé, j'avais pris le parti de m'en tenir au chant de mes souvenirs, et depuis quelques mois je n'accompagnais plus mon petit camarade dans ses excursions. L'hiver arriva ; c'était le premier que je subissais à Paris. Un jour, mon petit ami entra dans ma chambre, radieux et triomphant comme Christophe Colomb après la découverte de l'Amérique. Il avait, lui aussi, pas plus tard que la veille, découvert un nouveau monde ; il avait découvert le Théâtre-Italien. L'enfant m'en raconta des merveilles, et m'assura qu'on pouvait s'y risquer, *même après avoir assisté au concert pour les pauvres qui s'est donné à Carpentras*. Je branlai la tête d'un air incrédule. Il insista, mais vainement ; je n'avais point goût à de nouvelles expériences ; d'autres soins d'ailleurs m'occupaient ; enfin, faut-il le dire ? j'étais jaloux pour la voix qui chantait dans mon cœur, jaloux comme un amant pour la beauté de sa maîtresse, et je sentais que je souffrirais si je rencontrais sa rivale.

Dès lors, il ne s'écoula guère de jours sans que mon petit dilettante revînt à la charge. Tous les soirs de Bouffes, il arrivait, passé minuit, s'asseyait sur le pied de mon lit, et Dieu sait tout ce qu'il me fallait essuyer de pâmoisons et d'enthousiasme. Plus d'une fois je fus tenté d'en agir avec lui comme avec moi mon ami Jacques avait agi à Carpentras. Je dois convenir cependant qu'il avait fini par piquer au vif ma curiosité et réveiller en moi la fibre musicale. Il me parlait surtout de deux reines du chant qui se partageaient la couronne ; je brûlais et je tremblais en même temps de les voir et de les entendre.

Un soir, enfin (je m'en souviendrai toute ma vie), j'avais lu *Otello* sur l'affiche ; par un de ces brouillards compactes qui parfois enveloppent Paris comme un linceul, j'allai m'ajouter à la file qui assiégeait la porte du Théâtre-Italien. Après une heure d'attente, sous la brume fine et glacée qui me transperçait jusqu'aux os, la file ondula lentement, comme les anneaux d'un serpent qui s'allonge. Je pénétrai un des derniers dans le sanctuaire ; disons mieux, je n'y pénétrai pas. Je trouvai le temple envahi, et ce ne fut pas sans peine que j'obtins la faveur d'un tabouret dans un couloir. Sur le coup de huit heures, je sentis un frisson passer sur toutes les âmes. Le rideau se leva, et tel était le religieux silence, que je pus entendre longtemps frémir les derniers accords de l'orchestre, qui s'élevèrent légers comme un nuage, planèrent sur la foule immobile, et se brisèrent à la voûte, comme l'onde émue contre la pierre du bassin qui l'enferme. Je ne voyais rien, mais tous les sons arrivaient jusqu'à moi. J'écoutais dans le ravissement, je croyais écouter aux portes du ciel, et, je l'avoue, ingrat, j'oubliais Carpentras, quand tout d'un coup un mouvement se fit dans la salle, et une triple bordée d'applaudissements salua l'apparition de Desdemona. Je cherchais du regard la jeune Vénitienne, mais une muraille vivante me cachait le théâtre et la scène. La foule était redevenue muette. Desdemona chanta. Aux premiers accents de cette claire voix, je tressaillis des pieds à la tête. Était-il vrai? ne me trompais-je pas? n'étais-je pas le jouet d'une illusion ? était-ce bien la voix de mes rêves ? J'essayai de rompre le rempart qui me fermait l'entrée de la salle ; je l'essayai vainement, et je retombai sur mon siége. J'hésitais, je doutais encore: mais lorsque j'entendis la romance du *Saule*, je ne doutai plus, c'était elle ! Après la chute du rideau, je me jetai, par un effort désespéré, dans l'orchestre. Bientôt la toile se releva aux acclamations de l'assemblée, qui rappelait Desdemona sur la scène; Desdemona parut. La clarté des lumières vacilla au bruit des longs cris d'enthousiasme; les fleurs pleuvaient, les loges étincelaient de pierreries, les écharpes blanches et roses s'agitaient dans l'air embaumé. Simple et naïve dans son triomphe, je la reconnus bien : c'était elle, c'était l'ange voyageur qui, parfois sur sa route, s'amusait à chanter pour les pauvres.

Le nom qu'avaient crié les loges et le parterre, je ne l'avais pas entendu.

— Monsieur, demandai-je à mon voisin, comment appelez-vous la cantatrice qui vient de chanter le rôle de Desdemona?

Mon voisin me regarda d'un air curieux, comme si j'arrivais du Congo.

— Marie Malibran, me dit-il.

Hélas! rien n'a pu attendrir la mort inexorable, ni tant de génie uni à tant de grâce, ni l'amour du public, ni l'éclat de la gloire et de la beauté! C'est que la cruelle, comme l'a dit le vieux poète, s'est bouché les oreilles; autrement elle n'eût point osé la frapper.

LE

JOUR SANS LENDEMAIN.

A Madame C. de Courbonne.

LE

JOUR SANS LENDEMAIN.

J'ai connu une grand'mère qui était bien la plus charmante des grand'mères. Au prochain automne, il y aura deux ans qu'elle est morte. Elle est morte dans son fauteuil, sur la terrasse de son château, les mains dans celles de ses petits enfants, les yeux tournés vers le soleil qui se cachait derrière les coteaux jaunissants. Deux heures avant de s'éteindre, elle parlait encore aux amis qui l'entouraient; elle s'entretenait avec un grand sens des choses de la vie présente, avec un religieux espoir des promesses d'une autre vie. Lorsqu'elle sentit que ses forces l'abandonnaient et que le dernier jour était venu pour elle, elle demeura silencieuse et ne nous adressa plus que quelques pâles sourires. Il vint un instant où elle se tourna doucement vers ses vieux amis, ceux qui n'avaient jamais délaissé sa fortune, et qui, mêlant les branches de leur vie aux rameaux de la sienne, avaient fleuri aux mêmes brises et s'étaient glacés aux mêmes autans. Elle voulut parler ; mais les paroles expirant sur ses lèvres, elle contempla avec attendrissement ces vieux compagnons de son long pèlerinage, et sa main leur envoya le suprême adieu. Elle s'éteignit avec tant de sérénité, que les lugubres images de la mort ne flottèrent pas un instant autour d'elle, et son dernier regard put s'arrêter sur des visages calmes, tendres et résignés. Elle n'eut à subir aucune des importunités de la douleur et de la tendresse : pas un sanglot n'éclata auprès d'elle; pas une larme ne coula sur ses doigts blancs et desséchés. Les enfants, agenouillés sur la terrasse, ne comprenaient rien à cette scène des adieux éternels, et le plus jeune, grimpé sur l'un des bras du fauteuil, jouait avec les cheveux qui pendaient en boucles argentées le long des joues amaigries de l'aïeule. Nous étions groupés autour de son siége, tous silencieux et recueillis ; on n'entendait que les mélodies du soir, le bruit des feuilles qui tombaient sur le sable de l'allée, l'angélus que le vent apportait de la ville voisine, le bêlement des troupeaux qui rentraient dans les étables, et les chants des bouviers, lents et mélancoliques comme tous les chants primitifs. Entre cette soirée d'octobre et la fin de cette existence, entre le ciel gris et doux que le soleil abandonnait et cette figure pâle et sereine d'où la vie allait se retirer, il y avait tant d'harmonie, de rapports et de convenances, que le drame de la terrasse semblait une scène détachée de la nature agonisante, et qu'il était difficile de ne pas en confondre les teintes avec les teintes automnales.

Ainsi mourut cette grand'mère ; elle mourut adorée de tous. Comme elle a sa place dans un monde meilleur, si ce monde meilleur existe, ses enfants et ses amis ne l'envient point au ciel ; mais ils parlent d'elle sans cesse, et le souvenir de l'aïeule est une de leurs religions sur la terre. Elle se mêle encore à tous nos regrets, elle manque à toutes nos joies. Elle était la vie de nos réunions, l'âme de toutes nos fêtes. Elle avait beaucoup vu, beaucoup senti, beaucoup souffert ; à la grâce, à l'esprit, à un grand savoir de toutes choses, elle joignait un trésor plus inappréciable, qu'elle avait retiré de sa lutte avec la douleur, je veux parler de l'indulgence. Ce mot seul renferme le secret de la vie tout entière. Sa jeunesse fut pleine d'agitations ; mais après avoir consumé ses plus belles années à chercher vainement le bonheur dans des régions orageuses, elle le trouva dans les joies de famille qu'elle avait si longtemps méconnues, et ses derniers jours s'écoulèrent au milieu des bourgeoises félicités que la poésie a jusqu'ici trop dédaignées peut-être.

Parmi les jeunes gens qui trouvaient auprès d'elle des enseignements de tout genre, j'étais à coup sûr le plus tendre et plus assidu. J'avais cru découvrir sous la gaîté de son caractère, sous l'égalité de son humeur douce et facile quelque chose de triste et de souffrant ; il me semblait parfois que toute l'indulgence de son cœur cachait mal un grand fonds de scepticisme et d'amertume. Nous avions le soir, dans l'allée de tilleuls qui bordent le jardin, de longues conversations sur la vie qu'elle achevait et que je commençais à peine. Je partais de la ville, à la chute du jour, et je la trouvais ordinairement sur le perron, au milieu de ses filles et de ses petits-fils. Étranger dans le pays, je m'étais fait de cette famille une famille de prédilection. Lorsqu'on s'était vu, qu'on avait causé de choses et d'autres, qu'on avait bien joué avec les enfants sur la pelouse, la grand'mère appuyait son bras sur le mien et nous allions sous les tilleuls reprendre nos chères conversations du soir. Je ne sais guère quel charme nous attachait l'un à l'autre. Jeune et impatient de connaître, je cherchais peut-être en elle la science amère de la vie ; effrayée de vieillir, peut-être cherchait-elle en moi quelque reflet de sa jeunesse. Quoi qu'il en soit, nous nous aimions l'un l'autre ; j'aimais surtout à remonter avec elle le cours agité de ses années ; je me plaisais, aux heures d'épanchements, à détacher quelques pages du livre de son existence, et bien que ces entretiens fussent féconds pour moi en désenchantements, je les recherchais avec avidité, tant j'avais hâte de mordre à l'écorce de l'expérience.

Un soir, j'arrivai plus tard que de coutume. Je trouvai le perron désert ; les serviteurs m'apprirent que la famille était partie le matin pour Saint-Brice, une petite propriété voisine. La grand'mère seule était restée. Le monde, qui lui semblait autrefois trop petit, n'allait plus pour elle au-delà des tilleuls qui entouraient le château d'une double ceinture de feuillage. Je l'aperçus dans notre allée, marchant lentement, pensive et solitaire. Nous étions alors aux premières journées du printemps : l'air étoit froid et pénétrant ; je courus à elle, et l'engageai à rentrer. Mais elle était distraite, et, sans répondre à mes instances, elle prit mon bras, et nous nous dirigeâmes en silence vers l'endroit le plus calme et le plus retiré du jardin.

— Grand'mère, lui dis-je enfin (nous l'appelions tous grand'mère), vous êtes triste : qu'avez-vous ? quel nuage a passé aujourd'hui devant votre soleil ?

— Mon soleil est bien pâle, dit-elle, et ses rayons ne me réchauffent plus. Oui, mon garçon, je crois que tu as raison, je suis triste ; le retour des beaux jours me fatigue et ne me ranime pas. J'ai respiré toute la journée cet air enivrant des feuilles nouvelles ; j'ai foulé ce gazon, je me suis reposée sous ces lilas en fleurs, et je me suis dit avec quelque amertume, que, nous autres, nous n'avons qu'un printemps et que pour nous l'hiver arrive vite.

— Oui, lui dis-je ; mais on assure que nous allons refleurir dans un monde plus beau, où le printemps est éternel.

— C'est possible, dit-elle, en prenant une prise de tabac dans une boîte de platine russe ; mais quelques merveilles qu'on nous raconte de ce monde qui nous attend, nous ne quittons jamais sans regrets notre sale et triste planète.

Je voulus profiter des dispositions où je la trouvais pour lui annoncer une fâcheuse nouvelle. Après quelques instants de silence : — Vous savez, lui dis-je d'un air presque indifférent, tant je craignais de donner à mes paroles trop d'importance et de solennité, vous savez que Mario est mort?

— Mario est mort ! s'écria-t-elle en s'arrêtant brusquement. Je la regardai, à la clarté de la lune ; son visage exprimait de l'effroi, mais point de douleur.

O saint égoïsme ! chaque année qui passe sur notre tête dessèche dans notre cœur quelque beau sentiment, y tarit quelque noble source ; mais toi, tu t'épanouis au souffle du temps, chaque jour tu te prélasses plus radieux et plus florissant sur les débris souillés de notre âme ! La grand'mère et Mario s'étaient longtemps aimés; cet amour avait rempli les plus belles années de leur jeunesse. Orageux, plein de joies inquiètes et de passions turbulentes, cet amour s'était brisé comme tous les amours de la terre ; mais, bien que séparés par cette terrible loi du destin qui veut que tout ici-bas se brise, se flétrisse et passe, tous les deux n'avaient pu rester étrangers l'un à l'autre, plus d'une fois sans doute ces cœurs désunis avaient dû se fondre dans une même pensée de tendresse et de sollicitude. Eh bien ! la grand'mère ne vit dans la mort de Mario qu'un avertissement funeste ; cette mort lui rappela seulement que l'heure du départ allait bientôt sonner pour elle.

— Ah, Mario est mort! reprit-elle d'un ton plus calme. C'est mourir bien jeune, il me semble.

— A coup sûr! ajoutai-je avec empressement; il était votre aîné.

— Certainement, certainement, dit-elle, en reprenant mon bras qu'elle avait quitté avec un sentiment de terreur; il était mon aîné.

— Et puis, on assure qu'il faisait des excès.

— Sans doute; il devait en faire : on ne meurt pas ainsi à son âge.

Je ne pus m'empêcher de sourire. Mario comptait bien de son vivant cinq ou six ans de moins que son amante; il venait de s'éteindre au fond d'une campagne où sa vieillesse s'était écoulée pauvre, oubliée et solitaire. Pendant le reste de la soirée, Mario fut le sujet de notre entretien sous les tilleuls. A l'âge qu'avait la grand'mère, on ne vit guère que dans le passé, et elle aimait assez à feuilleter ses anciens jours. A l'âge que j'avais alors, on ne vit guère que dans l'avenir, et je me plaisais à en deviner les formes incertaines à travers les souvenirs un peu confus de ma vieille amie. Je la laissai donc parler de Mario; elle en parla longuement; mais son cœur, aussi froid que les cendres de son amant, ne laissa point échapper un éclair d'amour et de jeunesse. — Mon Dieu! m'écriai-je avec douleur, toutes les affections finissent-elles donc de la sorte? Ne reste-t-il jamais rien, que quelques tisons noirs et glacés, de ces feux qui promettaient une flamme éternelle ? Un jour arrive-t-il infailliblement où le cœur ne bat même plus au souvenir de ce qu'il a tant aimé ?

— Hélas! oui, dit-elle en soupirant : presque toujours, il en arrive ainsi.

— Grand'mère, la vie serait-elle réellement aussi triste que vous me la montrez parfois ?

— Mon fils, répondit-elle en me frappant sur l'épaule, puisses-tu dans quinze ans t'adresser encore cette question !

— Puissé-je surtout vous l'adresser, grand'mère !

Elle secoua la tête d'un air de doute, puis elle reprit après un court silence : Vois-tu, mon garçon, si la vie est mauvaise, c'est notre faute à tous : aussi n'avons-nous pas le droit de l'accuser, et c'est à peine si je me permets pour mon compte une plainte dans mon propre cœur. Va, le ciel a été prodigue de bienfaits envers sa créature : nous avons tout gâté, et nous murmurons contre le Créateur. Que dirons-nous, grand Dieu! lorsque tu nous demanderas compte des trésors que tu nous avais confiés ! Pareilles à ces liqueurs d'Orient qui laissent un parfum éternel au vase qui les a contenues, les affections, même en s'épuisant, pourraient imprégner de suaves souvenirs l'asile qu'elles ont habité. Mais dans quelle âme une affection humaine a-t-elle pu séjourner sans y altérer sa pureté primitive ? Dans quel cœur l'amour n'a-t-il point déposé, en se retirant, un peu de lie et d'amertume? C'est que nous abusons de tout, mon enfant; c'est qu'aveuglés par la jouissance, nous ne savons jamais prévenir la satiété; c'est qu'au lieu de tailler dans le vif, nous flétrissons tous les sentiments, avant de les arracher de notre cœur opiniâtre. Tous nos amours ressemblent aux feuilles de l'automne qui ne tombent que lorsque le soleil et le vent les ont jaunies et desséchées, et que nous traînons indifféremment sous nos pieds, sans nous rappeler que, vertes et luisantes, elles ont ombragé nos têtes. Nous sommes si ingrats envers le bonheur qui n'est plus! Quelques jours d'ennui et de dégoût ont bientôt effacé des années de félicité. Et puis, le monde n'est-il pas là pour porter sur nos plaies ses mains grossières et venimeuses? A-t-il assez de paroles empestées, assez de basses calomnies, assez de pavés et de boue pour élever un mur infranchissable entre deux pauvres âmes que le destin a désunies? Le monde ne pardonne point au bonheur qu'il ne sanctionne pas; il en mine sourdement le fragile édifice; et quand l'édifice a croulé, il en salit les débris, il en remue incessamment les ruines, pour que la fleur du souvenir ne puisse y croître et s'y épanouir. Ah! si je te contais tout au long l'histoire lamentable de ma liaison avec Mario, tu t'étonnerais moins peut-être de trouver ma mémoire infidèle, ingrate et glacée.

— Grand'mère, lui dis-je, contez-moi cette histoire.

— A quoi bon? L'humanité gravite pêle-mêle vers le même abîme; l'exemple des anciens n'a corrigé personne. D'ailleurs, pourrais-je encore ranimer les cendres de mon cœur, et le vent de l'âge ne les a-t-il pas dispersées !

Nous marchions depuis quelques instants en silence. Une bise extrêmemement froide soufflait du nord ; le gazon de l'allée et les feuilles des arbres étaient déjà humides de la rosée de la nuit. J'entraînai ma vieille compagne vers la terrasse du château, et nous entrâmes dans le salon ; elle s'étendit sur un canapé, devant un grand feu de sarment, et j'allai m'asseoir à ses pieds.

— Écoute ! me dit-elle après s'être longtemps recueillie ; je veux te conter une histoire de ma vie que personne n'a jamais entendue, et dont j'ai gardé le secret enfoui, comme un trésor, dans mon sein ; je vais déflorer pour toi le seul souvenir de ma jeunesse qui soit resté pur dans mon vieux cœur, le seul amour qui m'aura suivie, toujours brûlant, jusqu'au tombeau. Je vais pour la première fois faire entendre un nom que je n'ai prononcé, durant trente ans et plus, que dans le silence des nuits et dans la solitude de mes jours. Approche donc ; viens lire dans ce coin de mon âme où nul regard humain n'a encore pénétré ; entre avec respect dans ce sanctuaire que le désenchantement n'a jamais profané, où le feu sacré brûle encore.

— Ce n'est donc pas l'histoire de Mario ? m'écriai-je, presque effrayé de la solennité de ce début épique.

— Non, dit-elle : c'est une autre histoire.

Je m'étais assis sur le canapé auprès d'elle. La grand'-

mère ouvrit sa boîte de platine, se barbouilla le nez d'une prise de tabac d'Espagne, et, après en avoir savouré quelques instant le pafum et la saveur :

— Dans ce temps-là, commença-t-elle en remettant sa boîte dans sa poche, je ne prenais pas de tabac ; j'étais jeune, on vantait ma beauté; un grand fonds de hardiesse et d'impertinence, un caractère ardent, une tête un peu folle, surtout un profond mépris pour tout ce que le monde appelle *convenances*, m'avaient acquis déjà une certaine réputation d'esprit et d'originalité. Dans le monde, on me trouvait *drôle*. Je crois, mon enfant, que je devais faire alors une pécore assez insupportable. J'avais vingt ans, de la fortune, un mari excellent qui m'adorait, des serviteurs fidèles qui m'avaient vue naître, des amis charmants et dévoués, de joyeux compagnons, soumis à toutes mes fantaisies, obéissant à tous mes caprices. Mes troupeaux paissaient dans mes grasses prairies ; mes vignes et mes bois couvraient les coteaux d'alentour. Deux chevaux, noirs et luisants, ébranlaient les pavés de la ville voisine sous les roues de ma calèche anglaise ; un alezan brûlé, aussi docile à ma voix que le grand levrier qui galopait à mes côtés, me faisait voler dans la plaine. Qui n'aurait cru à mon bonheur ! Moi seule je n'y croyais pas. Je nourrissais ce vague ennui dont nous avons tous reçu le germe fatal en naissant : je le nourrissais avec complaisance; je me révoltais en secret contre ma posaïque existence : j'aurais voulu remuer à tout prix ce lac dont les eaux dormantes réfléchissaient toujours les mêmes aspects et les mêmes ombrages. Mes amis m'aimaient trop : mes prés étaient trop fertiles ; l'amour de mon mari me semblait trop paisible. Mon mari lui-même m'apparaissait souvent sous un jour bien terne et bien vulgaire. Cet homme grossier faisait valoir mes propriétés, augmentait chaque année mes revenus, s'occupait d'engrais et calculait sur les regains. Que de fois n'ai-je pas lancé avec fureur mon coursier à travers champs, lui faisant franchir, au risque de me rompre le cou, les fossés, les haies et les barrières ! J'avais besoin d'agitation. Je ne savais où jeter l'énergie qui me dévorait. Le calme m'indignait, j'appelais la tempête : ô folle que j'étais ! Mais telle est la vie. Nous partons tous du même point pour arriver au même terme ; nous commençons toujours par armer en corsaires ; toujours nous finissons les pieds dans la flanelle.

Je me trouvais dans ces dispositions, lorsque je reçus une invitation de madame B... pour aller passer une journée au château de la Chênette. Madame B... (tu ne l'as pas connue, car elle était morte que tu n'étais pas au pays) a tenu longtemps le sceptre du ridicule dans une contrée où, Dieu merci ! le ridicule n'a jamais manqué. Femme bel-esprit, sa maison fut longtemps à la ville une succursale de l'hôtel de Rambouillet ; toutes les Sévigné de l'endroit s'y rendaient le soir, une fois par semaine, et là, on parlait d'art, de morale et de littérature : c'est à faire frémir, rien que d'y penser ! La

France n'était point encore sortie de la tourmente populaire qui l'avait si rudement secouée; alors madame B..., farouche républicaine, eût porté, je crois, le bonnet rouge, si le blond de ses cheveux n'eût menacé de se confondre avec la couleur de sa coiffure. Disons en passant que ses opinions ne lui coûtaient rien, et que ses sentiments étaient moins roturiers encore que sa naissance. Lorsque les parchemins et les titres reparurent sur l'eau, madame B... songea qu'il était temps de se désencanailler; elle ne pouvait anoblir les registres de l'état civil, mais elle prit des airs de duchesse; elle ne pouvait blasonner sa patache, mais elle armoria ses gestes et son langage. Ses gens portèrent livrée, et la méchante masure que je pourrais te montrer à l'horizon, entre deux massifs de chênes, ne s'appela plus que le château de la Chênette.

J'aimais son fils, qui valait mieux qu'elle, et j'acceptai l'invitation. D'ailleurs madame B... me plaisait, comme étude : elle me détestait par goût et me recherchait par orgueil, et je m'amusais à observer la lutte qui s'établissait toujours à mon aspect entre sa haine et sa vanité, deux mauvais sentiments auxquels je n'ai jamais cherché à servir de point de mire, sois-en bien persuadé, mon garçon. Mon mari était absent; je partis à cheval, par une matinée d'automne, accompagnée seulement d'un serviteur qui suivait à distance. Je n'ai jamais pu me soumettre à cette manie, qui veut que nous ne puissions faire un pas sans avoir un laquais à nos flancs ou sur nos talons. Je mis bien quatre heures à faire le trajet qui en demandait deux à peine ; j'étais triste, rêveuse, préoccupée : je pressentais confusément dans ma destinée quelque chose d'irréparable.

Le fils de madame B... m'attendait dans le sentier couvert qui sert encore d'avenue à la Chênette. — Prenez votre courage à deux mains, me dit-il, ma mère a réuni tout ce que le pays a de mieux.

— Ah ! diable ! lui dis-je, en sautant à bas de mon cheval, ce sera ennuyeux à mourir.

— Oui ; mais nous sommes quelques bons compagnons, bien décidés, pour nous distraire, à risquer un peu de scandale. Êtes-vous des nôtres ?

— Toujours ! m'écriai-je avec joie, tant j'avais hâte d'échapper aux mille pensées qui m'oppressaient. Je jetai ma jupe d'amazone sur ma selle, et, laissant flotter la bride sur le cou de ma monture qui nous suivit docilement en enlevant les branches encore vertes des buissons, je pris le bras de mon camarade, et nous arrivâmes ensemble au château. La cour était encombrée de chars-à-bancs et de carrioles d'osier. Les garçons meuniers et les valets d'écurie, déguisés en laquais de bonne maison, se croisaient en tous sens. C'était un remue-ménage infernal. Aussitôt qu'elle m'aperçut, madame B... vint à moi et m'embrassa avec effusion. Si elle avait pu me tordre le cou, elle l'eût fait de grand cœur, je te le jure. — Ah ! ma chère ! quel bonheur de vous avoir ! Je vous attendais, je tremblais que vous ne vinssiez pas ; vous êtes si rare ! Comment pourrai-je jamais reconnaître !...

— Cela est bien facile, lui dis-je, Faites-moi donner un verre d'eau : je meurs de soif.

— De l'eau! quelle horreur ! Vous prendrez de l'eau rougie ?

— Non : de l'eau pure.

— De l'eau sucrée ?

— Je ne prendrai que de l'eau pure.

— Mais, ma chère, cela ne se peut pas. Nous avons du cidre, de la bière : on pourrait envoyer chercher du sirop à la ville.

J'entendais à deux pas de moi le bruit clair et frais d'un filet d'eau qui devait se perdre sous la mousse, dans les allées en pente du jardin. Pour en finir avec cette lutte entre l'eau pure, le sirop de groseille et le vin du crû, pour en finir surtout avec la soif qui me dévorait, je m'approchai de l'endroit d'où partait ce bruit argentin, et je trouvai bientôt une source limpide qui s'était creusé sous un bouquet de coudriers un lit tout tapissé de lichens et de fontinales. Je m'agenouillai sur la marge, et j'aspirai tout à mon aise l'onde froide et aromatisée qui croissait sur ses bords. Malheureusement, je portais alors de longs cheveux bouclés qui couvraient mon cou et mes épaules. Lorsque je me relevai, je secouai, par un brusque mouvement de tête, mes cheveux qui s'étaient abreuvés comme moi de l'eau de la source, et j'aspergeai d'une rosée glacée le visage de quinze ou vingt bégueules qui s'étaient groupées derrière moi, et que je n'avais point aperçues. Tu ne saurais imaginer, mon cher enfant, le succès qu'obtint cette inconvenance involontaire : je fus perdue, pour le reste du jour, dans l'opinion de la *société;* on décida que j'avais un *genre* exécrable, et je fus comparée à Diogène, qui buvait dans le creux de sa main. Je me résignais à maigrir d'ennui, lorsque j'aperçus enfin les quelques amis que m'avait annoncés le fils de madame B... Je les connaissais tous; c'étaient mes compagnons d'enfance, tous jeunes gens joyeux, simples et bons. Nous organisâmes une bande à part dont je fus l'héroïne ; il fut résolu que tous m'escorteraient à cheval, le soir, jusqu'à ma campagne, et que nous passerions par la ville. J'envoyai donc mon domestique m'attendre à Saint-Florent, à l'hôtel *de la Tête-Noire*, et je me préparai à secouer l'ennui rongeur qui me consumait.

Après le déjeuner, réunis en groupes divers dans la cour, nous mettions aux voix l'emploi de la journée, lorsque nous vîmes entrer d'un pas lent et lourd un énorme cheval de meunier, sur lequel était perché un petit jeune homme, tout blond, tout mince et tout pâle. Le cheval s'arrêta pesamment au milieu de nous; des éclats d'un rire bruyant accueillirent cette entrée triomphale, et le petit jeune homme, immobile sur sa monture, nous regarda d'un air naïf, embarrassé et souffrant.

— C'est Roger! s'écria-t-on de toutes parts.

— Qu'est-ce que Roger? demandai-je à mon voisin.

Au même instant, madame B... me prit à part et me dit : — C'est le petit Roger, mais il a beaucoup d'esprit.

Cette impertinence m'intéressa tout d'abord au petit Roger. Je m'informai de lui; j'appris qu'il était fils d'une famille honnête et modeste, depuis peu de temps établie dans le pays. Les jeunes gens de Saint-Florent l'aimaient, et le fils de madame B..., l'ayant invité à la fête que donnait sa mère, l'avait engagé à s'y rendre sur le cheval de moulin qui faisait tous les jours le double trajet de la Chênette à Saint-Florent et de Saint-Florent à la Chênette. Ce cheval était de plomb, et Roger avait mis cinq heures à faire deux petites lieues. J'observai ce jeune homme; il devait avoir vingt ans au plus. Il était silencieux, fier et timide. Je remarquai en lui une élégance de manières qui me frappa. Plus je l'observais, plus je trouvais qu'il n'avait rien de commun avec mes bruyants et robustes amis. Je n'avais connu jusqu'alors aucun être qui lui ressemblât, et cependant son aspect répondait vaguement à je ne sais quel type gracieux et poétique qui se glissait dans tous mes rêves, et vers lequel mon âme déployait incessamment ses ailes. On m'avait vanté son esprit ; je ne songeai pas à lui en chercher ; chose étrange ! durant le jour entier, nous n'échangeâmes pas un geste, une parole : deux fois seulement nos regards se rencontrèrent, et cependant je comprenais déjà que ma destinée était changée, et que cet être, que je voyais pour la première fois, riverait à ma vie un souvenir éternel.

Le reste de la journée s'écoula avec une incroyable rapidité. La voix de Roger venait à mon cœur, comme une délicieuse harmonie que je n'avais encore entendue que dans les songes de mes nuits tourmentées. Sa présence était pour moi une préoccupation de tous les instants qui me charmait à mon insu ; il y avait autour de lui je ne sais quelle atmosphère enchantée où je me plongeais avec ivresse. Je ne m'avouais aucun des sentiments dont j'avais si longtemps couvé le germe, et qui venaient d'éclater subitement ; je ne précisais rien ; je ne prévoyais rien : seulement, je me sentais heureuse, ma poitrine aspirait l'air avec joie ; la vie me semblait plus légère, et j'écoutais avec ravissement une voix mystérieuse, nouvellement éclose, qui chantait dans mon âme. Je ne m'inquiétais pas de savoir si je devais jamais revoir Roger, je n'y songeais même pas. Je vivais tout entière dans la sensation présente sans me soucier de l'avenir, sans me demander si cette apparition de quelques heures aurait jamais un lendemain. Jours d'amour et de jeunesse, jours de mol abandon et de joyeuse imprévoyance, vous que nous appelons le temps de la folie, et qui peut-être étiez celui de la sagesse, beaux jours, qu'êtes-vous devenus!

Le soir arriva vite : à huit heures nous étions tous en selle. Madame B... me fit observer que j'allais blesser toutes les convenances en me mêlant ainsi, jeune, belle et *seule de mon sexe*, à cette jeunesse turbulente. Madame B... avait raison dans le sens du monde ; mais je me souciais peu du monde, et j'avais tellement confiance dans la droiture de mes intentions, que je cédais toujours sans crainte à mes caprices. D'ailleurs cette turbulente jeunesse me vénérait comme une sœur, et j'ai vu partout mon étourderie entourée de plus de respect que n'en obtint jamais la réserve de toutes nos prudes. Je ne répondis donc à madame B... qu'en faisant siffler ma badine, et je donnai le signal du départ en lançant mon cheval au galop. Tous les cavaliers me suivirent, et nous disparûmes bientôt dans un tourbillon de poussière. Nous allions comme une bourrasque à travers champs et villages. Les pierres du sentier jetaient des étincelles sous les pieds de nos chevaux; les chiens des hameaux nous poursuivaient en aboyant, et les paysans effrayés accouraient sur le seuil de leurs portes.

J'avais tenu longtemps la tête de la cavalcade. Oppressée par la rapidité de la course, sentant que mon cheval, excité par le bruit du galop qui retentissait derrière moi, prenait à chaque instant une vigueur nouvelle, et craignant de ne pouvoir bientôt modérer l'ardeur qui l'emportait, je résolus d'abandonner la route à la fougue de mes compagnons, et je me jetai, par un biais habilement ménagé, dans une terre de labour. Comme la nuit était obscure, aucun d'eux ne s'aperçut que je manquais à leur tête, et, au bout de quelques minutes, je n'entendis plus qu'une rumeur confuse qui allait en s'effaçant et qui finit bientôt par se perdre.

Je ne sais pourquoi j'éprouvai alors, en me trouvant seule au milieu du recueillement des prairies, un sentiment de joie indéfinissable. Effrayée de ce bonheur sans nom qui m'arrivait comme par rafales, je m'interrogeais avec anxiété. Je me demandais ce qu'il y avait de changé dans ma vie ; pourquoi j'étais partie le matin rêveuse et préoccupée, pourquoi, le soir, je revenais joyeuse ; quelle brise avait dissipé les nuages de mon ciel ; quel rayon de soleil en avait éclairci l'azur ? Je craignais de me trouver coupable ; je cherchais à comprimer les élans de ma félicité, à chasser de mon cœur je ne sais quelle image qui l'assiégeait sans cesse. Il me semblait aussi que de nouvelles facultés venaient d'éclore en moi ; mes perceptions étaient plus nettes et plus rapides, mes sens plus fins et plus délicats ; je saisissais dans le silence de la nuit des harmonies qui me parlaient pour la première fois ; dans la contemplation du ciel étoilé et des champs endormis, des spectacles dont je n'avais jamais soupçonné jusqu'alors les merveilles et la poésie. J'avais ramené mon cheval dans le sentier ; il allait à son gré, arrachant les touffes d'herbe qui croissaient sur le bord des fossés, et moi, laissant flotter les rênes sur le cou de ma bête, je regardais la lune qui montait à l'horizon entre les forges enflammées de Saint-Florent, pareille à un disque de cuivre sortant tout rouge de leurs fournaises. Je prêtais en même temps l'oreille aux mille cris de la campagne ; les insectes bruissaient dans les sillons, les courlis vagissaient dans les roseaux des marais ; les fruits sauvages qui se détachaient autour de moi tombaient avec un bruit mat sur le gazon, et j'entendais au loin les chanvreuses qui battaient le chanvre dans les hameaux. Soudain, un bruit que je ne reconnus pas se mêla à tous ces murmures. Mon alezan s'arrêta tout-à-coup et dressa les oreilles en hennissant. C'était le pas lent et paisible d'un cheval qui suivait le même sentier, et qui sans doute se rendait à la ville. Bientôt les pas se rapprochèrent, et, au détour du chemin, je vis apparaître, comme un rayon de la lune, mon doux et blanc Roger, penché mélancoliquement sur sa pacifique monture.

Lorsque Roger se trouva près de moi, les deux chevaux, qui, tous les deux avaient la bride sur le cou, se mirent à tailler la haie et à tondre le gazon de compagnie ; Roger et moi, nous nous regardâmes. Je balbutiai quelques paroles, Roger n'essaya pas un mot. Je ne savais quelle contenance tenir ; je toussais, je tirais mon mouchoir, j'allongeais et je raccourcissais les courroies de mon étrier. Enfin je me rassurai en pensant que Roger était aussi troublé que moi, et je me décidai à nous sauver tous les deux de cette position difficile.

— Monsieur, lui dis-je en assurant ma voix, je vous croyais avec nos amis.

Roger ne répondit qu'en montrant d'un air piteux le lourd animal qui paissait à côté du mien.

— Aucun de nous n'y a songé, monsieur ; nous eussions mesuré le pas de nos chevaux à l'allure de votre bête.

Roger s'inclina légèrement et ne répondit que par un triste sourire.

Découragée par la concision de ces réponses, je relevai la bride de mon cheval, Roger en fit autant, et nous nous mîmes à chevaucher côte à côte, sans échanger une parole ni même un regard. Je crois, mon enfant, que je serais allée ainsi jusqu'au bout du monde. Il me semblait entendre le cœur de Roger me parler tout bas, je remerciais secrètement ce jeune homme de ne point troubler par des banalités le langage muet de nos âmes. Nous marchions depuis quelques instants de la sorte, et je tremblais déjà de voir poindre à travers les peupliers la flèche du clocher de la ville, lorsque Roger, tournant vers moi sa blonde tête, me contempla longtemps avec une expression de tendresse indicible.

— Madame, me dit-il enfin d'une voix qui produisit sur moi l'effet d'une commotion électrique, je vous connais depuis deux ans : il y a deux ans, qu'à pareille époque, je vous ai vue pour la première fois.

Et comme je le regardais avec étonnement :

— Vous traversiez les montagnes de ma patrie ; votre frère ou votre mari accompagnait vos pas. Ne vous souvient-il plus du coteau de la Madeleine? Votre cheval épuisé de fatigue, refusait d'en gravir la pente difficile ; la rivière grondait sous vos pieds, la nuit tombait dans la vallée et vous cherchiez avec inquiétude un sentier moins rapide.

— Je ne l'ai point oublié, lui dis-je.

— Vous avez donc oublié le jeune homme, me répondit Roger d'un air triste, qui saisit par le mors votre cheval découragé, et fut assez heureux pour vous frayer une route moins rude ?

— Je ne l'ai point oublié, lui répondis-je encore.

— Deux ans à peine se sont écoulés, et cependant, madame, vous ne le reconnaissez pas.

Je baissai les yeux et ne répondis plus. Il était bien vrai que les traits de cet enfant, qui ne m'était apparu dans les monts qu'à la lueur du crépuscule, s'étaient effacés de mon souvenir ; mais si j'avais osé, et je me sentis près de l'oser, je lui aurais dit : — O Roger ! tu ne me connais que depuis deux ans, et moi, depuis que j'existe, je te connais, je t'appelle et je t'aime !

Je n'avais pas la force de murmurer un mot de reconnaissance. Mais comme mon cœur palpitait délicieusement, en songeant que j'avais occupé déjà les secrètes pensées de ce jeune homme ! comme j'étais heureuse de

lui donner tout bas le nom de mon sauveur ! comme je m'exagérais avec complaisance le danger que j'avais, un soir, couru dans les montagnes de la Creuse ! Je me voyais suspendue entre les flots écumants et les cimes menaçantes ; la terre s'éboulait sous mes pas et j'allais rouler dans l'abîme, lorsqu'un ange gardien descendait des nuages et m'enlevait avec lui sur ses ailes. Oh ! mon enfant, lorsqu'elle est aidée par l'amour, quel poète que la mémoire ! Ce fait qui la veille ne m'eût semblé qu'un incident vulgaire se revêtait alors d'une incroyable solennité ; et je m'écriais dans mon muet enthousiasme :
— Vous à qui je dois déjà une existence, envoyé de Dieu, complétez votre œuvre ; venez me donner encore la vie de l'âme, cette vie sans laquelle l'autre nous fait regretter le néant !

Je ne savais ce qui se passait dans l'esprit de Roger ; mais je le supposais agité de tout le trouble qui remplissait le mien. Après un long silence, je me hasardai à le questionner sur sa patrie, d'où l'avait exilé la fortune de sa famille. Il me parla avec enthousiasme du petit pays où il était né. J'en avais visité les sites pittoresques, il m'en fit sentir les secrètes beautés. Chacune de ses paroles faisait jaillir en moi mille sources de poésies qui, jusqu'à ce jour, avaient dormi cachées dans mon sein. Il me parla des souvenirs de son enfance qui s'était écoulée libre, sauvage, aventureuse, au milieu de ses chères montagnes. Chacun de ces souvenirs, en réveillant dans mon cœur une impression à demi-effacée de mes jeunes années, me la rendait parée d'une grâce nouvelle. Il m'entretint de ses travaux, de ses études, de sa famille qui ne vivait qu'en lui, et dont il devait être un jour le soutien ; je m'initiai avec transport à tous ces projets d'un avenir laborieux et modeste. Puis, je ne sais par quelle transition, il vint à me confier les mille tristesses de son âme, et il arriva qu'en me disant son histoire, Roger me raconta la mienne. Nos deux chevaux marchaient de front ; le sentier était tellement étroit que je sentais le souffle de Roger caresser mon visage et que souvent sa main venait effleurer la mienne. Nous nous arrêtions parfois pour échanger nos sentiments, pour chercher quelque rapport intime entre nos deux natures, et lorsque nous avions trouvé entre nous un lien de plus, une sympathie nouvelle, nous reprenions en silence notre lent pèlerinage, laissant nos âmes s'abîmer dans la même pensée de bonheur et d'amour.

Ah ! ne me dis pas que j'étais folle, ne me dis pas que l'amour ne naît pas ainsi d'une parole ou d'un regard ; que les affections véritables germent longtemps avant d'éclore : ne me dis pas que je m'abusais, ne flétris pas la seule fleur de ma vie qu'ait su conserver ma vieillesse. Oui, j'aimais ; oui, j'étais heureuse. Je voyais enfin apparaître les rives de cette terre enchantée que j'avais tant de fois vue flotter dans mes rêves. Enfin mes illusions se changeaient en réalités ; enfin je rencontrais un être qui donnait la vie aux fantômes de mon sommeil. Si tu savais combien, en écoutant Roger, je me remerciais de l'avoir deviné au premier abord, de l'avoir aimé sans le connaître ! Si tu savais aussi combien le système d'éducation qu'on avait appliqué à mon enfance et à ma jeunesse était en désaccord avec la vie qu'on m'avait imposée, peut-être t'étonnerais-tu moins de voir combien ma tête était mobile et mon cœur prompt à s'enflammer. Songe donc qu'au besoin mon mari eût été mon père : que les amis qui m'entouraient ne permettaient guère la tristesse que lorsque les gelées d'avril avaient brûlé les bourgeons de nos vignes, ou que les eaux de la rivière avaient inondé nos guérets. Songe enfin qu'avant le jour où Roger s'offrit à moi, je n'avais jamais rencontré une créature qui plaçât le bonheur et la poésie hors de la grange et du pressoir. Au reste, mon garçon, je ne veux pas discuter ici la moralité de mes œuvres ; mais Dieu, qui a jugé durant cette soirée la pureté de mes intentions, la chaste confiance de mon âme et l'innocence de Roger, a dû voir sans colère deux enfants inoffensifs cheminant ainsi à la clarté de ses étoiles et réduisant l'amour à la plus pure, à la plus sainte des aspirations vers le ciel.

Je ne m'explique pas encore le profond oubli de toutes choses dans lequel je passai ces heures rapides et charmantes. Il s'était établi entre Roger et moi une convention tacite de ne point parler des devoirs qui me liaient à une autre existence, et nous allions comme deux enfants de la nature échappés du bagne de la société, sans songer qu'il nous faudrait reprendre nos entraves à la barrière de la ville prochaine. Savions-nous même s'il existait des villes sous le ciel, d'autres êtres que nous sur la terre, d'autres lois dans le monde que celles qui nous attiraient l'un vers l'autre ! Le nom d'amour ne fut pas une fois prononcé entre nous : nous nous aimions sans nous le dire, sans nous l'avouer peut-être à nous-mêmes, mais aussi sans nous demander s'il était des félicités plus douces, des joies plus enivrantes que cette fraternité de goûts et de sentiments qui comptait quelques heures à peine, et qui devait, hélas! ne point avoir de lendemain. Et cependant nous lui promettions un avenir si long et si paisible ! Nous lui tressions à l'avance des jours si beaux et si sereins ! Chaque semaine ne devait-elle pas nous réunir désormais, soit à la ville, soit à la campagne? Quel obstacle pouvait nous empêcher de nous voir plus souvent encore? Roger me parlait d'une foule de livres que nous devions lire ensemble, à l'ombre des bois ; nous formions mille projets d'études et de plaisirs ; nous élevions avec complaisance l'édifice d'un bonheur sans fin, et nous nous étonnions tous les deux d'avoir pu vivre si longtemps séparés ; nous bénissions la destinée d'avoir enfin rapproché nos deux âmes.

Cependant nos chevaux allaient toujours, et Roger commençait à remarquer que la ville semblait fuir devant nous, lorsque nos deux montures s'arrêtèrent brusquement : la rivière roulait devant nous ses flots argentés par la lune; nous nous trouvions au bout d'un petit chemin creux, par où les bestiaux devaient descendre à l'abreuvoir. Il nous fallut revenir sur nos pas ; une fois hors du sentier creux, nous cherchâmes à nous orienter, mais vainement; nous ne reconnaissions aucun des accidents du paysage. Nous prîmes au hasard la première route qui s'offrit à nous, en suivant toutefois le cours de l'eau qui nous ramenait à la ville. Après un quart-d'heure de marche, nous arrivâmes à l'entrée d'un champ d'ajoncs et de bruyères au milieu desquels nous poussâmes nos chevaux ; mais leurs pieds s'embarrassant à chaque pas dans les épines, ils refusèrent bientôt d'avancer. Que devenir? Moi, j'aurais voulu ne retrouver jamais ma route ; le dirai-je ? je l'espérais presque. Je me crus un instant perdue dans des landes désertes, infinies, et mon cœur battit d'une secrète joie, en pensant que nous allions peut-être errer des jours entiers à l'aventure. Roger se prêtait avec tant de grâce à toutes ces folies! Nous refaisions ensemble ce rêve que nous avons tous fait à quinze ans, sous les blancs rideaux de notre alcôve. Nous nous supposions dans une île inconnue ; je te laisse à penser les combats que livrait Roger pour me protéger contre les sauvages ! Enfants que nous étions! le vent, qui nous apporta de la ville la onzième heure de la nuit, nous rappela bien vite à la réalité. Hélas ! je pressentais déjà que sur la terre où nous marchions tous deux, il n'y avait que nous de sauvages, et que c'était contre la société que j'aurais un jour à combattre! Roger sauta à terre, et, au risque de s'ensanglanter aux plantes épineuses, il prit les deux chevaux par la bride et les tira d'une main vigoureuse. Grâce à lui, nous sortîmes enfin de notre île, mais pour nous jeter de nouveau dans des parages étrangers. Nos regards cherchèrent au loin quelque sentier blanchi par la lune; une mer de champs et de prairies nous entourait de toutes parts. Nous savions bien que la ville était proche; nous n'avions pas d'issue pour aborder. Nous nous étions arrêtés près d'une haie : Roger se tenait appuyé contre l'encolure de mon cheval, et nous gardions un silence rêveur. Nous étions censés préoccupés de l'idée de notre retour, mais le fait est que nous avions des pensées tout autres, si toutefois nous pensions alors à quelque chose. Nous demeurâmes longtemps ainsi; je ne sais comment il arriva que ma main se trouva dans celle de Roger. Roger l'étreignit faiblement, puis il la porta à ses lèvres. Je dois te dire, mon enfant, que l'amour ne m'a jamais rien donné de plus doux que ce baiser imprimé sur ma main par des lèvres tremblantes, si ce n'est le silence qui suivit ce chaste baiser. Oh! comme je me sentais heureuse d'être aimée d'un amour craintif et délicat! Je retirai doucement ma main de celle de Roger, et je l'appuyai sur son front, sur ce front blanc et pur que mes lèvres n'ont jamais effleuré. Roger tourna vers moi ses yeux humides et brûlants, nos regards se rencontrèrent pour la dernière fois sur la terre.

Presqu'au même instant une lumière brilla à travers les arbres, et des aboiements retentirent autour de nous : des chiens s'approchèrent en grondant, puis ils se mirent tout-à-coup à sauter devant moi d'un air joyeux et caressant; je me trouvais évidemment en pays de connaissances. Je fis un temps de galop vers l'endroit d'où partait la lumière, et je frappai à la porte d'une ferme avec le manche de ma cravache. La porte s'ouvrit, nous étions à Saint-Brice.

J'entrai dans la ferme, suivie de Roger. Une pauvre vieille femme qui m'avait vue naître et grandir, était mourante dans son lit : j'allai m'asseoir à son chevet; elle me reconnut à peine. Ses mains étaient déjà glacées, son œil terne, ses lèvres livides. Les enfants dormaient paisiblement dans la même chambre, sous des rideaux de serge verte; le mari sexagénaire veillait seul sa vieille compagne. La vie de nos paysans est si misérable que le spectacle de la mort n'a pour eux rien de bien désolant ni de bien solennel. J'appris que cette bonne femme était malade depuis près d'un mois, et qu'on avait pensé seulement depuis une heure à appeler un médecin. La voisine qu'on avait chargée de cette mission jugea plus convenable d'aller chercher le curé du village, et nous vîmes bientôt arriver le vieux pasteur. Roger et moi, nous nous mîmes à genoux près du lit de la mourante, et nous écoutâmes la prière des agonisants. Je ne crois pas avoir vu durant toute ma vie une scène plus profondément triste. Les enfants, qu'on avait réveillés et qui s'étaient levés pour assister aux derniers moments de leur mère, contemplaient d'un air endormi et stupide ce qui se passait autour d'eux : le vieillard seul versait, au pied du lit, des larmes silencieuses. La lampe venait de s'éteindre ; un morceau de suif brûlait dans le goulot d'une bouteille, sur une table couverte encore des restes du souper rustique. Deux tisons rapprochés fumaient dans l'âtre, et un gros chat noir, à demi-couché dans les cendres, semblait absorbé par une contemplation mélancolique devant les braises du foyer. Des mouches volaient lourdement dans l'air épais de la chambre et venaient en bourdonnant se heurter à mon visage : au-dehors, on entendait des mugissements plaintifs qui partaient des étables ; les chiens aboyaient à la lune qui s'approchait de l'horizon, le vent qui fraîchissait sifflait tristement à la porte et mêlait ses murmures aux cris perçants des chouettes et des orfraies.

Je me retirai de cette demeure, l'esprit tourmenté par des pressentiments sinistres. Cette image de la mort, qui venait de se jeter d'une façon si imprévue au milieu de mes pensées d'amour, m'avait glacée d'une terreur involontaire. Je regardai Roger à la dérobée, je ne sais pourquoi je m'effrayai de le trouver si pâle, et si mince, et si frêle ; moi-même je me sentais frappée de la crainte de mourir. Notre conversation avait pris un caractère plus austère. Roger, qui avait subi comme moi l'influence de cet épisode lugubre, me parla gravement de la vie présente, et pieusement de la vie meilleure qui nous était promise. Il me demanda si je croyais à l'immortalité de notre âme. Il me dit que, quoique bien jeune encore, l'idée de la mort était venue le visiter au milieu de toutes ses joies, et qu'il s'était habitué à l'envisager sans pâlir. — La mort a cela de cruel, me disait-il avec mélancolie, c'est que toujours elle nous arrive, lorsque nous sommes désenchantés de tout, que nous avons touché le fond de toutes choses, et que nos lèvres ont bu à toutes les amertumes.

— Il me semble au contraire, lui dis-je, que la mort est alors un bienfait et que nous devons la bénir, comme la fin de nos misères.

— Je pense, me répondit Roger, que nous devons la bénir à toute heure, mais surtout lorsqu'elle nous frappe au milieu de nos félicités. Il doit être horrible de survivre à son bonheur, à ses croyances; et, s'il est vrai que tout ici-bas, foi, jeunesse, amour, se fane au souffle des années, nous devons souhaiter que la main de Dieu nous enlève dans la fraîcheur de nos illusions. Bien heureux ceux qui tombent dans le luxe de leur printemps, chargés de fleurs et de feuillage! Ceux-là n'assisteront point à leur ruine : ils sont les élus du Seigneur.

— Croyez-vous donc, lui dis-je, que tout ici-bas se flétrisse et passe? N'avez-vous point foi en des sentiments éternels? Vous êtes bien jeune, pour parler ainsi.

— Je suis bien jeune, répondit Roger, et ma vie compte un jour à peine. Mais Dieu a placé dans le sein même du bonheur le sentiment de sa fragilité : dans l'ivresse d'une grande joie, qui n'a pas désiré mourir?

Cette conversation nous mena jusqu'à la porte du château; mon mari n'était pas de retour, mes gens m'attendaient sur le seuil avec inquiétude. J'engageai Roger à venir prendre quelque repos dans le salon; il refusa. Sans doute il avait comme moi besoin de recueillement et de solitude. Tourmentée par l'idée qu'il allait retourner seul à la ville, je voulus du moins abréger sa route, et je lui offris mon alezan, qui avait coutume de franchir cette distance en moins d'une heure.

Roger ayant accepté mon offre, je fis changer la selle de mon cheval, et pendant qu'un serviteur s'occupait de ce soin, nous remarquâmes, Roger et moi, que c'était le même animal que je montais le jour où la Providence nous offrit l'un à l'autre pour la première fois. L'incident de cette première rencontre, qui n'eût semblé à des imaginations vulgaires qu'un effet du hasard, ne nous apparaissait plus que comme une intention du ciel, et nous n'avions point, à nous deux, trop d'amour et de poésie pour en célébrer l'importance

J'examinai moi-même l'équipement du cheval à qui j'allais confier Roger, et, après m'être assurée que la sangle n'était pas trop lâche, la gourmette trop serrée, les courroies des étriers trop longues : — Vous reviendrez demain, lui dis-je.

— Demain! répéta-t-il, en partant au galop.

Hélas! Roger a tenu sa promesse.

Rentrée chez moi, je ne voulus parler à personne ; j'envoyai coucher ma femme de chambre : je voulais être seule. Je me jetai tout habillée sur mon lit ; mais j'étais trop heureuse et trop agitée pour dormir. Je me relevai, j'ouvris ma fenêtre ; l'air froid du matin me calma un peu : je ne puis dire ce qui se passait en moi ; je pleurais comme un enfant, et je sentais avec délices mes larmes brûlantes sur mes mains glacées. J'ignore combien de temps je demeurai assise sur ma fenêtre ouverte, le front appuyé sur l'appui du balcon ; je ne pensais à rien, je ne percevais rien ; j'étais absorbée dans je ne sais quelle divine extase qui me détachait entièrement de la terre : l'opium doit produire une ivresse pareille. Parfois seulement, mes nerfs se contractaient douloureusement : c'est qu'alors je croyais entendre le refrain monotone de cette prière des morts que j'avais récitée, dans mon cœur, au chevet de ma vieille fermière. Vers le matin, lorsque l'horizon s'empourpra des teintes de l'aurore, je me jetai de nouveau sur ma couche ; ma tête était brisée, mes paupières pesantes, tout mon corps affaissé.

Je dormis d'un sommeil léger, troublé par des rêves bizarres : ma pauvre tête était un chaos où se succédaient, avec une rapidité fantastique, mille images riantes et sombres, mille figures terribles et gracieuses. Les pas d'un cheval qui battait le pavé de la cour me réveillèrent en sursaut : je sautai à bas de mon lit ; je m'étais couchée tout habillée, je courus à la porte qui donne sur la cour. Je l'ouvris avec une folle précipitation, et me trouvai en face de mon mari. La figure heureuse et calme de cet homme excellent me rejeta brusquement dans la vie réelle d'où Roger m'avait arrachée : mon mari m'embrassa au front, ce baiser me dégrisa. Je me sauvai dans le jardin, presque mourante. Le soleil était levé depuis longtemps, sa chaleur me ranima. J'allai m'asseoir au pied de l'un de nos tilleuls, et là, je revins froidement sur tout ce que j'avais fait la veille. Il était bien vrai que j'aimais Roger.

La première impression que je retirai de l'examen réfléchi de mon cœur fut amère et douloureuse. Je n'étais pas femme à réduire longtemps l'amour à un sentiment purement extatique : je sentais sourdement tout ce qui couvait en moi d'ardeur et de passion, j'entrevoyais, par une intuition rapide, que l'explosion en serait d'autant plus terrible, qu'elle avait été plus longtemps comprimée. Effrayée des maux que je me préparais, je me levai, décidée à ne pas revoir Roger, et j'allai chercher près de mon mari le calme et le repos que m'avait ravis son absence. — Oui, me disais-je en retournant au salon, plus joyeuse déjà et plus légère, c'est mon mari que j'aime. Il est bon : sa bonté rassurera mon âme troublée. Sa tendresse va me rendre au sentiment de mes devoirs que j'ai jusqu'ici trop négligés peut-être. — Puis, en montant les marches du perron, je pensais à mon ménage, à mes amis, à mes habitudes, à mon existence si tranquille, si pure, si sereine, et je me demandais comment j'avais pu songer à risquer une destinée toute faite contre une fantaisie d'un jour. J'arrivai au salon dans ces pieuses dispositions : je ne sais par quelle fatalité mon mari, qui était réellement fort bon, mais dont le caractère était extrêmement violent, faisait alors dans la maison un épouvantable vacarme : il s'agissait de je ne sais quelle affaire en litige avec un fermier. Je n'avais jamais vu mon cher époux jurant, sacrant, et tonnant de la sorte : je voulus affronter la tempête de sa colère, mais il me pria assez rudement d'aller faire un tour de jardin, et je m'échappai en tremblant.

Je crois que cet instant fatal a décidé du reste de ma vie. Mes saintes résolutions s'évaporèrent à la colère de mon mari, comme la rosée de nos champs aux premiers rayons du soleil. Mon mari ne fut plus pour moi qu'un despote, un tyran domestique ; mon ménage fut un enfer, ma vie un supplice de toutes les heures. J'accusai le sort de m'avoir sacrifiée à un époux brutal et barbare, je mis à me proclamer la plus infortunée des créatures autant de complaisance que j'en mettais, une heure auparavant, à me trouver la plus heureuse des femmes. D'ailleurs, la scène dont je venais d'être témoin avait achevé de m'enlever le peu qui me restait de mes illusions conjugales. Bien que l'indulgence ne fût point alors au nombre de mes rares vertus, j'aurais pu pardonner beaucoup à mon mari ; je ne lui pardonnai point d'avoir été ridicule. Je ne sais rien, mon enfant, de plus ridicule que la colère des hommes. Avant d'avoir été glacé par l'âge, le sang qui fait battre mes artères était tout aussi prompt, tout aussi inflammable que les plus impétueuses natures ; mais j'ai compris de bonne heure qu'avec la colère, on ne domine rien, pas même son portier, et j'ai su, en toutes circonstances, soumettre à ma dignité la fougue de mon caractère.

Sais-tu, mon garçon, ce que ta vieille grand'mère a retiré de la vie? L'indulgence pour tous et un grand mépris pour elle-même. Notre nature est décidément quelque chose d'assez chétif, d'assez infirme et d'assez misérable. Lorsque nous ne sommes pas hypocrites avec les autres, nous le sommes avec nous-mêmes. Nous rusons avec notre conscience : nous avons, pour la tromper, mille rouéries dans notre sac ; nous sommes sans cesse occupés à jeter des petits gâteaux à ce cerbère qui veille à la porte de notre cœur. Je m'indignais contre ma destinée; mais, au fond, j'étais bien heureuse de trouver dans l'emportement de mon mari une excuse à ma conduite de la veille, une occasion toute naturelle de revenir à mon Roger.

Je rappelai avec empressement sa douce et gracieuse image, et, pour échapper aux ennuis de l'heure présente, je m'égarai, avec Roger, dans le monde des espérances. — Eh bien ! oui, me disais-je, les yeux attachés sur la route qui devait me le ramener, oui, je t'accepte comme une consolation que le ciel a voulu m'offrir:

aimable enfant, qui m'as ouvert une vie nouvelle, oui, je garderai pour toi seul cette âme que tu m'as révélée ; il est bien à toi, ce trésor qui dormait enseveli dans mon sein et que sans toi j'ignorerais encore. Oui, je t'aime ; oui, je t'attends. Mon Dieu, je ne le voulais pas... mais repoussée de toutes parts, il faut bien que je me réfugie dans le seul cœur qui ne me soit pas fermé !

Tu vois, mon garçon, que je préludais assez bien, par l'exaltation de mes sentiments, aux types qui devaient, trente ans plus tard, défrayer les romans à la mode : aussi ne puis-je m'empêcher de les aimer, ces diables de livres qui m'apportent comme un écho lointain de mes jeunes années. Seulement, lorsque je lis, dans ma bergère, ces productions échappées à quelques cœurs souffrants, à quelques imaginations maladives, qui ont pour but de peindre la vie et d'en représenter les combats, les joies et les douleurs, je voudrais que, moins fidèles parfois à la poésie qu'à la réalité, ces œuvres ne s'achevassent pas toujours dans le paroxisme de la passion. Ces héros et ces héroïnes que je vois partir, au premier chapitre, tous si pâles, si blonds, si bruns, si beaux, si fougueux, si fringants, j'aimerais à les retrouver, aux dernières pages, prenant une prise de tabac au coin du feu, et faisant un retour judicieux sur les extravagances de leur jeunesse, tandis qu'on bassinerait leur lit et qu'on préparerait le bonnet de coton et la boule d'eau chaude. Il me semble qu'un pareil dénoûment, habilement soudé à presque tous les romans modernes, en complèterait le sens avec bonheur, et serait fécond en moralités de tout genre.

Cependant Roger ne revenait pas. La route se déroulait déserte et silencieuse à travers les prairies ; je n'apercevais à l'horizon que la cime immobile des arbres. Je prêtais l'oreille aux bruits de ville, et n'entendais que les feuilles que le vent d'automne abattait autour de moi. Que faisait Roger? Quels rêves avaient occupé son sommeil? Dans quel monde voyageaient ses pensées, depuis notre séparation de la veille? Quelle impression avait laissée dans son âme cette nuit passée dans les champs? Quelle image dans son cœur notre rencontre à la Chênette? Ah ! sans doute il m'aimait ; sans doute il m'avait retrouvée dans ses songes ; j'avais été l'ange de son réveil ; je devais être désormais le bonheur et le but de sa vie tout entière. N'avais-je pas senti ses lèvres tremblantes sur ma main, son souffle brûlant à mon visage? Son trouble n'avait-il pas été égal au mien? N'avait-il pas frémi sous mon timide regard? Ah ! oui, Roger m'aimait : il m'aimait depuis deux ans peut-être, depuis le jour où son courage m'avait sauvée dans les montagnes? Et moi, je l'avais oublié ; mon souvenir n'avait pas su garder les traits charmants de mon sauveur ! Ingrate ! Je devais à Roger peut-être deux ans d'amour. — Va, je te les rendrai, me disais-je dans mon fol enthousiasme, je te rendrai la vie que tu m'as conservée ; toi seul pourras savoir ce que ce cœur renferme d'amour et de tendresse! — Et je brodais, dans mon ivresse, au tissu de notre avenir toutes les fleurs de mon printemps; les obstacles qui m'effrayaient une heure auparavant s'aplanissaient comme par magie; les orages que j'avais entendus gronder à l'horizon s'étaient changés en brises caressantes, le coin de ciel que mes terreurs avaient voilé de nuages s'éclaircissait rapidement aux chauds rayons de mon amour. O mon enfant! il me faudrait toute l'ardeur de jeunesse que je n'ai plus, toute la poésie d'expression que je n'ai jamais eue, pour t'enlever dans les régions enchantées que je parcourais avec Roger, lorsque mon cher époux, que j'aperçus à travers le feuillage éclairci de l'allée, me vint faire descendre brusquement sur cette terre maudite.

La tempête s'était calmée dans son cœur, mais non pas dans le mien. — Chère amie, dit-il en tirant de son gousset une énorme montre, et en me montrant sur le cadran l'aiguille qui marquait onze heures, chère amie, ne viens-tu pas déjeuner?

Le malheureux! me rappeler aux vils besoins du corps, lorsque je m'abreuvais au céleste banquet de l'âme! Je ne trouvai même pas la force de répondre, je détournai mes regards de cet homme de chair et d'os pour les reporter avec inquiétude sur la route, toujours déserte, par où j'espérais le Messie.

— Attends-tu quelqu'un, chère amie? me demanda-t-il avec indifférence.

— Oui, répondis-je hardiment; j'attends M. Roger.

— Le petit Roger ? dit mon mari d'un air étonné.

— M. Roger, repris-je avec dignité ; je l'ai vu hier à la Chênette, et je l'attends. Vous le connaissez?

— Sans doute.

— J'ai lieu d'être surprise que vous, monsieur, qui semblez avoir à cœur d'attirer ici tous les sots et tous les impertinents de la ville, vous n'ayez pas songé, par compensation, à m'amener une fois ce jeune homme.

— A votre aise, chère amie, répondit mon mari avec beaucoup de calme. Les sots et les impertinents ont du moins leur spécialité ; mais ce petit Roger est un garçon si insignifiant, que je ne pense pas même qu'on puisse rire de sa personne.

A ces mots, mon mari s'éloigna, et je restai foudroyée sur place. Je ne crois pas avoir éprouvé de ma vie une indignation plus amère, une humiliation plus profonde... O mon Roger! vous traiter de la sorte! vous, mon héros! vous, mon dieu! vous, mon tout!.,. Ah! je te vengerai, m'écriai-je ; va, mon amour te vengera de l'insulte et du mépris des sots! J'étais furieuse : j'étais blessée dans ma tendresse, dans mon orgueil, dans ma vanité ; toutes les fibres de mon cœur étaient en souffrance : j'aurais voulu pouvoir sacrifier le monde à Roger, et le désir de la vengeance me fit un instant caresser avec complaisance des idées qui, une minute auparavant, auraient couvert mon front de honte et de rougeur.

Puis, lorsque mon indignation se fut apaisée, je fus saisie tout-à-coup d'un horrible sentiment de terreur. Mon sang se figea dans mes artères, et je crus que mon cœur allait mourir dans ma poitrine ; une sueur froide glaçait mon front, mes jambes se dérobaient sous moi.

— Ah! mon Dieu! m'écriai-je en m'appuyant contre un arbre, et en cachant ma tête dans mes mains. Ah! mon Dieu! et s'il avait dit vrai! Si je n'avais aimé qu'une ombre, qu'un fantôme, et si mon rêve allait finir! O Seigneur! être allée jusqu'aux portes de votre ciel, avoir entendu le chœur de vos anges, avoir entrevu les merveilles de la vraie vie, en avoir respiré les parfums, et puis se réveiller sur cette terre d'exil! Oh! ce serait affreux; et pourtant, si je me réveillais! si je ne trouvais, au réveil, qu'un enfant sans force et sans vertu! Si j'allais rougir de mon idole! S'il me fallait briser ce que j'ai adoré! Hélas! hélas! Cet amour est-il ailleurs que dans ma tête? Est-il autre chose que l'exaltation de quelques heures, enfantée dans le silence d'une nuit étoilée, au milieu des champs endormis, par la poésie d'une situation romanesque, ou par la prédisposition de mon âme inquiète et troublée?

Je restai longtemps abîmée dans ces réflexions accablantes. J'étais absolument dans la position de l'homme qui, enivré par le son des instruments, par le parfum des fleurs et le mouvement de la danse, s'est soudainement épris d'un beau domino aux petits pieds, à la main blanche, à la taille élancée, et qui, après avoir deviné les beautés cachées sous le masque de satin noir, hésite et tremble, au moment où le masque, en tombant, va ruiner peut-être l'espoir d'une nuit tout entière. Je tremblais de voir arriver Roger. Je n'osais plus interroger le long ruban poudreux qui serpentait à travers les campagnes : le moindre bruit que m'apportait le vent me faisait tressaillir d'effroi. J'aurais voulu que Roger ne vînt pas : je demandais à Dieu (nous avons la manie de faire intervenir Dieu dans toutes nos petites affaires) qu'un obstacle imprévu retînt ce jeune homme à la ville : je ne pouvais me résigner à en finir aussitôt avec le bonheur. Et puis, lorsque je venais à me rappeler les heures enivrantes que j'avais vécu près de Roger, à repasser dans mon esprit tout ce qu'il m'avait dit de lui, de ses tristesses en cette vie, de ses aspirations vers une vie meilleure, lorsque je venais à ranimer dans mon cœur l'image de ce bel enfant dont le regard était si pur, la voix si douce, la parole si tendre, lorsque je me le représentais nonchalamment penché sur sa pesante monture, tel que je l'avais vu tout un soir, blanc comme la lune qui éclairait son visage, suave comme la brise qui se jouait dans ses cheveux, alors je riais de mes terreurs, j'insultais à mon effroi, je m'attachais à Roger avec un nouvel enthousiasme. Et puis, mes craintes revenaient : il me semblait entendre autour de moi les éclats d'un rire moqueur, et, au milieu de ces rires sardoniques, se mêlait la prière des morts que j'avais récitée au pied du lit de ma fermière.

Ainsi, je passai près d'une heure à flotter entre le ciel et la terre, tour-à-tour me perdant dans les nues et me brisant contre les pavés, à la fois la plus heureuse et la plus infortunée des créatures, digne de l'envie et de la pitié de tous. Épuisée par tant d'émotions diverses, je m'étais jetée sur la mousse, au pied d'un tilleul, et je regardais d'un air stupide la route qui étincelait aux rayons du soleil, lorsque tout-à-coup je me levai en jetant un cri : j'avais vu un nuage de poussière s'élever à l'horizon, j'entendais le galop précipité d'un cheval. Je serrai mon cœur à deux mains comme si j'eusse craint qu'il brisât son enveloppe, et je courus sur le bord du fossé qui sépare le jardin de la route. Je reconnaissais bien le pas de mon cheval, c'était bien Roger, mon beau Roger, qui volait vers moi. L'alezan fila sous mes yeux comme un caillou lancé par une fronde; mais la selle était vide, la bride traînait dans la poussière et les étriers battaient contre les flancs fumants du coursier.

Je tombai roide sur le gazon ; j'ignore combien de siècles se sont écoulés depuis. Lorsque je me réveillai, j'étais dans mon lit, j'avais la fièvre, mon mari veillait à mon chevet, et le docteur comptait les pulsations de mon pouls. Aussitôt que je fus parvenue à rassembler quelques idées dans ma pauvre tête, je me levai brusquement sur mon séant, et demandai Roger d'une voix déchirante.

Roger n'existait plus : mon cheval l'avait jeté sur un

des tas de pierres qui bordaient le chemin ; le malheureux enfant avait expiré sur le coup.

Je reçus cette nouvelle avec un horrible sang-froid : je déclarai que ma santé n'exigeait ni les soins du docteur ni les veilles de mon mari : je voulus être seule. On m'obéit ; je restai seule, un mois entier. Lorsque je sortis, j'étais calme. Je défendis que le nom de Roger fût prononcé devant moi : tu es le seul, mon enfant, devant qui mes lèvres aient fait entendre ce nom sacré. J'ordonnai que mon alezan ne fût jamais monté de sa vie, et je le laissai errer en liberté dans mes prairies. Lorsque je passais triste et solitaire le long des haies, le noble animal élevait la tête au-dessus des buissons, et m'appelait en hennissant ; je ne lui répondais que par un regard de douloureux reproche, et je suivais le sentier, en l'arrosant de mes larmes.

Je refusai de retourner à la Chênette. Je ne voulus jamais revoir les lieux que j'avais parcourus avec Roger : j'ai gardé dans toute leur virginité les impressions que m'a laissées cette nuit solennelle : j'ai préservé la fleur de mes souvenirs des vents qui dessèchent et qui flétrissent : je l'ai conservée dans tout l'éclat et dans toute la pureté de sa fraîcheur primitive. Souvent, on a tenté de m'entretenir de Roger : je ne l'ai jamais souffert. Que m'importait le Roger que l'on connaissait à la ville ? Qu'avait-il de commun avec mon Roger, à moi ? Celui que j'ai connu ne s'est jamais révélé au monde : il m'est apparu par une nuit d'automne, comme un ange descendu du ciel pour verser dans mon sein le feu dont j'étais altérée ; et ce feu ne s'est jamais éteint, et je le sens qui brûle encore, même sous les glaces de l'âge.

Cet amour n'a point subi l'affreuse loi du désenchantement. Le monde n'en a jamais souillé le sanctuaire : la mort a coulé en bronze l'image de Roger dans mon cœur : je l'ai toujours retrouvé là, pur, jeune et gracieux, comme au jour où je le vis à la Chênette ; les années qui m'ont vieillie n'ont pas mis une ride à son front. Quant à lui, pourquoi le plaindrais-je ? Il est mort comme il voulait mourir, dans la verdeur de ses premières illusions ; il s'est enseveli dans le luxe de son feuillage ; il n'a point, comme moi, assisté à sa ruine. Heureux enfant ! Il n'a pas su tout ce que la vie renferme de dégoûts et d'amertume, tout ce que les affections humaines ont d'impuissant et d'incomplet ; il n'a pas essuyé les défections de l'amitié et les trahisons de l'amour ; la mort l'a frappé dans la gloire de sa jeunesse, alors qu'il s'élançait joyeux vers des félicités qu'il croyait infinies. Ah ! ne le plaignons pas ! Sans doute la terre lui fut légère : il ne l'avait point trempée de ses larmes.

Ce récit achevé, la grand'mère appuya son front sur le marbre de la cheminée et demeura silencieuse. Je respectai le recueillement où je la voyais plongée, et me mis, silencieux comme elle, à remuer les cendres du foyer. Nous demeurâmes longtemps ainsi.

— La moralité de tout cela, grand'mère? lui demandai-je enfin.

— Mourir à propos, me dit-elle.

VINGT-QUATRE HEURES A ROME.

VINGT-QUATRE HEURES A ROME.

Vers la fin du denier automne, comme la foule s'épandait lentement par la porte du Peuple et se perdait sous les ombrages de la villa Borghèse pour y danser aux castagnettes la *saltarelle* et la *tarentelle*, par la même porte un voyageur entrait à pied dans Rome, et la foule, voyant son air jeune et souffrant et sa démarche fatiguée, s'ouvrait docilement pour le laisser passer. — Ce sera quelque peintre, quelque enfant de France ou d'Allemagne, disaient les jeunes filles en élevant leurs brunes têtes au-dessus de leurs compagnes pour suivre des yeux le blond étranger.

Il marcha droit à l'obélisque égyptien qui s'élève au milieu de la place du Peuple, et, déposant à ses pieds son sac et son bâton poudreux, il s'étendit douloureusement sur l'une des marches de sa base; son front reposait sur ses mains, les larges bords d'un chapeau calabrois tombaient sur son visage, et le voyageur resta longtemps ainsi, plongé dans un morne abattement.

Lorsqu'il releva sa lourde paupière et sa tête appesantie, la foule s'étaient écoulée, les pavés résonnaient autour de lui sous les roues rapides des chars et sous les fers brûlants des chevaux, et le soleil, se retirant de l'obélisque, faisait étinceler de ses derniers rayons la croix arborée sur la cime. On était alors aux derniers jours d'octobre, jours de chants et de danses pour Rome. Silencieuse et déserte sous le ciel embrasé de l'été, la ville sainte se réveillait aux feux plus indulgents de l'automne; elle reprenait à Naples et à Florence les étrangers qui l'avaient délaissée pour le golfe de Parthénope et les collines de la Toscane; les habitants de ses montagnes descendaient dans ses murs en habits de fête, et les *canzonnette* d'Albano, de Soubiaco et de Velletri retentissaient sous les chênes verts et les lauriers de ses villas.

Cependant l'*ave Maria* venait de sonner aux églises voisines. Le jeune voyageur se disposait à s'éloigner pour chercher un gîte losrque, promenant ses regards distraits sur les objets qui l'entouraient, un vague intérêt sembla l'agiter d'abord, puis une préoccupation puissante l'enchaîna soudain à sa place. Bientôt ses yeux éteints s'animèrent, la pâleur de ses joues se colora, et son cœur battit violemment sous sa blouse grossière. Épiant les chars qui venaient en fuyant raser la marche de granit sur laquelle il tenait debout son corps brisé par la fatigue, il n'en laissait point échapper un seul sans y plonger son avide regard; et s'il apercevait au loin une écharpe et de longs cheveux flottants à la brise du soir, une blanche main endormie sur l'appui d'une calèche découverte, une pâle figure penchée sur des coussins moelleux, alors je ne sais quel instinct de l'âme, je ne sais quels parfums de l'air lui révélant l'approche d'un être aimé sans doute, tout son sang refluait vers son cœur, et un éclair de joie sillonnait son visage, que le soleil et les voyages avaient flétri moins que la douleur. Mais toujours l'équipage, glissant souple et gracieux devant lui, le laissait triste et désabusé, pour s'évanouir dans l'air de la nuit, rapide comme l'espoir qu'il avait éveillé.

Découragé, il allait reprendre son sac et son bâton lorsqu'un embarras de voitures étant survenu à la porte du Peuple, un landaw traîné par deux mecklenbourgeois fougueux s'arrêta brusquement devant lui. Il poussa un cri de joie, et, s'élançant vers la calèche, il s'appuya d'une main sur le panneau, et repoussa de l'autre l'alezan brûlé du cavalier qui galopait à ses côtés. L'animal se cabra sous la pression de cette main vigoureuse ; mais le cavalier, frappant de sa cravache le visage de l'impertinent qui venait d'arrêter sa course, enfonça ses éperons dans les flancs de son coursier, et, lui faisant franchir d'un bond le corps de l'imprudent jeune homme jeté sans vie sur les pavés, il disparut avec la calèche, tous les deux légers comme le vent.

Cette scène, jouée en moins d'un instant, n'eut de témoins que ses acteurs et un élève de l'école française qui traversait la place du Peuple. Il s'approcha du voyageur, le souleva de ses bras, et, l'appuyant contre l'obélisque, il lui fit boire quelques gouttes de l'eau pure et limpide que quatre lions de marbre vomissent incessamment aux quatre angles de sa base. Lorsque l'infortuné revint à lui, et que, portant la main à sa tête, il sentit sous ses doigts le cercle sanglant qu'avait décrit sur son front la cravache du cavalier, il pressa de l'autre main sa poitrine avec rage et deux larmes tombèrent sur ses joues amaigries.

— Vous souffrez? demanda le jeune peintre en appuyant affectueusement sa main sur la blessure de l'étranger.

— Oui, je souffre, répondit celui-ci en plaçant la sienne sur son cœur ; et, levant son triste regard vers le jeune homme qui l'avait secouru : — Oui, je souffre bien ! s'écria-t-il en lui jetant autour du cou ses bras avec effusion.

Et il versa des larmes abondantes.

— Est-ce donc vous, Desdicado? demanda le peintre avec une douloureuse surprise. Qui vous a vu, au dernier automne, brillant à Florence de tout le luxe de la fortune, de tout l'éclat de la jeunesse, osera-t-il vous reconnaître sous ces traits flétris et sous ces rudes vêtements? Vous, jeune et beau, élégant et fier, devais-je après dix mois vous retrouver ainsi?

— C'est que vous ne savez pas tout ce que la destinée peut accumuler de douleurs en dix mois, ni tout ce que la douleur peut enfermer d'années en un jour, répondit l'étranger d'un air sombre. Oui, je suis Desdicado, ajouta-t-il en essuyant ses pleurs. Ami, quel est cet homme ? L'homme qui m'a frappé, quel est-il ? L'un de nous deux ne verra point s'effacer sur mon front cette marque infamante.

— Il n'est point un mari dans Rome qu'il n'ait blessé au front plus rudement que vous, répondit l'artiste en souriant. Qui ne connaît point ici le héros de toutes nos fêtes, l'enfant gâté du pape et de ses cardinaux, le caprice de toutes nos femmes, le prince Mariani, l'amant heureux de la marquise de R... ?

— Tu t'abuses ou tu mens! s'écria l'impétueux jeune homme; la marquise de R... n'est point sa maîtresse. La marquise de R... vous ne la connaissez pas, ajouta-t-il d'une voix plus douce; il est tant de marquises dans Rome ! Que Mariani les prenne toutes, mais Béatrice, qu'il la laisse au Seigneur. Non, vous ne la connaissez pas : l'âme de la Vierge n'est pas plus blanche que son âme, les madones de votre Raphaël sont moins célestes que ses traits. Triste et froide, elle traverse le monde sans que le monde la possède ; car Dieu, jaloux, n'a pas voulu que cet ange échappé trouvât sur notre misérable terre une branche pour se poser, afin qu'il retournât plus vite au Ciel qui le redemande et le pleure.

— Je m'abusais, répondit Lorentz; cette marquise n'habite point ces murs, et je crois volontiers qu'elle est encore au Ciel d'où vous la faites descendre. Il n'est à Rome qu'une marquise de R..., et vous avez pu la voir glisser devant vous comme un pâle reflet de vos amours. Mariani galopait à ses côtés, et les roues de sa calèche, moins aériennes que vos rêves, ont failli vous écraser sur les pavés de cette place.

— Et qui vous a dit, s'écria Desdicado pâlissant de colère, qui vous a dit que Mariani fût son amant? Vous êtes tous ainsi, vous autres! l'honneur d'une femme ne vous coûte pas plus à ternir qu'un roseau à briser sous vos doigts, et vous jetez au vent vos paroles empoisonnées sans vous soucier du but qu'elles frappent! Oh! Lorentz, l'honneur d'une femme est un cristal si pur et si frêle qu'on ne devrait y toucher que d'une main pieuse et craintive.

— Vous aimez donc cette femme? demanda tristement Lorentz.

— Je l'aime, répondit Desdicado.

— Pauvre insensé! murmura le jeune peintre. Desdicado, ajouta-t-il, si mes paroles vous ont blessé, reprenez ce sac et ce bâton et allez secouer loin de Rome la poussière de vos sandales. La sainteté de votre amour aurait trop à souffrir en ces lieux. Allez, ami, partez. Mariani a souillé le sanctuaire où vous veniez vous agenouiller.

— Lorentz, expliquez-vous, murmura l'étranger d'une voix éperdue.

— Que vous dirai-je, répondit l'artiste que Rome entière ne puisse vous apprendre? A seize ans, noble et belle, Béatrice épousa le marquis de R..., vieillard égoïste et morose. Ce fut un triste jour pour Béatrice, un beau jour pour la jeunesse romaine, qui ne vit dans ce mariage qu'une victime, le marquis de R... La victime fut Béatrice. Elle vécut retirée près de son vieil époux, et le vieillard s'éteignit dans ses bras, entouré de soins, d'honneur et de respect. Lorsque Béatrice reparut dans le monde comme une ombre échappée du tombeau, les hommages se pressèrent autour d'elle, et chacun voulut ranimer aux rayons de son amour cette fleur qui s'était étiolée dans une solitude austère. Mais Béatrice resta pure comme l'eau qui jaillit de ces marbres : tous ces amours glissèrent sur son âme sans la réveiller ni la distraire, et, lasse de tant d'importunités, elle alla chercher loin de Rome le repos et la liberté.

— C'est elle, c'est Béatrice ! s'écria Desdicado avec enthousiasme. Vous voyez bien qu'elle est pure et sainte, sainte comme mon amour, pure comme ce bel astre qui nous éclaire.

En ce moment, la lune versait ses blancs rayons sur Rome, qui semblait endormie sous un vaste réseau d'argent; la place du Peuple était déserte, le *Corso* silencieux, on n'entendait que le bruit de l'eau dans les bassins et les chants éloignés sous les bosquets de la ville Borghèse.

— Écoutez, répondit froidement Lorentz : après un an d'absence la marquise revint. Elle était partie seule, elle revint accompagnée du prince Mariani. Vous l'avez vu, insolent et beau : ce fut contre son amour que se brisa la rigide vertu de la belle et froide marquise.

— Encore une fois, qui vous l'a dit ? demanda Desdicado, qui sentit de nouveau son sang lui monter au visage.

— Qui ne vous le dira point à Rome? L'intimité des nouveaux amants n'a pas de prétentions au mystère : leur amour va le front levé. Béatrice ne nie point et Mariani affirme. Qu'en pensez-vous à cette heure?

— Je pense que Mariani est un lâche et un fat, s'écria Desdicado en se levant. Venez, j'aurai demain deux honneurs à venger.

— Qu'allez-vous faire? disait le jeune peintre en conduisant Desdicado vers une hôtellerie de la place d'Espagne. Un duel! une provocation ! Savez-vous que Mariani est le spadassin le plus habile de la péninsule et que vous ne jouerez pas impunément votre vie contre la sienne? D'ailleurs, quelle importance donnez-vous donc à tout ceci? Mariani vous a frappé sans doute ; mais ne vous étiez-vous pas jeté, comme un fou, à la tête de son cheval, avant qu'il eût jeté, comme un sot, sa cravache à la vôtre? N'êtes-vous point allé au-devant de l'outrage, et Mariani, qui ne vous a vu de sa vie, j'imagine, pouvait-il vous soupçonner sous l'élégance puritaine de votre nouveau costume? Quant à l'honneur de la marquise, vous auriez mauvaise grâce, il me semble, à vous poser le vengeur d'une victime qui s'est offerte elle-même au sacrificateur. Reste donc à discuter les intérêts de votre amour. Amant délaissé de Béatrice, je comprends vos douleurs : Béatrice est belle, et...

— Je ne suis point son amant délaissé, répondit Desdicado. Béatrice ne m'a jamais aimé, ses lèvres n'ont point effleuré mes lèvres, jamais ma main n'osa presser la sienne.

— Ne vous plaignez donc pas, s'écria le jeune peintre. Il vous sera facile de ravir à l'amour de Mariani ce qu'il n'a pas craint d'enlever à la vertu de la marquise, si toutefois vous voulez ne point oublier qu'il est entre rivaux d'autres armes que le fer et le plomb, et, pour arriver au cœur d'une femme aimée, une voie moins sanglante et plus sûre que celui d'amant heureux.

Et comme Desdicado, absorbé par une sombre mélancolie, ne répondait pas : — Au reste, ajouta Lorentz, je suis tout à vous ; je n'ai point oublié les jours de bonheur que je dois à votre amitié. Joyeux ou triste, misérable ou riche, vous êtes Desdicado, mon cœur et mon bras sont à vous.

Parlant ainsi il tendit la main à l'étranger, et sa figure, à l'ordinaire froide et railleuse, exprima en cet instant une affection si tendre et si dévouée qu'il sembla avec sa main livrer son âme tout entière. Desdicado se jeta dans ses bras.

— A demain donc ! lui dit-il, à demain, au soleil levant. Ce sera mon dernier jour peut-être ; mais je n'attends plus rien de la vie, et j'ai cédé depuis longtemps ma part de bonheur sur la terre.

Après des offres généreuses faites d'une part avec délicatesse, refusées de l'autre sans orgueil, les deux amis s'arrêtèrent devant une hôtellerie de la place d'Espagne.
— Vous ne m'avez point initié au secret de votre destinée, dit Lorentz, et j'en respecte le mystère. Quel que soit le sort que le ciel vous prépare, le soleil levant me trouvera à votre porte ; et si, durant cette nuit, ma fortune, mon cœur ou mon bras vous manquaient, franchissez cet escalier qui fait face à votre locanda, il vous conduira à la villa Médici ; vous m'y trouverez à toute heure, veillant et pensant à vous.

A ces mots, Lorentz pressa cordialement la main de l'étranger et s'éloigna, tristement préoccupé des événements qui devaient résulter de cette soirée fatale. Il connaissait l'âme chevaleresque de Desdicado et ne s'abusait pas sur les motifs du rendez-vous qu'il avait accepté ; bien que la vie de son jeune ami lui donnât des inquiétudes qui dominaient toutes les autres, il se disait aussi que les duels étaient proscrits à Rome, que la loi qui les proscrivait frappait également le témoin et l'acteur ; et le jeune artiste, errant, sombre et pensif sous les lauriers de sa villa, se voyait déjà fuyant de Rome, exilé de sa ville chérie ; puis, s'oubliant bientôt pour revenir à Desdicado, il se perdait en conjectures sur les vicissitudes de cette destinée qu'il avait connue digne d'envie, et qu'il retrouvait, après dix mois, digne de la pitié de tous.

Cependant Desdicado, après une heure de repos, s'était jeté dans une voiture de place qui l'avait conduit au palais Mariani. Le palais était illuminé, les équipages se pressaient dans la cour, et l'on pouvait voir, par les vitraux ouverts, la gaze, la soie et les fleurs glisser dans les longs corridors, à travers les bustes antiques et les vieilles draperies romaines, comme des ombres en habits de bal, entre deux haies d'ombres graves et silencieuses. C'était fête au palais Mariani : les terrasses, parfumées de citronniers et de cythisès, retentissaient du bruit des instruments ; les lustres resplendissaient sous les fresques des plafonds, la walse tournoyait déjà sur les pavés en mosaïque. Desdicado se mêla à la foule et se perdit inaperçu, loin du tumulte de la fête, dans une galerie obscure. Il errait depuis quelques instants lorsque des paroles confuses vinrent à ses oreilles, des formes vagues à ses regards; il se jeta dans l'embrasure d'une fenêtre, et deux fantômes passèrent mystérieusement dans l'ombre.

— Pourquoi si triste et si rêveuse ? disait Mariani d'une voix plaintive et caressante. Reine de ces lieux, âme de cette fête, vous n'avez fait que paraître et voilà que vous fuyez déjà ! O Béatrice, pour éclaircir la mélancolie où se consument vos beaux jours, mon amour a tout essayé, la douleur et la joie, sans amener une larme à vos yeux ni un sourire sur vos lèvres. Béatrice, êtes-vous froide comme ces marbres qui nous entourent ? ajouta-t-il en posant sa main sur une Diane chasseresse dont le front, net et pur, éclairé par la lune, semblait sourire aux pâles rayons de sa vieille divinité.

— Rêveuse et triste, disait Béatrice attachée comme un lierre au bras de Mariani; ces parfums me fatiguent et ces chants m'importunent! Mon âme oppressée se replie douloureusement aux bruits joyeux de cette fête comme mes paupières usées au trop vif éclat des lumières. Mariani, laissez-moi m'éloigner, ne me retenez pas; j'ai vu ma courte jeunesse s'éteindre dans les pleurs et l'ennui; le monde n'a pas de soleil qui puisse en ranimer la flamme.

Tous deux s'éloignèrent, et l'on n'entendit plus que le frôlement soyeux de la robe de la marquise, pareil au bruit que fait le vent dans les feuilles jaunies de l'automne. Arrivé dans la cour, Mariani jeta sur les épaules de la marquise une pelisse de satin doublée de martre, et, la conduisant à sa voiture, il imprima sur sa main un long et tendre baiser.

— Cette femme est folle ou stupide! pensait Mariani en remontant lestement les marches de son palais, léger et joyeux, comme si la voiture de Béatrice eût emporté le fardeau de sa vie et le mal de son âme. Giulio Giuliani! s'écria-t-il en s'appuyant sur l'épaule d'un jeune comte florentin devant un buffet chargé de vins, d'or et cristaux; verse-moi, Giulio, de cette liqueur de France; je veux boire avec toi aux joyeuses et faciles amours!... Mais comme il portait à ses lèvres le cristal couronné d'une mousse pétillante, une main s'appuya sur son épaule, et Mariani, se retournant brusquement, se trouva face à face avec Desdicado.

Pâle et terrible comme la statue du commandeur au *Festin* de Juan, Desdicado entraîna Mariani sur une terrasse voisine, et, rejetant en arrière les blonds cheveux qui tombaient sur ses yeux :

— Monseigneur, demanda-t-il gravement, me reconnaissez-vous ?

Et comme Mariani contemplait le jeune homme avec un muet étonnement :

— Prince Mariani, je suis votre égal, dit froidement l'étranger en plaçant un doigt sur son front ; voici ma couronne de prince, et, puisque votre cravache n'a pas craint de me frapper au visage, votre épée n'aura point de honte à se croiser avec la mienne.

A ces mots il tendit sa main à Mariani, et Mariani y laissa tomber sa main.

— A demain! monseigneur, ajouta Desdicado ; ne laissons point à la police le temps d'entraver nos démarches. Lorsque les bougies de votre fête pâliront aux premiers feux du jour, vous me trouverez au pied de l'obélisque, à cette même place où vous m'avez foulé ce soir sous les pieds de votre coursier. Je compte sur vous, monsieur ; la campagne romaine sera discrète, et les plaines en sont assez vastes pour cacher un tombeau de plus.

Il y eut tant de noblesse et de dignité dans l'expression de ces paroles, tant de majesté vraiment royale sur la figure de Desdicado, tant de puissance surtout et de fascination dans la sévérité de son regard, que Mariani ne répondit que par une inclination de tête. Desdicado s'éloigna sans ajouter une parole, et le prince romain resta sur la terrasse, immobile et le suivant des yeux. Mais lorsque ce vague effroi se fut dissipé avec l'étonnement qui l'avait produit, Mariani, honteux de lui-même, se demanda comment il n'avait pas fait jeter à la porte cette parodie de l'ombre de Banco, et, contant à Giulio Giuliani l'histoire de cette apparition vengeresse, tous deux se mêlèrent en riant à la foule animée du bal.

Pendant que Mariani voyait sans terreur s'effeuiller les roses de la fête et pâlir l'éclat des bougies dont la durée peut-être lui mesurait la vie, Desdicado s'était de nouveau jeté dans la voiture qui l'avait amené au palais du prince romain et qui le conduisit en quelques instants au palais Farnèse : c'était là que s'écoulait la vie de la mélancolique Béatrice. Lorsque Desdicado laissa tomber le marteau sur la porte, onze heures sonnaient aux églises de Rome.

— La marquise ne reçoit point à cette heure ! dit un laquais richement harnaché en toisant d'un regard insolent le pauvre voyageur.

— Allez dire à la marquise, répliqua hardiment Desdicado, que je viens de la part du prince Mariani. J'ai promis de remettre en ses mains le billet que voici, de le remettre moi-même à elle-même, et sa main recevra ce billet de la mienne, dussé-je mourir sans confession ; car je l'ai promis par le corps du Christ et l'âme de la Vierge, et j'ai reçu mon salaire et le vôtre.

A ces mots, il offrit au laquais avide quatre écus romains, seul et dernier trésor qui lui restât au monde. Mais que lui importait-il à lui qui venait d'engager pour l'éternité sa part d'air et sa place au soleil? Le laquais disparut et revint ; puis, dirigeant Desdicado à travers des galeries lambrissées de glaces, il souleva une draperie de soie, et, pressant le bouton de bronze d'une porte cachée sous ses plis damassés, il s'éloigna, laissant Desdicado dans l'oratoire de la marquise.

L'étranger s'arrêta devant Béatrice, pâle comme la lampe d'albâtre qui brûlait suspendue au plafond de l'oratoire. A demi-couchée sur des coussins de velours et la tête penchée sur l'appui d'une croisée ouverte, Béatrice respirait les parfums de ses vastes jardins, et rêvait au murmure de l'eau, dont le jet vigoureux, perçant les dômes d'acacias et de tulipiers, s'épanouissait à la lune en gerbes étincelantes. Sans relever son front ni détourner ses yeux au bruit que fit la porte en se fermant sur Desdicado, la marquise tendit nonchalamment la main, comme pour recevoir le billet de Mariani. Desdicado pressa cette main dans la sienne.

— Qui êtes-vous? s'écria la marquise en se levant avec effroi ; puis, se rassurant à la vue du frêle jeune homme qui se tenait tremblant devant elle, qui êtes-vous, répéta Béatrice d'une voix plus calme, et que voulez-vous de moi ?

— C'est moi qui vous aime, répondit timidement Desdicado : m'avez-vous donc oublié et ne me reconnaissez-vous pas ? Près de s'éteindre le mourant cherche le soleil, que bientôt il ne verra plus, et moi, près de quitter la vie, j'ai voulu vous voir encore.

— C'est donc toujours vous ! murmura Béatrice en retombant sur une pile de coussins.

— Moi, toujours ! reprit le jeune homme. Aviez-vous espéré que le monde eût un asile où mon amour ne vous poursuivrait pas ? Vous ne l'avez pas cru, madame, car vous le connaissez, cet amour que vous avez allumé dans mon cœur ; vous savez que, flamme infatigable, il s'attache à vos pas, et que ni vos rigueurs ni celles de la destinée ne peuvent le lasser ni l'éteindre.

— Qu'attendez-vous donc ? demanda fièrement Béatrice. Ignorez-vous que je ne vous aime pas ?

— Écoutez-moi, dit le jeune homme d'une voix suppliante ; demain j'aurai vécu sans doute, et ce sont mes paroles dernières ; recueillez-les donc, madame ; ne me repoussez pas à cet instant suprême : prenez patience avec cette existence qui s'en va et que vous aurez possédée tout entière.

La marquise fit signe à Desdicado de s'asseoir, le jeune homme prit place sur un coussin, aux pieds de Béatrice. Il la contempla longtemps avec amour ; puis, la marquise ayant laissé échapper un geste impatient et boudeur :

— Ce fut à Florence, par une journée d'automne, que je vous vis pour la première fois. Jour béni, jour maudit, jour fatal ! Je vous vis et je vous aimai. Je ne vous dirai pas ma vie, la vie qui précéda celle que vous m'avez faite. Je ne sais plus, hélas ! si j'ai vécu avant de vous connaître. Je vous aimai; et de mes jours passés bientôt il ne me resta plus que le vague et confus souvenir d'un amour malheureux qui se perdit dans les joies orageuses de ce nouvel amour comme une larme dans l'Océan, comme une plainte dans la tempête. Je croyais mon âme éteinte, et je la sentis se réveiller, ardente et tumultueuse, aux feux de vos regards, ma jeunesse flétrie, et je la vis renaître plus turbulente et plus inquiète qu'aux premiers jours de son printemps. Je venais, loin de la patrie, chercher sous d'autres cieux le repos et l'oubli, je retrouvai la tourmente. Qu'importe ! je vous aimai. Vous, madame, vous m'avez repoussé. Trop noble pour vous jouer d'un enfant aimant et crédule, vous n'avez point laissé l'espérance germer et fleurir dans mon sein ; votre nature s'est révélée tout de suite, fière, sauvage, indépendante, et votre âme, encore toute meurtrie, s'est montrée à moi, maîtresse ombrageuse et jalouse de sa liberté nouvellement conquise ; je me soumis et vous aimai toujours. Amour sans espoir, passion dévorante et jamais satisfaite, flamme qui n'avait d'aliment que mon âme, je ne vous dirai pas les joies mystérieuses que je puisai dans les agitations de cette vie nouvelle. Je parvins à dompter les rébellions de mon sang, j'étouffai les fougueuses aspirations de ma jeunesse, et j'appris à vous aimer comme l'une de ces vierges que le Fiesole peignait à genoux et les larmes aux yeux, chastes et belles comme vous.

Un soir, au palais Corsini (je vous accompagnais alors dans les fêtes du monde), vous me dites : — Je pars. — Oh ! ma vie ! vous partiez ! moi je partis aussi.

Mais à Florence, pour vous voir, pour vous retrouver en tous lieux, pour m'enivrer chaque jour de votre sourire et de votre regard, pour respirer l'air que vous respiriez, pour sentir votre robe m'effleurer en passant, pour vous suivre aux Cascine, emportée par un coursier rapide ou mollement assise sur la soie de votre landaw, pour vivre enfin de la vie oisive et élégante où vous jetaient votre fortune, votre rang et l'ennui, moi, pauvre déshérité, seul au monde et délaissé de tous, j'avais épuisé en trois mois l'espoir d'une année tout entière. Vous partiez en poste : je vous suivis à pied.

Je vous suivis partout, j'allai partout cherchant sur les routes poudreuses la trace de votre voiture et demandant à chaque ville un souvenir de votre passage. Je vous retrouvai à Venise, puis à Ravennes, puis à Naples. A Venise, pour gagner le pain de la journée et la couche où la nuit je reposais ma tête, j'essayai l'art du peintre et je fis des portraits; à Ravennes, j'enseignai la langue de ma patrie ; à Naples, je récitai, sur le môle, les chants de l'Arioste et du Tasse. Eh bien ! j'étais heureux et fier ! Je n'osais, sous cet habit grossier, m'offrir à vous, madame ; mais je vous voyais en secret, j'épiais l'heure de vos courses, votre sortie du théâtre ou du bal ; je foulais les mêmes rives que foulaient vos pieds délicats ; le soir, errant près de vous sur les grèves désertes, j'écoutais le bruit de vos pas, plus doux que le murmure des flots ; je m'enivrais de votre haleine, plus embaumée que la brise des mers. Et puis, dans mes rêves d'enfant, je me croyais l'ange invisible que le ciel avait mis près de vous pour vous protéger. Il n'est pas une heure de vos solitudes où mon amour n'ait veillé sur vous, pas un lieu où je n'aie mêlé la trace de mes pas à la trace des vôtres, pas un sillon de votre barque qui ne se soit perdu dans le sillon de ma gondole. Puis, lorsque l'ennui des mêmes lieux vous poussait vers d'autres contrées ou que votre admiration épuisée allait chercher d'autres merveilles, moi, comme l'oiseau qui ne bâtit jamais son nid sur la rive, je reprenais sans murmurer ma vie errante et solitaire. Ainsi j'ai marché durant deux mois et plus sous les pluies de l'hiver et sous les ardeurs de l'été ; mes épaules se sont courbées sous le sac militaire, et ma main s'est endurcie à porter le bâton d'épines. J'ai dormi sous le manteau étoilé du ciel, j'ai mangé le pain du pauvre et j'ai bu l'eau du torrent. Oh ! ne me plaignez pas ! j'étais heureux alors. A travers les frimas votre amour était dans mon cœur comme un foyer bienfaisant, et, sous le soleil enflammé, comme une source limpide. Votre image s'asseyait avec moi sous l'olivier de la colline ; je la voyais me sourire au bout de la route qui se déroulait devant moi. La nuit, vous étiez l'étoile silencieuse qui s'allumait à l'horizon pour diriger mes pas. J'étais heureux ; je me disais que tant d'amour vous toucherait peut-être, et, lors même que cet espoir ne surgissait point dans mon âme, je me disais qu'il fallait ici-bas obéir à sa destinée, que j'allais à vous comme le fer à l'aimant et le fleuve à la mer, et je ne rêvais pas une destinée plus belle, et je vous bénissais, car vous étiez la religion dont je me faisais le martyr. Ah ! pourquoi ne me suis-je pas éteint aux jours de mes saintes croyances ? pourquoi ne suis-je pas mort, brisé par la fatigue, épuisé par la faim, dans les gorges du mont Cassin ou dans une vallée des Abruzzes ? pourquoi le ciel m'a-t-il laissé survivre à la fleur de mes illusions ! Depuis deux mois que je vous cherche en vain, quelle fatalité m'a donc poussé vers Rome, où je devais vous retrouver l'amante d'un Mariani ? Oh ! madame, était-ce dans l'attente d'un pareil amour que vous avez repoussé le mien ?

Desdicado se tut, et Béatrice ne répondit que par un sourire de dédain.

— Soyez heureuse ! dit le jeune homme ; pour moi, je laisse à Mariani le soin de me délivrer d'une vie qui n'a plus rien à faire ici-bas.

—Que voulez-vous dire? demanda la marquise avec inquiétude.

—Insulté par lui et sous vos yeux, madame, je l'ai provoqué, et nous nous battons demain.

—Malheureux, qu'avez-vous fait? s'écria impétueusement Béatrice en croisant ses deux mains avec angoisses ; vous avez provoqué Mariani et vous vous battez demain !... Qu'avez-vous fait, Desdicado?

—Comme vous l'aimez! murmura-t-il tristement.

—Insensés que vous êtes tous ! insensé, vous surtout, jeune homme, car vous avez pu lire dans mon cœur, qui ne s'est dévoilé qu'à vous! Mariani mon amant! moi, Béatrice, sa maîtresse! Que Rome le croie, c'est bien : il le faut, je le veux. Mais vous, Desdicado, n'avez-vous pas compris que je ne me résignais à l'ennui de ce rôle que pour me délivrer de vingt amours plus importuns encore? Mariani, mon amant! Laissez sa vanité s'en flatter au grand jour, laissez la foule stupide croire au bonheur qu'il affiche hautement ; mais vous, non plus que Mariani, vous n'y croyez pas ! Est-ce donc pour lui que je tremble? est-ce pour lui que mon sang se fige et que mon visage a pâli? C'est pour vous, c'est pour toi, disait-elle en marchant d'un air égaré. Desdicado, vous êtes mort ; malheureux, il vous tuera !

—Oh! dites-moi que vous ne l'aimez pas.

—Il vous tuera, vous dis-je. Connaissez-vous Mariani? Ignorez-vous qu'il serait brave entre les braves de votre patrie? Et la connaissez-vous cette terrible garde sicilienne à laquelle dès son enfance il a façonné son bras? Voyez comme le vôtre est faible! ajouta-t-elle en pressant de sa main convulsive le bras de l'étranger. Partez, enfant, partez; vous êtes trop jeune pour mourir.

— Répétez-moi que vous ne l'aimez pas.

— Je vous dis que vous êtes mort. Vous ne savez donc pas combien de mères à Naples lui redemandent leurs fils ni que de secrets sinistres il a confiés aux champs romains? Partez pour échapper au coup qui vous menace, partez aussi pour vous dérober à cette folle existence. La patrie ne vous garde-t-elle pas un avenir qui vous réclame et des amis qui vous attendent, quelque jeune sœur qui vous pleure et vous appelle, une vieille mère qui souffre et voudrait vous voir avant d'expirer?

— Je n'ai plus rien : ma mère est morte, ma sœur est morte, mon avenir est mort! D'amis il ne m'en reste plus : les amis sont pareils aux pierres d'un mur, la première qui se détache entraîne toutes les autres. La fatalité ne s'est jamais lassée de me poursuivre : j'ai vu tout m'échapper et me fuir, mon nom signe ma destinée. Famille, avenir, amis, j'ai tout perdu! Ma patrie est là où vous êtes, ma vertu est de vous aimer. Je me suis attaché à vous comme l'hirondelle qui traverse les mers aux cordages du navire qu'elle a rencontré sur les flots. Qu'irais-je chercher loin de vous? Puisque votre indifférence m'exile et me repousse encore, oh! laissez-moi mourir, laissez-moi sortir de cette vie où rien ne me sourit plus que l'espoir de la quitter. Seulement, si mon sort vous touche, si vous voulez que mon dernier jour soit mon jour le plus beau, dites-moi que je vous ai bien aimée, que je vous laisse pure, et que je puis emporter au ciel la sainte flamme qui m'a brûlé sur la terre.

— Vous pouvez mourir heureux; mais partez, Desdicado, fuyez.

— Bénie soyez-vous! Je resterai, madame. S'il faut mourir, à cette heure, je puis mourir sans regrets. Adieu! Gardez de moi quelque doux souvenir. Le ciel ne saurait être où vous n'êtes pas; mon âme viendra souvent errer sous le palais que vous habitez; vous la sentirez le soir glisser dans vos cheveux avec la brise ou se plaindre avec elle à vos vitraux fermés.

La marquise s'était assise; Desdicado avait repris place à ses genoux; ils restèrent quelques instants à se contempler l'un l'autre; puis Béatrice, attirant doucement Desdicado vers elle :

— Vous avez bien souffert, vous m'avez bien aimée, et moi j'ai été bien cruelle! lui dit-elle avec amour. Comme le soleil a bruni la blancheur de votre front! comme l'azur de vos yeux a pâli dans la fatigue des voyages! Enfant, vous êtes bien changé! que vous voilà pâle et débile! Vous étiez si beau le jour où vous m'êtes apparu pour la première fois sous les pins de la Vallombreuse!... moins beau que je ne vous trouve à cette heure, car c'est pour moi que vous avez souffert. Pauvre ami ! pourquoi m'avez-vous tant aimée ?

Et parlant ainsi, Béatrice laissait ses doigts se perdre dans les blonds cheveux du jeune homme, ou promenait sa main sur son cou blanc que n'avaient point flétri les ardeurs du soleil.

— Oh ! quelle femme pourrait se dire plus aimée que vous ! murmurait Desdicado, qui frémissait sous les caresses de la marquise comme une jeune fille sous le premier baiser de son amant.

— Et moi aussi je vous ai bien aimé ! disait Béatrice. Lorsque, jeune et belle, je rêvais le bonheur et j'appelais l'amour, c'est vous que je voyais dans mes rêves, c'est vous que j'appelais dans le silence de mes nuits et dans l'amertume de mes jours. Viens, repose ton front sur ce cœur qui si longtemps a brûlé pour toi ! Donne tes lèvres sur mes lèvres ; viens, pauvre enfant qui va mourir !

— Vous m'aimez donc ! s'écria le jeune homme éperdu de bonheur.

— Je t'aime, Desdicado, je t'aime !

— Les étoiles vont bientôt pâlir, dit le jeune étranger d'un air sombre ; le disque de la lune descend à l'horizon, les feuilles tremblent déjà au souffle du matin.

— Que dites-vous, mon âme ? demanda la marquise appuyée amoureusement sur l'épaule de Desdicado.

— Béatrice, ne voyez-vous pas les astres de la nuit qui s'effacent, l'horizon qui rougit, n'entendez-vous pas chanter l'alouette matinale ?

— Le jour est encore loin, et je n'entends que les soupirs des palombes qui se caressent sous l'ombrage de ces jardins. Qu'avez-vous, mon amour?

— Au soleil levant, j'ai promis de mourir! s'écria Desdicado avec désespoir.

— Viens donc! dit la marquise en l'entraînant! viens, le soleil ne se lèvera pas.

Trois heures après le soleil se levait dans toute sa splendeur derrière les montagnes bleues de Tibur, et ses premiers rayons, frappant les croisées du palais Farnèse, glissaient sous les rideaux de l'alcôve où reposait Béatrice épuisée. Desdicado déposa sur son front un baiser silencieux ; et, dérobant à ses cheveux une boucle qu'il plaça sur son sein, il s'éloigna précipitamment, la joie et la mort dans le cœur. Il trouva Lorentz à sa porte et la calèche du prince Mariani devant l'obélisque de la place du Peuple. Lorentz et Desdicado prirent place vis-à-vis de Mariani et de Giulio Giuliani ; la calèche les déposa tous quatre au-delà de la Storta, à quelques milles de Rome. C'est une des parties les plus admirablement belles et les plus profondément tristes de la campagne romaine. Rien ne donne une idée de la mélancolie de ces plaines incultes où vous pouvez marcher durant tout un jour sans rencontrer d'autres êtres vivants que quelques pâtres armés de fusils, et quelques buffles qui lèvent leur tête stupide au-dessus des ronces pour vous regarder passer. Pas une habitation, à peine quelques arbres rabougris et poudreux jetés à de longs intervalles sur le bord du chemin ; quelques ruines éparses dans les champs, quelque tombe antique cachée sous les herbages brûlés par les feux du soleil, quelque bloc de marbre ou de granit sur lequel dorment de longs lézards verts ; des cyprès noirs et sombres s'élèvent tristement à l'immense horizon ; pas un bruit de l'air, de la terre ou du ciel : tout est silencieux et mort ; cette campagne est un tombeau d'airain.

Lorentz portait une boîte de pistolets, et Giuliani deux épées. Arrivés sur le terrain : — Monsieur, dit Mariani à Desdicado, je ne vous connais pas, et l'un de nous va déroger peut-être ; mais si parfois j'hésite à demander *à certaines gens* satisfaction de certains affronts, je ne la refuse jamais à qui me la demande, quel qu'il soit.

Desdicado ne répondit qu'en prenant une épée des mains de Giuliani, celui-ci ayant fait observer que la détonation du pistolet pourrait trahir le secret du combat.

Tout se passa de la manière la plus convenable. Desdicado, qui n'avait jamais manié un fleuret de sa vie, jeta du premier coup Mariani sur la poussière.

Fier et joyeux, aspirant l'air avec orgueil, plein d'amour, heureux de vivre depuis que Béatrice lui avait fait la vie si belle, Desdicado se présenta bientôt au palais Farnèse. Quelle joie aussi pour elle, qui l'avait pressé mourant sur son cœur !

L'entrée chez la marquise lui fut refusée.

Desdicado se présenta une seconde fois et éprouva le même refus ; une troisième, même refus encore.

Lorsqu'il rentra, désespéré, à son hôtel, on lui remit son passeport, avec injonction de quitter Rome sous vingt-quatre heures, s'il ne voulait expier la mort de Mariani par six ans de prison au château Saint-Ange. Ce passeport, signé pour Naples, lui était expédié par le secrétaire de son ambassadeur, à la sollicitation de la marquise de R...

On lui remit en même temps une lettre sous enveloppe. Après avoir brisé d'une main tremblante le cachet aux armes de Béatrice, il lut les lignes suivantes, tracées à la hâte :

« Je hais l'amour, ses droits et ses exigences : toute
» espèce de liens m'effraie. Lorsque je me suis donnée à
» vous, vous n'étiez déjà plus pour moi qu'un souvenir.
» Mort, je vous ai pressé dans mes bras ; vivant, je suis
» morte pour vous.
» Béatrice de R... »

La même enveloppe renfermait un billet de 10,000 francs payable à vue sur Torlonia. Desdicado le déchira avec colère ; puis, acceptant de Lorentz les offres qu'il avait refusées la veille, il reprit son sac et partit.

LA DERNIÈRE FÉE.

I.

J'avais seize ans passés quand elle m'apparut pour la première fois. Ce fut, je m'en souviens, par un beau soir de mai. J'étais sorti seul de la ville ; j'allais sans but à travers champs, rêveur, inquiet sans savoir pourquoi. J'étais ainsi depuis quelque temps et j'avais goût à la solitude.

Je vis le soleil s'abîmer dans une mer de pourpre et d'or, les ombres descendre des coteaux dans la plaine, les étoiles s'allumer une à une dans le bleu du ciel. Les rainettes chantaient sur le bord des étangs ; les trilles du rossignol éclataient à longs intervalles. J'entendais aussi le feuillage ému frissonner et les grandes herbes se courber sous la brise avec un murmure triste et doux. La lune, qui s'était levée toute rouge à l'horizon, dormait, blanche et radieuse, sur la nacre d'un banc de nuages d'où ses rayons tombaient à flots d'argent sur les épaules de la nuit. L'air tiède était chargé de senteurs enivrantes, j'écoutais, le long des haies en fleurs, de petits cris d'oiseaux qui se caressaient dans leurs nids.

J'allais, ouvrant mon âme à toutes ces rumeurs et à tous ces parfums, lorsque j'aperçus une troupe de jeunes filles qui se tenaient par la main et retournaient à la ville en chantant. Elles chantaient en chœur le printemps et l'amour ; leurs voix fraîches vibraient dans le silence des champs endormis comme un bruit lointain de cascade. Je me cachai derrière un buisson d'aubépine, et je les vis passer, pareilles à un essaim de ces blanches ombres qui s'assemblent, la nuit, autour des lacs, pour former des danses légères, et s'évanouissent aux premières clartés de l'aube. Je distinguais, à la lueur des étoiles, leurs brunes ou blondes têtes : j'entendais le frôlement de leurs robes ; j'aspirais à longs traits les émanations mystérieuses qu'elles laissaient sur leur passage, et qui m'arrivaient plus enivrantes que les senteurs embaumées du soir.

Lorsqu'elles eurent disparu, je me sentis pris d'un trouble inconnu, et, m'étant assis sur un tertre, au bord des prairies qui s'étendaient à mes pieds comme un océan de verdure, je cachai mon front entre mes mains et restai plongé dans une rêverie profonde, écoutant, cherchant à comprendre les bruits confus et les tressaillements qui se faisaient en moi.

Ce que j'éprouvais, je ne saurais le dire. Je sentais mon cœur oppressé et près d'éclater. Il y avait en lui comme une source cachée qui voulait une issue, comme un flot captif qui cherchait à s'épandre. Je criais, je pleurais ; je trouvais à mes pleurs je ne sais quelle volupté.

Combien de temps restai-je ainsi ? Quand je me levai, je vis, à quelques pas devant moi, une céleste créature qui me regardait en souriant. Une tunique plus blanche que les lys tombait à plis gracieux le long de son corps, et laissait voir sur le gazon, qu'ils effleuraient à peine, deux pieds nus et blancs comme le marbre de Paros. Ses cheveux blonds flottaient en liberté autour de son cou ; ses joues avaient la fraîcheur et l'éclat des fleurs qui couronnaient sa tête ; sur l'albâtre rosé de son visage, ses yeux brillaient comme deux pervenches écloses sur la neige aux premiers baisers d'avril. Ses bras étaient nus ; une de ses mains reposait sur sa poitrine, tandis que l'autre paraissait m'inviter d'un geste bienveillant.

Je demeurai quelques instants muet, immobile, à la contempler. Sans doute elle venait du ciel, car sa beauté n'avait rien des filles de la terre, et je voyais rayonner autour d'elle une atmosphère qui l'enveloppait comme un vêtement lumineux.

— Qui donc es-tu ? m'écriai-je enfin en tendant vers elle mes bras éperdus.

— Ami, répondit-elle d'une voix plus douce que le vent de la nuit, je suis la fée que le roi des Génies endormit dans ton sein à l'heure de ta naissance ; ce matin j'y dormais encore ; je viens de m'éveiller au premier trouble de ton cœur. Ma vie est faite de ta vie : je suis ta sœur et serai ta compagne jusqu'au jour où, détachée de toi, comme une fleur fanée de sa tige, je t'abandonnerai au milieu de la route dont nous aurons fait ensemble la première moitié. Ce jour n'est pas loin, jeune ami. La rose qui ne vit qu'un matin est l'image de ma destinée. Pour m'aimer, n'attends pas que tu m'aies perdue, car ni tes pleurs ni tes regrets ne me ranimeront quand je ne serai plus. Hâte-toi ! Ma main n'est armée ni du rameau magique ni de la baguette enchantée, et je n'ai d'autre parure que les fleurs mêlées à mes cheveux ; mais je te comblerai de plus de trésors que jamais fée bienfaisante et prodigue n'en répandit sur un royal berceau. Je te mettrai au front une couronne que bien des rois s'estimeraient heureux d'acheter au prix de la leur ; je te composerai un cortége tel qu'en voient rarement les palais et les cours. Invisible et présente, je te suivrai partout ; partout tu sentiras mon influence féconde ; j'embellirai les lieux où tu devras passer ; la nuit j'embaumerai ta couche ; je donnerai mon âme à toute la nature pour sourire chaque matin à ton réveil. Ah! nous aurons de belles fêtes ! Seulement, ces biens que je t'apporte, enfant, apprends à les connaître : saisis-les avant qu'ils t'échappent ; sache y toucher sans les flétrir, en jouir sans les épuiser ; fais-en provision pour cette autre moitié du chemin que tu dois achever sans moi. Ami, je te l'ai dit, j'ai peu de temps à vivre, mais il dépend de toi de prolonger ma frêle et précieuse existence. Je suis comme ces plantes rares auxquelles il faut ménager le soleil et la pluie. Mes pieds sont délicats, ne les fatigue pas à te suivre. L'éclat de mes joues est plus tendre que la fraîcheur du liseron des haies; si tu ne veux le voir se ternir en un jour, ne m'expose pas aux trop vives ardeurs, ne m'entraîne que sous d'épais ombrages. Veille enfin à ce qu'aucun remords n'empoisonne les regrets, déjà trop amers, que ma perte te laissera : que mon souvenir te soit bon, que j'égaie encore ton cœur d'un doux reflet longtemps après que j'aurai cessé d'éclairer et d'échauffer ta vie!

A ces mots, comme un ange gardien qui s'incline sur un berceau, elle pencha vers moi sa blonde tête, et je sentis ses lèvres se poser sur mon front, plus fraîches, plus parfumées que la menthe qui croît sur le bord des fontaines. J'ouvris les bras pour la saisir, mais la blanche apparition s'était déjà évanouie comme un rêve.

N'était-ce pas un rêve, en effet? Je continuai d'aller à travers les campagnes, tantôt courant comme un insensé, tantôt me jetant sur le gazon que je mouillais de larmes brûlantes; parfois je pressais contre mon sein la tige élancée des bouleaux que je croyais sentir frémir et palpiter sous mes folles étreintes; parfois, je tendais mes bras vers les étoiles et leur parlais avec amour. Je parlais aux fleurs, aux arbres, aux buissons; je sentais en moi un torrent de sève qui débordait de toutes parts et se répandait sur la nature entière. La digue était rompue; la source avait percé le roc. Je riais, je pleurais; je nageais dans une mer sans bornes de joies inénarrables et de félicités sans nom.

Quand l'orient se prit à blanchir, il me sembla que j'assistais pour la première fois au réveil de la création. Mon cœur se gonfla, j'aspirai l'air avec orgueil, je crus un instant que mon âme allait se dégager de mon corps pour s'envoler, libre et légère, à travers l'espace, mêlée aux molles vapeurs que le soleil levant détachait des coteaux. Du haut de la montagne où j'étais parvenu, je mesurai l'horizon d'un regard vainqueur: la terre venait d'être créée pour moi et j'étais le maître du monde.

II.

Je n'avais pas trente ans, quand elle m'apparut pour la seconde fois. Ce fut, je m'en souviens, par une soirée d'octobre. J'étais sorti seul de la ville ; j'allais sans but à travers champs, sombre, affaissé sans savoir pourquoi. J'étais ainsi depuis longtemps, et, sans y avoir goût, je recherchais la solitude.

Le ciel était bas et voilé; une bise glacée abattait avec un bruit sinistre les dernières feuilles des arbres. Les haies n'avaient que leurs baies pour parure. Des aboiements lugubres qui partaient d'une ferme éloignée, un filet de fumée bleuâtre qui s'élevait à travers les rameaux, révélaient seuls la vie dans ces campagnes désolées. Cependant quelques oiseaux effarés volaient çà et là de branche en branche ; de noirs corbeaux tachaient la plaine, des bataillons de grues filaient lentement dans l'air gris du soir.

J'allais, mêlant mon âme au deuil de la nature. Depuis longtemps j'étais pris comme elle de cette froide mélancolie qui accompagne la fin des beaux jours. M'étant assis au pied d'un buisson dépouillé, je vis passer auprès de moi deux vieilles femmes qui marchaient à pas lents, courbées chacune sous un fagot d'épines, provisions d'hiver qu'elles rapportaient sous le chaume.

Souvenir étrange! rapprochement bizarre! De cette même place où j'étais à cette heure, j'avais vu passer, bien autrefois, par un soir de mai, une troupe de jeunes filles qui se tenaient par la main et s'en revenaient chantant. J'avais seize ans alors et le buisson était en fleurs.

Je cachai ma tête entre mes mains, et, repassant dans mon esprit les jours qui s'étaient écoulés entre ce soir de mai et cette soirée d'octobre, je m'abîmai bientôt dans un morne et profond ennui.

Quand je me levai, je vis, à quelques pas, devant moi, une pâle figure qui me regardait tristement. Elle était si changée que j'hésitai à la reconnaître. Il n'y avait plus autour d'elle cette atmosphère lumineuse qui l'enveloppait à sa première apparition. Une tunique en lambeaux découvrait son beau sein meurtri. Ses pieds étaient en sang; ses bras tombaient sans vie le long de ses flancs amaigris. L'azur de ses yeux s'était marbré de noir, les pleurs avaient creusé leurs sillons sur ses joues livides. L'infortunée se soutenait à peine, et, comme un lys flétri sur sa tige brisée, semblait s'incliner vers la terre.

— Que me veux-tu? lui demandai-je.

— Ami, l'heure est venue où nous devons nous séparer : avant de te quitter pour jamais, j'ai voulu te dire un éternel adieu, murmura-t-elle d'une voix plaintive, plus triste que le vent d'hiver.

— Va-t-en! ah! va-t-en! m'écriai-je; fée menteuse, qu'as-tu fait pour moi? Où sont-ils, ces biens que tu m'avais annoncés? Je les ai vainement cherchés sur ma route. Où sont ces trésors que tu devais répandre sur mes pas? Je n'ai trouvé que la pauvreté. Qu'est devenu ce diadême que tu devais me mettre au front? Ma tête n'a porté que la couronne d'épines. Où est allé ce brillant cortége que tu promettais de me composer? Je n'ai eu pour escorte que le désespoir et la solitude. Tu parles de nous séparer; mais, à moins que tu ne sois le Génie de la douleur, qu'y eut-il jamais de commun entre nous? Ah! s'il est vrai que tu m'aies suivi partout et que partout j'aie subi ton influence, va-t-en et sois maudite, car tu dois être l'Esprit du mal!

— Je ne suis ni l'Esprit du mal ni le Génie de la douleur, répondit-elle avec mélancolie; mais c'est la destinée des hommes de ne me connaître qu'après m'avoir perdue, de ne savoir le prix de mes bienfaits que lorsqu'il n'est plus temps d'en jouir. Ami, tu fus ingrat comme le reste de tes frères. Tu m'accuses, et je te plains. Dans un instant tu me connaîtras, et tu voudras alors, au prix des ans que Dieu te garde encore, me revoir seulement un jour telle que tu me vis pour la première fois. Tu demandes avec amertume où sont les biens que je t'avais promis? J'ai tenu toutes mes promesses ; mais, toi, tu les a dédaignés, ces trésors que je te prodiguais, sans me lasser, d'une main toujours pleine. Pour diadême, je t'ai mis au front la fraîcheur, l'éclat et la sérénité d'un matin de printemps. Pour cortége, je t'ai donné l'amour et la foi, l'espérance et l'illusion. Ta pauvreté, je l'ai faite si riante et si belle, que bien des puissants et des riches auraient voulu échanger contre elle leurs palais et leur opulence. Ta solitude, je l'ai peuplée de rêves enchantés. Ton désespoir, je te l'ai fait aimer, et j'ai su t'enivrer de tes larmes, à ce point que ton plus grand malheur sera désormais de ne plus pouvoir en répandre. Quand tu marchais, j'éveillais autour de toi la sympathie et la bienveillance; tu ne rencontrais que des regards amis et des mains fraternelles ; le ciel te souriait, la terre elle-même fleurissait sous tes pas. A ton tour, réponds, qu'as-tu fait des dons de ma munificence? qu'as-tu gardé de mes largesses? que te reste-t-il de tant de félicités que j'avais semées le long de ton sentier? Si tu n'as su rien conserver, est-ce à moi que tu dois t'en prendre? Si tu n'as su jouir de rien, est-ce moi qu'il faut accuser?

A ces mots, une lueur tardive illumina mon être. Je sentis un voile qui tombait de mes yeux et restai frappé d'épouvante en voyant clair dans mon propre cœur.

— Reste, ah! reste, ne t'en va pas! m'écriai-je

d'une voix suppliante. Rends-moi ces biens que j'ai méconnus; mes yeux s'ouvrent à la vraie lumière. Rends-moi l'amour et l'illusion ; rends-moi la foi et l'espérance. Fais que j'aime seulement un jour, fais que je croie seulement une heure, et, qui que tu sois, je te bénirai en mourant.

— Hélas! dit-elle, c'est moi qui vais mourir. Et ne le vois-tu pas? Regarde-moi : j'ai bien souffert ; je ne suis plus que l'ombre de moi-même. Voilà longtemps qu'un mal inconnu me consume : un souffle dévorant a desséché mes os et tari dans mon sein les sources de la vie. Le sang n'arrive plus à mon cœur; touche mes mains, tu sentiras l'humidité glacée de la mort. Pourtant, si tu l'avais voulu, j'aurais encore devant moi de longs jours. C'est toi, cruel, qui me tues avant l'âge! J'ai usé mes forces et meurtri mes pieds à te suivre. Vainement je demandais grâce : tu me criais : Marche! et j'allais. J'allais, épuisée, haletante, déchirant ma robe aux ronces du chemin, brûlant mon front aux ardeurs du midi. Tu ne me laissais pas le temps de renouer ma ceinture et de relever les fleurs de ma couronne déjà pâlissante. Vainement, si nous rencontrions quelque asile embaumé, quelque mystérieuse oasis, je te disais : C'est là qu'est le bonheur! ami, c'est là qu'il nous faut dresser notre tente! — Tu continuais ta course acharnée et m'entraînais sans pitié à travers les sables arides. Est-il un outrage que tu m'aies épargné? un orage dont tu aies préservé ma tête? Que de fois je me suis assise, lasse, découragée, décidée à t'abandonner ! Mais, ingrat, je t'aimais, et lorsque étonné de ne plus me sentir près de toi, tu te retournais pour m'appeler du geste ou de la voix, je me levais et volais sur tes traces. Aujourd'hui, c'en est fait ; ami, je n'en puis plus ! Mon sang s'arrête, mon regard se trouble, mes jambes se dérobent sous moi. Ouvre tes bras, presse-moi sur ton sein ; c'est dans ton cœur que j'ai reçu la vie, c'est sur ton cœur que j'ai voulu mourir.

— Tu ne mourras pas ! m'écriai-je en ouvrant mes bras pour la recevoir ; mais, créature étrange, parle, qui donc es-tu ?

— Je ne suis plus, dit-elle, et je fus ta jeunesse.

A ces mots, je voulus la saisir, mais elle avait déjà disparu, et je n'aperçus à sa place que quelques fleurs flétries, tombées de ses cheveux ; je les relevai toutes et n'en trouvai pas une qui eût gardé quelque parfum.

HÉLÈNE VAILLANT.

I.

J'allai, voilà quelques années, visiter les rives de la Creuse. J'aime ce petit pays, non seulement parce que j'y suis né, mais aussi parce qu'il est un des plus pittoresques et des plus charmants qui se puissent voir. Je l'aime surtout parce qu'il est ignoré et qu'il a su, jusqu'à ce jour, échapper à la curiosité des touristes et aux impressions de voyages. C'est peut-être, avec la Bretagne, le seul coin de la France qui conserve encore aujourd'hui quelque chose de sa physionomie primitive. S'il n'a pas vu, comme la Bretagne, glisser à travers ses bois de chênes la grande ombre de Velléda, il n'a pas vu, comme elle, la tourbe des médiocrités s'abattre sur ses landes et ses bruyères. C'est à peine si, de loin en loin, quelque poète de passage en a chanté les sites agrestes, les vallées ombreuses et la rivière aux belles eaux. Sa poésie est vierge, nul n'en a cueilli la fleur mystérieuse et sauvage. Cependant il faut se hâter d'en respirer le parfum. Au dernier voyage que je fis, ce n'était déjà plus la même grâce ni le même charme. Déjà des fabriques bruyantes commençaient à s'élever sur les rives dont le frais silence n'était troublé jadis que par le caquetage des moulins. Au lieu des chroniques et des légendes qu'on racontait autrefois, le soir, autour des feux clairs de l'automne, on se délectait en famille à la lecture du feuilleton quotidien. Avant peu de temps, ce pauvre pays aura, lui aussi, ses romanciers et ses trouvères. Hélas! n'a-t-il pas donné tout récemment une dixième muse à la France, lui qui n'avait produit jusqu'alors que du blé noir et du colza? Je veux conter comment il m'arriva de découvrir cette poétique merveille et d'assister aux débuts d'une histoire que d'autres ont dite avant moi, mais qu'il est bon peut-être de redire, car elle est féconde en enseignements salutaires. La voici dans toute sa simplicité.

Par une belle journée de septembre, je quittai la petite ville de... pour aller retrouver à Saint-Gabriel les rives de la Creuse. Saint-Gabriel est un pauvre hameau, à quelques lieues de... Je partis par la carriole qui fait tous les jours le double service du village à la ville, de la ville au village. J'étais seul dans la voiture; le conducteur se tenait assis sur le siége. Nous allions au pas d'une abominable bête à laquelle son maître allongeait par-ci par-là un coup de fouet nonchalant qui pouvait passer moins pour un reproche que pour une caresse.

La *Biche*, c'était son nom, ne se méprenait jamais sur le sens de cet avertissement ; à chaque coup qu'elle recevait sur sa croupe osseuse ou le long de ses flancs creusés en abîmes, le noble animal s'arrêtait court, tondait le gazon du sentier, et ne se remettait en marche qu'au gré de sa fantaisie. Ces lentes allures ne me déplaisaient pas ; le temps était beau ; je m'enivrais à loisir du parfum de la terre natale. Il y avait près d'une heure que j'étais plongé dans cette espèce de rêverie qui tient le milieu entre la veille et le sommeil, lorsque j'en fus tiré violemment : la *Biche*, au plus bel endroit de la route, venait de nous verser dans un fossé. Je sautai à bas de la carriole, décidé à tancer vertement le conducteur ; sa confusion me désarma. Il se tenait devant moi, les yeux baissés, le front couvert de honte, silencieux, immobile, et roulant entre ses doigts les larges bords de son chapeau de feutre. C'était un jeune gars qui comptait vingt années à peine. Son air humble et doux me toucha.

— Heureusement, lui dis-je, nous en sommes quittes pour la peur ; mais où donc aviez-vous la tête ?

Il leva sur moi deux grands yeux remplis de larmes.

— Allons, ajoutai-je, ce n'est pas un bien grand désastre ; il ne s'agit plus à cette heure que de tirer la carriole du fossé où l'a versée la *Biche*.

Quand la voiture fut d'aplomb sur ses deux roues :

— Tenez, monsieur, me dit le jeune gars après quelques instants d'hésitation, obligez-moi de prendre mon fouet et ma place, et de continuer tout seul votre chemin. D'ici à Saint-Gabriel il n'y a pas à se tromper, la route est droite comme un peuplier; seulement, au premier carrefour, vous aurez soin de tourner à gauche : vous apercevrez le clocher du village, et la *Biche*, qui est au fond une bonne bête, s'arrêtera d'elle-même à la porte du meilleur cabaret de l'endroit ; il n'y en a qu'un, c'est celui de mon maître. Si l'on vous demande ce qu'est devenu Sylvain...

Il s'interrompit et je vis deux grosses larmes rouler sur ses joues.

— Eh bien ! lui dis-je, que répondrai-je?

— Vous répondrez, monsieur, que pour en finir, Sylvain s'est allé jeter dans la rivière.

A ces mots, il fit mine de s'éloigner pour mettre ce beau projet à exécution. Je le retins et j'essayai de combattre une résolution si désespérée.

— Il est probable, lui dis-je, que ce n'est pas le seul parti qu'il vous reste à prendre.

— C'est le seul, monsieur ; je n'en ai pas d'autre. Voilà trop longtemps que cela dure. Si j'ai attendu jusqu'à présent, c'est que je suis un poltron et un lâche. Hier, j'ai voulu me tirer un coup de pistolet dans la cervelle. J'ai eu peur. Je n'ai pas osé. Je suis bien malheureux, monsieur ! je ne crois pas qu'il y ait sur terre une créature du bon Dieu plus à plaindre que moi.

Il s'était assis sur un tas de pierres, et le pauvre diable pleurait, la tête cachée entre ses mains.

Il avait l'air d'un honnête garçon. Je m'approchai de lui, et d'une voix affectueuse :

— Voyons, qu'y a-t-il? Contez-moi vos chagrins, il n'est pas de maux sans remèdes.

— Il y a, monsieur, que, depuis huit jours, c'est la cinquième fois que je verse. Vous demandez où j'avais la tête : je n'en sais rien. Je ne fais plus que des bêtises. En apprenant que j'ai versé encore aujourd'hui, mon maître me donnera mon congé, c'est aussi sûr qu'il y a un Dieu dans le ciel.

— Mais, lui dis-je, comment le saura-t-il, à moins que vous ne l'en instruisiez vous-même ?

— C'est-à-dire, monsieur, que vous ne me dénoncerez pas. Je vous en suis reconnaissant. Mais, voyez-vous, je recommencerais demain : j'aime mieux en finir tout de suite. D'ailleurs, ajouta-t-il en se levant d'un air résolu, j'ai assez de la vie et je veux me jeter dans la rivière.

Ce ne fut pas sans peine que je parvins à le calmer et à le faire remonter sur son siége où je me plaçai près de lui. Je l'amenai doucement à me conter la cause de son désespoir. Il ne demandait pas mieux que d'en parler.

— Monsieur, me dit-il, c'est toute une histoire. Orphelin, sans fortune, je fus recueilli par M. et madame Vaillant, qui m'élevèrent avec leurs deux filles, dont l'aînée avait à peu près mon âge. M. Vaillant tenait alors et tient encore aujourd'hui l'auberge du *Point-*

du-Jour, à Saint-Gabriel. C'est un digne homme : il vaudrait mieux encore, s'il n'était un peu gâté par sa femme qui ne se croit pas faite pour tenir un cabaret de village : bonne femme d'ailleurs ; il ne m'appartient pas d'en parler mal. Je vous disais donc que ces braves gens m'élevèrent avec leurs deux filles : je fus un troisième enfant dans la maison. J'avais mon couvert à la table du maître : le dimanche, j'accompagnais la famille à la messe, et, à la façon dont j'étais vêtu, on aurait pu me prendre pour le frère de ces demoiselles. Nous étions toujours ensemble. Toutes deux m'aimaient et je les aimais toutes deux : nous grandîmes ainsi sous le même toit. Je n'oubliais pas que je devais tout aux bontés de cette famille ; j'essayais de me rendre utile et de gagner le pain que je mangeais. M. Vaillant s'étant avisé d'établir un service de voiture entre Saint-Gabriel et la ville, je lui demandai de m'employer à cette entreprise. Bien que je n'eusse encore que douze ans, mon maître y consentit, et je puis affirmer que, jusqu'à ces derniers temps, il n'eut pas lieu de s'en repentir. Croiriez-vous bien, monsieur, que je n'avais point mon pareil à vingt lieues à la ronde pour couper un ruisseau, descendre une côte, et tourner tous les mauvais pas d'une route ? Cela vous étonne ; c'est la vérité pourtant. J'étais renommé dans le pays pour mon savoir-faire en ce genre. On s'intéressait à moi, parce que je n'étais qu'un enfant. Mes voyageurs m'aimaient, et plus d'un payait double sa place. Tout est bien changé : je n'ai plus de cœur à rien. Mais alors il fallait me voir sur mon siége, le fouet à la main, fier comme un monarque sur son trône ! La *Biche* avait des ailes, et, de Saint-Gabriel à la ville, nous allions en deux heures, train de poste. Nous revenions plus vite encore ; c'est qu'au retour, j'étais sûr de trouver mes deux sœurs qui m'attendaient, tantôt assises sur le revers d'un fossé, tantôt marchant à ma rencontre. Du plus loin que nous nous apercevions, nous agitions nos mouchoirs dans l'air. Quand la voiture était vide, je les y faisais monter toutes deux, et vous jugez de ma joie de pouvoir ainsi ramener en triomphe ces deux jolies filles ! Aux jours de grande fête, je les conduisais à la ville, et, avec mes petits bénéfices, je leur achetais des croix, des fichus et des chapelets. Je croyais les aimer toutes deux pareillement ; cependant, comme j'étais plus gai avec Marie, la cadette, et que bien souvent je me sentais mal à l'aise auprès d'Hélène, je me disais quelquefois que j'aimais moins Hélène que Marie. Eh bien ! voyez quelle chose étrange ! Un jour je découvris que c'était tout le contraire, et que j'aimais Hélène autrement et plus que sa sœur. Voici comment la chose arriva. Un soir, c'était comme à présent, un soir d'automne, je ne trouvai pas dans le sentier mes deux jeunes filles ; j'achevai ma route tristement, sans savoir pourquoi. Vous allez bien voir que j'avais raison d'être triste. Après avoir mis ma voiture sous le hangar et la *Biche* à l'écurie, j'entrai au logis, et je m'aperçus tout d'abord qu'il y avait du nouveau dans la maison. Toute la famille était rassemblée dans la chambre de madame Vaillant. Marie et sa mère tenaient le milieu du foyer ; à droite, M. le curé de Saint-Gabriel semblait réfléchir, les mains appuyées sur la pomme d'or de sa canne ; à gauche, Hélène pleurait en silence. M. Vaillant se promenait de long en large, d'un air agité. Lorsque j'ouvris la porte, je vis tout cela d'un coup d'œil, et j'entendis madame Vaillant qui disait : « Il le faut, il le faut, c'est Dieu qui le veut ! » J'allai droit à Hélène ; c'était la première fois que je la voyais pleurer ainsi. Je compris tout de suite qu'il s'agissait d'affaire grave, je lui pris les mains, et je lui dis : « Pourquoi pleures-tu ? Qui t'a fait du mal ? Son nom seulement, et j'irai le tuer. » — A ces mots, Hélène éclata en sanglots. J'étais tout bouleversé, et c'est à partir de cet instant que je vis clair dans mon pauvre cœur. Je me tournai vers les assistants, et je m'écriai : « Qu'y a-t-il ? pourquoi Hélène pleure-t-elle ? » — J'appris enfin ce qui s'était passé pendant ce jour maudit. D'abord, monsieur, il est bon de vous dire qu'Hélène a de tout temps été une fille extraordinaire. A dix ans, c'était un puits de science. M. Zéphyrin, ami de la maison, ancien maître de danse, retiré à Saint-Gabriel, où il vit de ses rentes, lui prêtait des livres de toutes sortes, de façon qu'à dix ans, grâce à ses dispositions naturelles et à son goût pour la lecture, elle savait plus de choses que bien des gens n'en savent à soixante. Elle parlait d'histoire comme un vrai professeur, connaissait

Clovis et Pharamond aussi parfaitement que je connais
M. le curé, et vous récitait des fables, le *Loup et l'A-*
gneau, *Maître corbeau sur un arbre perché*, et un tas
d'autres drôleries, que c'était plaisir de l'entendre.
Ajoutez à cela qu'elle était belle comme l'aurore. Vous
pensez bien, monsieur, qu'une pareille enfant faisait
l'orgueil de sa famille. M. Vaillant s'en frottait les mains
et madame en crevait dans sa peau, comme cette gre-
nouille dont sa fille me racontait parfois la malheureuse
fin. Vous pensez bien aussi qu'il était question d'Hélène
au pays; partout, aux alentours, on ne s'entretenait que
de la merveille du *Point-du-Jour*. C'est ainsi qu'on l'appelait et qu'on l'appelle encore, à cause de notre enseigne. On accourait de toutes parts pour la voir, pour
l'entendre et pour l'admirer. Tout cela m'était égal, à
moi; seulement, comme on répétait sans cesse qu'elle
avait tant d'esprit, je m'en effrayais, et je me disais
qu'Hélène ne vivrait pas. J'avais raison, monsieur; elle
est morte, morte pour le pauvre Sylvain!

Le brave garçon tira son mouchoir de sa poche, essuya ses yeux et reprit en ces termes, après quelques
instants de silence :

— Or, il y avait dans les environs un grande dame,
une marquise, que le ciel lui pardonne! qui, ayant entendu parler d'Hélène, eut fantaisie de la connaître. On
lui mena la jeune fille qui la laissa dans l'enchantement
de son esprit et de sa personne. Jusqu'ici tout est bien! Mais
voici qu'un jour, ce jour fatal dont je vous parlais tout-à-

l'heure, tandis que j'allongeais gaîment des coups de fouet à la *Biche*, sans me douter du malheur qui me menaçait, voici que la grande dame vint elle-même à Saint-Gabriel, fit arrêter sa calèche devant la porte du *Point-du-Jour*, mit pied à terre et entra sans façon dans l'auberge. M. Vaillant était en train de servir du vin de Saintonge à quatre rouliers attablés. En voyant apparaître dans son établissement un chapeau avec des plumes, une robe de velours, des bijoux, des diamants, des perles fines, le bonhomme, qui n'était pas habitué à de semblables visites, crut que c'était la reine du Pérou qui venait boire à son cabaret. Il faillit tomber à la renverse. Hélène accourut et conduisit sa protectrice dans la chambre de sa mère. Madame la marquise expliqua ce qui l'amenait. Elle dit à madame Vaillant qu'elle avait un trésor de fille et qu'elle serait coupable devant Dieu de laisser enfoui dans l'obscurité de son village le riche présent qu'elle avait reçu du ciel. Elle débita là-dessus une foule de belles phrases qui me furent rapportées plus tard. Enfin elle offrit de se charger d'Hélène et de la placer d'abord à Guéret, dans un pensionnat de jeunes demoiselles. Cela dit, elle se retira, laissant, comme vous le pouvez croire, la famille Vaillant dans un grand émoi. On appela M. le curé en consultation : j'arrivai sur les entrefaites. Hélas! monsieur, j'arrivai pour entendre mon arrêt de mort. Je voulus parler, on me fit taire; Hélène pleurait et refusait de partir; ses larmes furent inutiles. L'orgueil des parents l'emporta. Cependant M. le curé ne soufflait mot;

j'essayai de le ranger à mon opinion. Il garda longtemps le silence et j'espérais en lui ; mais à son tour il déclara que c'était la volonté de Dieu. La volonté de Dieu fut faite! Huit jours après, Hélène partit pour le chef-lieu du département. La veille de son départ, je la rencontrai dans le jardin. Nous étions seuls. Je m'approchai d'elle et lui dis d'une voix étouffée : — Vous partez, vous partez, mademoiselle! — A ces mots, Hélène fondit en larmes et j'en fis autant. — Ah! s'écria-t-elle, tu veux donc achever de m'abîmer le cœur! — Elle tomba dans mes bras. Je la portai sur un banc de pierre, et là, assis l'un près de l'autre, ses deux mains dans les miennes, nous jurâmes de nous aimer toujours. Elle ôta de son doigt une petite bague que lui avait donnée la marquise, et me força de la prendre comme un gage de sa tendresse. — Moi, lui dis-je, je n'ai rien à te donner, pas même ma vie, puisqu'elle t'appartient. — Le lendemain, nous nous séparâmes ; je ne devais plus la revoir ; car ce n'est pas elle que j'ai revue ; non, ce n'est point mon Hélène. Malheureux que je suis ! De l'Hélène que j'ai connue, celle que vous allez voir n'a rien gardé que mon amour.

Après avoir essuyé de nouveau ses yeux :

— Son absence dura trois ans, reprit-il. J'employai ce temps à tâcher de me rendre digne d'elle. Je ne voulais pas qu'à son retour elle eût à rougir de mon ignorance. Le soir, après avoir fait la litière à la *Biche*, j'allais chez M. Zéphyrin prendre des leçons d'écriture ;

puis je rentrais dans ma chambre, et jusqu'à deux heures du matin, bien souvent jusqu'au lever du jour, je lisais les livres qu'Hélène avait laissés et dont je m'étais emparé. Je logeais tout cela pêle-mêle dans ma cervelle ; je ne sais pas comment je n'en suis pas devenu fou. Je ne dormais plus, je ne mangeais plus ; tout mon argent passait en achat de livres. Un jour, j'achetai d'un seul coup toute la boutique d'un colporteur ; il s'y trouvait cent cinquante Almanachs Liégeois et pas un de l'année courante. Tout ce que j'ai lu, monsieur, ne pourrait se dire ni s'imaginer. Si je ne suis pas un grand savant, c'est que je ne suis qu'un grand imbécile.

— Enfin, m'écriai-je, Hélène revint?

— D'abord, elle écrivit. Comme j'allais tous les jours à la ville, c'est moi qui prenais les lettres à la poste et qui les rapportais à sa mère, car c'était toujours à sa mère qu'elle écrivait. Quelles lettres, monsieur ! Quand j'en rapportais une, là, posée sur mon cœur, j'étais léger comme un oiseau. Je chantais tout le long de la route, je m'arrêtais de temps en temps pour en baiser l'adresse et le cachet. Madame Vaillant les lisait à haute voix, et nous tous, rangés autour d'elle, nous pleurions d'admiration en l'écoutant. Croiriez-vous qu'une fois, pour la fête de sa mère, elle lui envoya une chanson en vers qu'elle avait composée elle-même et dont chaque couplet était entouré d'une guirlande de petites roses, dessinées de sa propre main? Pour le coup, madame Vaillant et son mari faillirent en mourir de joie et d'orgueil. Des vers! des guirlandes de roses! tous les talents réunis. On fit venir sur-le-champ M. Zéphyrin qui se connaît en belles choses : on lui communiqua la chanson d'Hélène. Il s'écria que c'était magnifique, promit de composer de la musique sur les paroles et parla d'envoyer le tout à Paris pour le faire imprimer avec le nom et le portrait de mademoiselle Hélène en tête. Madame Vaillant embrassa M. Zéphyrin. Moi, cependant, j'étais triste et chagrin. Je me retirai de bonne heure; je me sauvai dans le jardin et m'assis sur le banc de pierre, à cette même place où Hélène m'avait donné son anneau. Sans m'expliquer pourquoi, je me pris à pleurer. Je restai là une bonne partie de la nuit. Le lendemain, je me dis : — Puisque Hélène fait des vers, je veux en faire aussi, — et le jour même je me mis à l'œuvre. D'abord, je suai sang et eau pour trouver ce que M. Zéphyrin appelait des rimes; à force de chercher, j'en trouvai, et finis par composer une chanson de cinquante couplets que je vais vous dire, monsieur, si vous voulez bien me le permettre, car je ne serais pas faché d'avoir votre avis.

— Vous me conterez cela une autre fois, lui dis-je. Enfin, Hélène revint?

— Un soir, je rapportai une lettre qui annonçait sa prochaine arrivée. Son éducation était achevée. A quelques jours de là, elle revint, ramenée par la marquise elle-même, qui voulait jouir de notre surprise à tous. Je m'en souviendrai toute ma vie. C'était un dimanche. En entrant dans le village, je reconnais à la porte du cabaret la calèche de la marquise. Je devine qu'Hélène est de retour. Je saute en bas de mon siége, je renverse tout ce qui gêne mon passage, je monte les marches quatre à quatre, j'ouvre la porte, je me précipite dans la chambre, et qu'est-ce que je vois ? Non, monsieur, il n'est pas de parole humaine pour exprimer ce qui se passa dans mon cœur. C'était elle, c'était Hélène ! Mais qu'elle était belle, grand Dieu ! Je m'arrêtai tout d'un coup, pâle, confus, tremblant, ébloui, anéanti. J'étais là, en blouse, en gros souliers ferrés, le fouet à la main, devant elle, qui me regardait, parée de charmants atours, plus blanche qu'un lis, plus éclatante qu'un soleil ! Je compris que je n'étais qu'un gueux, un va-nu-pieds. Je priai Dieu pour que le plancher s'effrondrât sous moi. — Eh bien ! me dit-elle en souriant, que faites-vous donc là, Sylvain ? est-ce que vous ne m'embrassez pas ?—Elle me disait *vous* ; si, au lieu d'un fouet, j'avais tenu à la main un couteau, je me le serais plongé dans la poitrine. Elle vint à moi et me tendit sa joue, veloutée comme une pêche, que j'osai à peine toucher du bout des lèvres. — Eh bien ! mon pauvre Sylvain, ajouta-t-elle toujours en souriant, comment se porte la *Biche ?* Je sentis que j'étais perdu. Je me tenais immobile comme une borne, les bras ballants, cloué au parquet. J'essayai de parler, je ne pus. De grosses larmes roulaient sur mes joues ; heureusement, personne n'y prit garde. Huit jours se passèrent, monsieur, huit jours, sans qu'il me fût possible d'entretenir mademoiselle Hélène. Un soir enfin, je la trouvai seule dans le jardin. J'étais décidé à lui parler de mon amour, à lui rappeler nos serments ; mais auparavant, je voulais lui prouver que j'étais moins indigne d'elle qu'elle ne le croyait peut-être. Je m'avisai donc de causer des lectures que j'avais faites durant son absence, car je m'étais aperçu qu'elle se plaisait à ces sortes de conversations. Je lui parlai des *quatre fils d'Aymon* et demandai ce qu'elle pensait du magicien Maugis. Elle me rit au nez ; il paraît que j'avais dit une bêtise. Je tentai de me rattraper sur *Cœlina* ou l'*Enfant du mystère*. — Il y a là-dedans, lui dis-je, un M. Truguelin bien infâme.—Elle rit plus fort. J'étais consterné, ahuri. Enfin je pensai à un livre, le seul qui m'eût véritablement charmé. Je nommai *Paul et Virginie* ; elle comprit bien qu'en rappelant les amours de ces deux enfants, je rappelais en même temps les nôtres. Cette fois elle ne rit pas, mais elle m'interrompit au beau milieu d'une phrase, pour me demander si la *Biche* avait toujours un bouquet de poils blancs à la queue. J'eus envie de l'étrangler.—Mademoiselle, lui dis-je enfin, voulez-vous écouter une chanson que j'ai composée pour vous, pendant votre absence ? — Comment ! s'écria-t-elle, vous composez des chansons, Sylvain ! Voyons cela, ce doit être curieux. — Je n'avais pas achevé le premier couplet qu'elle se prit à rire de plus belle, et je n'eus pas le courage d'en chanter plus long. Après qu'elle eut bien ri : — A votre tour, Sylvain, me dit-elle, écoutez quelques vers de ma façon.—Et là-dessus, elle récita de si belles choses que je restai foudroyé sur place. Quand je revins à moi, Hélène avait disparu, j'étais seul et tout inondé de mes pleurs. Je me mis à courir dans le jardin. Je criais, je sanglotais, je me donnais des coups de poing dans l'estomac, je me roulais, comme un animal sauvage, sur le sable des allées. Marie vint à moi, me prit les mains et voulut me consoler ; je la repoussai avec colère ; j'étais fou. A compter de cette soirée, monsieur, je n'ai pas eu un instant de raison parfaite. Ce que je souffre, vous ne pourriez pas le comprendre. Les damnés souffrent moins en enfer. Vainement je me dis que je ne dois plus aimer mademoiselle Hélène ; plus je me dis cela, plus je l'aime. Je passe presque toutes mes nuits à travers champs ; le jour, je laisse la *Biche* aller à sa fantaisie ; je verse aux plus beaux endroits de la route. Je vous le répète, monsieur, vous avez eu tort de m'empêcher de me jeter à l'eau ; c'est le seul parti raisonnable qu'il me reste à prendre.

Comme je me préparais à lui offrir les consolations vulgaires qui s'administrent en pareille occurrence :

— Vous n'êtes pas au bout, ajouta Sylvain. Madame la marquise est morte dernièrement. Vous jugez, monsieur, quel coup pour la famille Vaillant! La marquise est morte sans avoir assuré l'avenir d'Hélène. Que va devenir cette jeune fille ? Il est clair que sa place n'est plus dans le cabaret de son père. Déjà on parle sourdement de l'envoyer à Paris : M. Zéphyrin soutient que c'est là que l'attendent la gloire et la fortune. Il paraît que mademoiselle Hélène n'est ni plus ni moins qu'une muse ; M. Zéphyrin assure que c'est la dixième ; à ce compte, il y en avait neuf avant elle. Tous les soirs, on se réunit dans la chambre de madame Vaillant ; tandis que, Marie et moi, nous servons la pratique, au-dessus de nos têtes Hélène lit des vers et l'assemblée se pâme en l'écoutant. Pour peu que vous séjourniez à Saint-Gabriel, il vous sera bien aisé, monsieur, d'assister à une de ces réunions : la curiosité y attire beaucoup de monde, et vous ne pourrez pas être plus agréable à M. Vaillant qu'en le priant de vous mettre à même d'entendre et d'admirer sa fille.

— Une muse ! une muse ! répétai-je à plusieurs reprises, plus étonné que ne le fut Robinson Crusoé en apercevant l'empreinte d'un pas humain sur le sable.

— Oui, monsieur, une muse ! C'est ainsi que l'appelle M. Zéphyrin, ou bien encore Corinne ou Sapho : à vrai dire, j'aime autant Hélène.

— Une muse, répétai-je encore. Mais, mon garçon, êtes-vous bien sûr de ce que vous dites ?

— Comment, monsieur, si j'en suis sûr ? s'écria Sylvain ; aussi sûr que du malheur de ma vie. Une muse, une vraie muse, la dixième enfin ! Elle a une lyre ; je ne l'ai jamais vue, mais elle en parle sans cesse. Elle a aussi un trépied. Où cache-t-elle tout cela ? Je n'en sais rien ; Marie ne le sait pas davantage. L'autre jour, je lui dis : — Mademoiselle Hélène, voulez-vous me montrer votre trépied et votre lyre? Elle me tourna le dos en me disant que j'étais un âne.

Je ne pus m'empêcher de sourire.

— Tenez, monsieur, ajouta Sylvain, voici le clocher de notre village. Vous allez pouvoir vous assurer par vous-même de la vérité de mes paroles. Allons, hue, la *Biche* !

Et il allongea un bon coup de fouet à la bête qui, sentant l'écurie, se mit à hennir agréablement et nous mena, en moins d'un quart-d'heure, à la porte du *Point-du-Jour*.

C'était un vaste bâtiment, ouvrant sur la rue, avec cour et jardin sur le derrière. L'enseigne était censée représenter l'aube naissante : étoile d'argent sur un fond de sable, avec un coq au-dessous, le bec ouvert, une patte en l'air, les ailes déployées. J'entrai de plain-pied dans une grande salle de rez-de-chaussée, spécialement réservée aux buveurs. Dans le fond, à la lueur d'une lampe qui éclairait seule ce taudis, une demi-douzaine de paysans jouaient aux cartes sur une table chargée de verres et de bouteilles. Des bottes d'oignons pendaient aux poutres noircies moins par le temps que par la fumée ; de méchantes gravures coloriées, représentant le *Juif Errant*, l'*Empereur Napoléon*, les *Quatre saisons*, les *Quatre éléments*, tapissaient les murs autrefois blanchis à la chaux. De grosses mouches volaient lourdement dans une atmosphère de tabac, bourdonnaient à mes oreilles et se heurtaient à mon visage. Il y avait bon feu dans la cheminée; les soirées étaient déjà fraîches. Une demi-douzaine de chats et de chiens étaient fraternellement couchés devant le foyer. Je me demandais, en réchauffant mes pieds à la flamme, s'il était bien possible, comme l'avait assuré Sylvain, qu'une fleur poétique se fût épanouie dans ce bouge, et qu'il y eût au-dessus un cénacle présidé par une jeune et belle inspirée, de même qu'on voit, sur les toiles des vieux maîtres, les damnés se tordre au fond de l'infernal abîme, tandis que les anges et les séraphins, flottant dans le céleste azur, chantent Dieu sur des harpes d'or.

Comme je me livrais à ces réflexions, je vis descendre par un escalier de bois qui montait de l'antre au sanctuaire une jeune et jolie fille, proprement vêtue, œil éveillé, bouche souriante, jupon court, pied bien chaussé et jambe fine.

C'était Marie.

Elle me donna un gentil bonjour et s'occupa de mettre mon couvert, tandis que Sylvain faisait préparer mon souper. De ses mains, ni trop grosses, ni trop rudes, ni trop rouges pour des mains de cabaret, elle étendit sur une table, le plus loin qu'elle put du groupe par trop flamand, une nappe qui exhala tout d'abord une bonne odeur de linge blanc.

Elle était leste, remuante, avenante, gracieuse en

tous ses mouvements ; j'avais plaisir à la regarder. Je lui dis que je me proposais de passer quelques jours à Saint-Gabriel ; elle me promit la plus belle chambre.

— Pour ne pas vous tromper, ajouta-t-elle, la plus belle est encore affreuse ; mais le pays est vraiment beau et vaut la peine d'être vu.

— J'y suis né comme vous, lui dis-je.

— A Saint-Gabriel ? demanda-t-elle d'un air étonné.

— Non, mais à quelques lieues de là. Si vous jetiez une fleur dans votre rivière, elle passerait le jour même sous mes fenêtres.

— Voilà qui serait commode pour deux amoureux, dit-elle en riant.

Nous étions en train de causer, lorsque la porte qui donnait sur la rue s'entr'ouvrit doucement ; un personnage, long et mince, s'élança par un jeté-battu au milieu de la salle, me salua les pieds en dehors, prit le menton de Marie qui lui appliqua un soufflet, et s'esquiva par l'escalier, comme un chat que poursuit un boule-dogue irrité.

— C'est M. Zéphyrin, dit Marie.

— Qu'est-ce que M. Zéphyrin ? demandai-je, pour faire jaser la jolie fille et pour voir briller ses dents blanches.

— C'est un sot, répondit-elle en haussant les épaules.

— Je jurerais qu'il n'est pas de votre avis, ajoutai-je.

— Malheureusement, il n'est pas le seul. On l'écoute ici comme un oracle. Si l'on m'en croyait, lorsqu'il entre par une porte, on le ferait sortir par l'autre, ou mieux encore, par la fenêtre. Allez, monsieur, il se passe ici de belles choses !

Je l'interrogeai discrètement : mais le couvert une fois mis, la jolie enfant se retira, après m'avoir dit : Au revoir.

Au dessert, entre la poire et le fromage, je vis paraître une espèce de Cassandre qui ne pouvait être que M. Vaillant. C'était M. Vaillant en effet, gros et gras, le teint fleuri.

Après avoir échangé avec lui quelques phrases banales, prélude obligé de toute conversation qui s'engage, je le priai de s'asseoir et de m'aider à finir mon flacon. Lorsqu'il eut vidé son verre :

— Monsieur vient de Paris? dit-il.

— Oui, monsieur.

— Paris, la patrie des arts ! Monsieur est commis-voyageur?

— Non, monsieur.

— Artiste peut-être?

— Pas davantage.

— Monsieur visite le pays en amateur?

— Vous l'avez dit.

— Saint-Gabriel n'a rien de bien curieux.

— Vous calomniez votre maison.

— C'est un pauvre cabaret de village.

— Qui renferme un trésor qu'envie plus d'un palais.

— Quoi ! monsieur, vous sauriez ?...

— Ce que tout le monde, monsieur, sait à vingt lieues à la ronde. Vous êtes un heureux père.

— Ah ! monsieur...

— Vous êtes le père d'une muse.

— C'est ce que dit M. Zéphyrin.

— Je n'ai pas voulu quitter le département sans saluer le toit sous lequel votre fille est née.

— C'est trop d'honneur que vous me faites.

— Toute la France y viendra comme moi, en pèlerinage.

— Est-il possible ?

— Vous m'en pouvez croire.

Bref, j'amenai M. Vaillant à m'ouvrir lui-même la porte du sanctuaire où je désirais pénétrer.

— Précisément, dit-il, nous avons réuni ce soir quelques personnes pour entendre de nouvelles poésies d'Hélène.

— Je serais heureux d'assister à une pareille solennité.

— Nous avons M. Zéphyrin et le brigadier de gendarmerie.

— Je serais fier de m'asseoir entre ces messieurs.

M. Vaillant remonta pour consulter l'assemblée et mettre aux voix ma réception. Au bout de quelques minutes, il vint m'annoncer que j'étais admis à l'unanimité.

— Seulement, ajouta le bonhomme, notre jeune muse se recommande à votre indulgence.

Je me retirai dans ma chambre pour faire un peu de toilette. Sur le coup de huit heures, précédé de M. Vaillant, et suivi de Sylvain qui poussait des soupirs à fendre un cœur de roc, je montai lentement les marches du Parnasse.

II.

A peine entré, voici ce qui frappa ma vue :

Une vaste chambre aux murs blancs et nus; dans le fond, Marie assise sur un escabeau, la bouche demi-souriante, l'œil à tout, l'air un peu goguenard; au milieu, une table couverte d'un mauvais châle en manière de tapis, chargée de plumes, de livres et de papiers, devant laquelle se tenait une jeune fille, Hélène à coup sûr, absorbée dans la recherche d'une rime ou d'un hémistiche; autour du foyer, madame Vaillant, costume demi-paysan, demi-bourgeois, moitié ville et moitié village; M. Zéphyrin, pantalon collant gris de perle, gilet jaune à larges revers, col de chemise montant jusqu'aux oreilles, cravate à la Colin, habit bleu, boutons de métal, breloques chatoyant sur le ventre; le brigadier de gendarmerie, grand uniforme; enfin deux autres personnages que j'appris être : l'un, l'instituteur de l'école primaire; l'autre, le médecin de la commune.

Lorsque j'entrai, tout le monde se leva.

J'allai d'abord à madame Vaillant, que je saluai avec tout le respect dû à la mère d'une muse ; puis, après m'être incliné devant l'héroïne du lieu, je me glissai près de M. Zéphyrin et pris place sur un siége vide qui m'attendait à côté de lui.

Sylvain s'était assis près de Marie, M. Vaillant près de son épouse.

Il se fit un silence de quelques minutes durant lequel je pus observer la muse, à la lueur de deux chandelles qui brûlaient sur la table.

Quoique vêtue avec une prétentieuse élégance, elle ne manquait ni de grâce ni d'un certain charme. Elle avait le front net et pur, le regard à la fois doux et fier ; sa bouche était rose et sérieuse : ses cheveux blonds, naturellement bouclés, tombaient à profusion sur son cou et sur ses épaules. Elle m'apparut comme un joli oiseau des tropiques enfermé dans une cage avec des oisons. J'en excepte pourtant Marie et mon pauvre Sylvain.

Ce fut M. Zéphyrin qui rompit le premier le silence.

Il appuya familièrement sa main sur mon épaule, et d'un air avantageux :

— Monsieur est amateur? me dit-il.

— Amateur de quoi ? demandai-je.

— Cela s'entend que de reste, reprit-il avec un fin sourire ; amateur de beaux vers.

— En effet, monsieur, j'aime les beaux vers.

— En ce cas, monsieur ne pouvait mieux tomber... dit à côté de moi une voix rauque et caverneuse.

Je me retournai brusquement et me trouvai face à face avec la plus horrible figure de gendarme que j'eusse encore vue. A cet aspect, toujours effrayant alors même qu'on a la conscience pure et paisible, je cherchai machinalement dans ma poche pour m'assurer que j'étais en règle et que j'avais mon passeport.

— Monsieur est connaisseur? ajouta M. Zéphyrin.

— Cela va sans dire, s'écria M. Vaillant, puisque monsieur vient de Paris.

M. Zéphyrin et le brigadier échangèrent un regard narquois, tandis que, de leur côté, l'instituteur et le médecin s'entretenaient à voix basse en m'observant à la dérobée.

Madame Vaillant prit la parole :

— Hélène a reçu aujourd'hui, dit-elle, une lettre de.... (elle nomma un des plus grands poètes de notre époque), en réponse à une pièce de vers qu'elle lui avait envoyée. Nos amis ne verront pas sans plaisir quel cas on fait d'Hélène dans la capitale.

Après avoir passé par toutes les mains, cette lettre arriva jusqu'à moi. C'était bien, en effet, une lettre de notre grand poète. Il remerciait la jeune fille des vers *enchanteurs* qu'il venait de lire, et regrettait qu'un si beau talent se consumât dans les bas-fonds de la province. — Venez à Paris, disait-il en terminant ; c'est là seulement que votre génie pourra déployer librement ses ailes. L'alouette cache son nid dans les sillons; l'aigle plane sur la montagne.

— C'est admirable! s'écria M. Zéphyrin : l'alouette cache son nid dans les sillons, l'aigle plane sur la montagne! Je n'ai jamais dit autre chose.

— C'est une lettre en vers? dit le gendarme.

— En vers blancs, fit observer M. Zéphyrin.

— En vers blancs! s'écria M. Vaillant; il y a donc des vers de couleur?

— Messieurs, dit Hélène en s'approchant de nous, c'est une lettre en prose poétique.

— C'est ce que j'avais l'honneur de dire à ces messieurs, répliqua M. Zéphyrin ; des vers blancs ou de la prose poétique, c'est absolument la même chose.

— Pas précisément, dit Hélène en souriant.

— Des vers blancs! répétait M. Vaillant qui ne revenait pas de sa surprise.

J'étais impatient d'entendre chanter la muse.

— Hier, dit-elle, comme l'astre du jour s'éteignait derrière les bois, à demi-dépouillés par l'automne, tandis qu'à l'horizon opposé la lune allumait silencieusement sa lampe d'albâtre, et que le ciel commençait d'entr'ouvrir ses riches écrins...

— C'est admirable! s'écria M. Zéphyrin; tout cela pour dire qu'il était sept heures du soir !

— Est-ce des vers? demanda le brigadier.

— Pas encore, répondit M. Zéphyrin; elle accorde sa lyre.

24.

A ce dernier mot, je vis Sylvain et Marie se lever sur la pointe des pieds, et allonger le cou pour tâcher d'apercevoir enfin cette lyre fantastique qui, depuis quelques semaines, faisait le désespoir de leur curiosité.

— J'allais triste et rêveuse, reprit la jeune fille, écoutant le bruit mélancolique des feuilles desséchées que je traînais sous mes pieds, et que chassaient devant moi les brises automnales. L'angelus tintait à l'église du village ; les ombres descendaient dans la vallée. Déjà le manteau de la nuit était tout saupoudré d'étoiles. J'allais rêveuse et triste, quand tout d'un coup mon âme résonna comme une harpe éolienne et mêla un hymne d'amour aux mystérieux concerts de la nature. J'en ai retenu quelques strophes, et je vais vous les dire.

— Écoutons l'hymne! s'écrièrent à la fois tous les membres de l'assemblée.

La jeune fille se tenait debout, les mains appuyées sur le dos d'une chaise, l'air inspiré, les yeux au ciel. Après être restée quelques instants ainsi, elle récita, d'une voix lente et grave, une douzaine de strophes qui excitèrent un enthousiasme que je ne chercherai même pas à décrire.

C'étaient, à vrai dire, des vers assez proprement tournés, sans originalité, sans pensées, vides, sonores et ronflants comme une toupie d'Allemagne. Il y courait toutefois un petit souffle frais et poétique, et çà et là, à travers un fouillis d'ambitieuses métaphores, apparaissaient quelques images gracieuses, violettes,

fleurs des champs écloses dans un parterre de pivoines.
C'étaient de ces vers comme il s'en fait à Paris par milliers. Dans un salon, nul n'y prendrait garde; dans un cabaret de village, cela devient aussitôt merveilleux, et moi-même, un instant, je fus tenté de crier au prodige.

Lorsque Hélène eut achevé, madame Vaillant la prit dans ses bras et la couvrit de larmes et de baisers en s'écriant :

— Tu seras la gloire de ta famille !

M. Vaillant sanglotait d'admiration. Sylvain pleurait dans son coin. Marie avait plus que jamais son air éveillé et goguenard. Sur ces entrefaites, des voix de rouliers qui demandaient à boire, ayant retenti au-dessous de l'Hélicon, Sylvain et Marie se levèrent aussitôt, et j'entendis la jeune fille qui riait à gorge déployée en descendant les marches de l'escalier.

— Eh bien! monsieur, qu'en dites-vous? s'écria M. Zéphyrin en me frappant assez rudement sur l'épaule.

— Je dis, monsieur, que voilà de beaux vers, à coup sûr.

— Je le crois, par Dieu, bien ! s'écria le brigadier ; je voudrais voir qu'on s'avisât de dire le contraire.

— Ce n'est pas seulement beau, ajouta le maître d'école, j'ose croire qu'on peut affirmer sans crainte que c'est très-beau.

— Ayons le courage de l'avouer, s'écria le médecin, c'est excessivement beau !

Je souffrais de voir brûler un encens si grossier aux pieds de cette pauvre enfant, dont le visage rayonnait de satisfaction et d'orgueil. Je la suppliai de ne s'en point tenir là, et de nous dire encore quelques vers. Hélène ne se fit pas prier. Elle reprit sa position de belle inspirée, et débita, avec un imperturbable aplomb, une demi-douzaine d'élégies, faibles échos, pâles reflets, copies effacées des grands maîtres. A parler franc, c'était toujours la même chose : les étoiles, la lune, le soleil, les ombrages, les bocages, les clairs ruisseaux, le murmure du vent, les soupirs de l'onde, les barques glissant sur les lacs, la brise du matin et la brise du soir, le gazouillement des oiseaux sous la ramée, les joies du printemps, les mélancolies de l'automne ; il me semblait entendre le perroquet du chantre de Jocelyn.

Sur le coup de dix heures, la société se retira, et, comme j'étais un peu de la maison, je demeurai seul avec la famille. J'allai me placer près d'Hélène et m'amusai à la faire causer. Malgré le ridicule de ses prétentions, elle me parut une bonne fille, égarée par la vanité de ses parents et par la sottise de son entourage. Je la priai de me raconter comment le génie poétique s'était révélé en elle. Elle me dit qu'elle s'était sentie poète en lisant les *Méditations* de M. de Lamartine.

— Comme La Fontaine, ajoutai-je, en entendant une ode de Malherbe.

En voyant que j'avais un peu de littérature, la famille me témoigna quelque confiance et quelque considération. On me montra plusieurs glorieux suffrages qu'avait reçus la jeune muse, entre autres une lettre du préfet de Guéret, qui déclarait tout net qu'Hélène serait un jour l'honneur de son département. Madame Vaillant me donna à entendre qu'elle-même n'était pas née pour tenir une auberge ; elle était fille d'huissier, son père avait eu des malheurs.

Elle en arriva bientôt à me confier ses projets et ses espérances. Elle était décidée à laisser là l'auberge de Saint-Gabriel pour conduire sa fille à Paris.

— Cela nous obligera à de grands sacrifices, dit-elle, mais du moins je n'aurai pas à me reprocher d'avoir mis la lumière sous le boisseau, ainsi que M. le préfet nous l'écrivait encore l'autre jour. D'ailleurs le beau talent d'Hélène rendra au centuple ce qu'on aura fait pour le produire. Ce n'est pas seulement la gloire qui l'attend à Paris, c'est aussi la fortune.

En parlant ainsi, cette pauvre femme me fendait le cœur.

— Nous vendrons notre pré, dit M. Vaillant, nos deux champs de blé noir et nos six arpents de colza.

— Je vous rendrai un château, mon père ! s'écria la jeune fille en sautant sur les genoux du bonhomme. J'ai deux volumes de vers : *les Églantines et les Cris de l'âme.*

— C'est de l'or en barre, dit M. Vaillant en la baisant au front.

— Que pensez-vous, monsieur, de nos projets? me demanda la mère d'Hélène.

Je n'eus pas le courage de souffler sur les rêves de ces braves gens ; je répondis que j'avais l'intention de rester quelques jours à Saint-Gabriel, et que nous en reparlerions.

Je fus obligé, pour gagner ma chambre, de descendre l'escalier de bois et de passer par la salle des buveurs. J'y retrouvai Sylvain et Marie : l'un était assis sous le manteau de la cheminée, la tête entre ses mains, les pieds sur les chenêts, dans une attitude affaissée ; l'autre s'occupait gaîment des soins du ménage. Elle allait, venait, mettait tout en ordre, avec la plus belle humeur du monde.

Aussitôt qu'elle m'aperçut :

— Qu'en pensez-vous? s'écria-t-elle : convenez qu'ils sont tous fous, là-haut.

Et sans me laisser le temps de répondre :

— Moi, s'écria-t-elle, j'aime mieux la chanson de mon pays.

Et, d'une voix fraîche, elle chanta ce couplet, qui m'est resté dans la mémoire :

> L'oiseau qui, sur la branche,
> Le jour et la nuit chante,
> N'a pas si grande ardeur
> Que moi, la belle, dans le cœur.

Elle s'approcha de Sylvain qui n'avait pas changé

d'attitude, et, après l'avoir contemplé quelques instants d'un air attendri :

— Que fais-tu là, grand imbécile? s'écria-t-elle en riant; prends une chandelle et conduis monsieur à sa chambre.

Sylvain se leva, prit un flambeau et m'accompagna en silence.

Après avoir fermé ma fenêtre et tiré mes rideaux :

— Eh bien! monsieur, dit-il d'un ton lugubre, n'aurais-je pas bien fait de me jeter dans la rivière?

— Demandez à Marie, lui dis-je, vous verrez ce qu'elle répondra.

— Ah! s'écria-t-il en se frappant le front, il n'y a qu'une femme au monde... Pour vous, monsieur, vous aurez à vous reprocher toute votre vie de m'avoir empêché de me jeter à l'eau. Heureusement la Creuse n'est pas loin, ajouta-t-il d'un air sombre.

— N'oubliez pas, lui dis-je, que Marie est plus près encore.

Je dormis peu ou point; les rats firent, toute la nuit, un sabbat infernal. Vers le matin, comme je commençais à m'assoupir, je fus réveillé en sursaut par Sylvain qui attelait la *Biche*. Le jour se levait, j'en fis autant et m'allai promener dans le jardin où je ne tardai pas à voir arriver Hélène. Elle était simplement vêtue, partant plus jolie que la veille. La muse vint à moi sans façon et me salua d'un ton familier, avec un petit air protecteur qui me fit sourire et ne me déplut point. Elle était vraiment gentille, surtout lorsqu'elle oubliait ses neuf sœurs.

Le jardin avait une porte qui donnait en pleine campagne. Sans y songer et tout en causant, j'ouvris cette porte et nous gagnâmes, à travers champs, les rives de la Creuse, très pittoresques en cet endroit du pays. Hélène marchait, son bras appuyé sur le mien ; nous étions de vieux amis. Elle me parlait de Paris, patrie de ses rêves ; déjà la gloire lui tressait des couronnes.

— Quoi ! m'écriai-je, vous voulez quitter ce pays charmant qui vous a vue naître ?

— Mes chants l'immortaliseront, me dit-elle ; je veux qu'un jour la Creuse n'ait rien à envier aux bords de l'Anio, aux rochers de Vaucluse.

— Vous voulez échanger, contre le bruit, la lutte et la tourmente, le doux silence et le frais repos des campagnes ?

— Je veux obéir à ma destinée. Notre grand poète l'a dit : l'alouette cache son nid dans les blés ; à l'aigle, d'autres horizons.

A ces mots, la vérité s'échappa de mon sein. Par un brusque mouvement de pitié, je saisis les deux mains d'Hélène.

— On vous trompe, mademoiselle, on vous égare, on vous perdra, si vous n'y prenez garde !

Elle me regardait avec étonnement.

— Qui donc me trompe ? qui m'égare ? qui veut me perdre ? demanda-t-elle en souriant.

— Écoutez, mademoiselle, lui dis-je avec calme, après l'avoir fait asseoir près de moi : c'est une histoire que je veux vous conter, une histoire vraie, une histoire toute récente. Je serai bref. Voilà vingt ans au plus, une jeune fille vivait avec sa mère sous le ciel de Bretagne ; gracieuse comme vous, comme vous elle était poëte. Un jour, attirée par les séductions de la gloire, sollicitée par les poëtes en renom qui lui écrivaient comme ils vous écrivent, elle quitta sa ville natale, comme vous voulez quitter le village où vous êtes née, pour aller cueillir, à Paris, les palmes qu'on lui promettait. Savez-vous ce qu'elle y trouva ? la misère. Elle est morte sur un grabat.

— Vous me contez des histoires de l'autre monde, dit Hélène d'un ton boudeur ; nous n'en sommes plus à Gilbert.

— Hier, un grand poëte, car c'était un grand poëte, celui-là, est mort à l'hôpital ; de tous ceux qui s'indignent de son trépas, courtisans effrontés du cercueil qui les accuse, il n'en est pas un qui se soit préoccupé de sa vie, pas un qui ait tendu la main à sa pauvreté, pas un qui l'ait assisté à son heure suprême.

— Vous voulez rire, me dit-elle.

— Bien au contraire, m'écriai-je, j'ai plutôt envie de pleurer.

Je partis de là pour l'entretenir de la vie littéraire qu'elle voulait follement aborder. Je lui en indiquai les rescifs et les écueils. J'essayai de lui démontrer qu'elle s'abusait en toutes choses ; je fus dur, impitoyable.

— Oui, vous vous abusez, lui disais-je. Parce qu'on a quelque facilité dans l'esprit, quelque grâce dans l'imagination, quelque sentiment élevé des harmonies de la nature, il ne s'ensuit pas nécessairement qu'on soit poète et marqué par le doigt de Dieu. Combien j'en ai vus partir la tête haute, qui sont retournés au gîte le front baissé ! On part et on arrive ; les branches qui de loin nous offraient leurs fruits et leurs fleurs, se relèvent brusquement ; les sentiers qui nous avaient paru sablés et mollement inclinés sont escarpés et glissants ; les mains amies qui nous invitaient se retirent ; l'avenir nous trahit, la gloire nous échappe ; heureux notre génie, s'il ne crie pas la misère et la faim !

Je ne m'en tins pas aux poétiques images ; je lui montrai à nu la destinée qui l'attendait loin de son village. Je cherchai à l'apitoyer sur les sacrifices qu'allait s'imposer sa famille. Je lui fis entendre sans ménagement le langage austère de la probité. Je dis enfin tout ce qu'il est possible de dire à une pauvre fille, prête à s'aventurer sur cette mer orageuse qui a déjà englouti tant de pâles victimes. Mais, à tout ce que je disais, elle ne répondait que par ces mots : — Vous voulez rire.
— Ou bien : — Qu'en savez-vous ? — et toujours elle m'opposait la lettre du grand poète, qu'elle avait reçue la veille.

— Mais, ma chère enfant, m'écriai-je, vous ignorez

donc que nos grands poètes écrivent de pareilles sornettes à tous les petits poètes de hasard qui leur adressent de méchants vers! Cette lettre, votre joie, votre orgueil, court depuis longtemps la province.

— Peut-être en avez-vous une édition dans votre poche? dit Hélène d'un ton railleur.

— *Chi lo sa?* répondis-je en souriant.

Hélène se leva, nous reprîmes le sentier du hameau. Chemin faisant, je tentai une fois encore d'ébranler sa résolution; je me crus un instant près d'y réussir.

—Non! s'écria-t-elle tout d'un coup, comme se parlant à elle-même.

Puis, s'adressant à moi :

—D'ailleurs, que voulez-vous que je devienne? Pensez-vous que ma vie doive s'écouler dans le cabaret de mon père?

— A Dieu ne plaise! répliquai-je; je crois avoir entendu dire à votre mère qu'on vous offrait une place de sous-maîtresse dans le pensionnat où vous avez été élevée : ce pourrait être pour vous un avenir.

Hélène haussa les épaules, et tout fut dit.

Le lendemain, au soleil levant, après avoir dit adieu à Sylvain et lui avoir conseillé de se guérir de son amour, j'enfourchai un cheval de louage et quittai Saint-Gabriel pour remonter la Creuse jusqu'à sa source. Au bout de six semaines, je repassai par le village; je descendis *au Point-du-Jour*, où j'appris qu'Hélène et sa mère étaient parties pour Paris quelques jours auparavant. On n'avait pas encore de leurs nouvelles. Je trouvai le bon homme Vaillant un peu chagrin du départ de sa femme et de sa fille, mais plein d'espoir dans l'avenir glorieux de la muse. Marie me sembla moins rieuse que d'habitude ; c'est qu'elle ne partageait pas l'aveuglement de son vieux père.

— Ce n'est plus drôle, monsieur, me dit-elle en essuyant ses yeux avec le coin de son tablier. Les voilà parties ; Dieu sait ce qu'elles vont devenir. Deux pauvres femmes toutes seules là-bas, dans cette grande ville ! Je sais bien qu'Hélène a sa lyre, mais j'aimerais mieux lui voir un bon mari. Mon père a vendu son pré, ses champs de blé, ses arpents de colza. J'ai bien peur que toute la fortune n'y passe ; nous serons mangés aux vers.

A ces derniers mots, elle partit d'un grand éclat de rire, et je me pris à rire avec elle.

— C'est égal, monsieur, ajouta-t-elle en riant et pleurant à la fois comme une journée d'avril, tout cela est bien triste. Il faut voir ce pauvre Sylvain ! Il a perdu le boire et le manger, et ne se nourrit plus que de ses larmes ; aussi est-il jaune comme une jonquille et maigre comme un hareng saur.

— Sylvain, lui dis-je, est un sot ; voilà longtemps qu'à sa place je serais consolé.

Elle comprit, rougit et s'esquiva.

Le soir ramena Sylvain au logis. Il faisait peine à

voir. Le pauvre diable n'avait que les os et la peau. Il venait de verser trois voyageurs, dont l'un se plaignait de fortes contusions à la tête et menaçait de le rouer de coups. En apprenant ce nouveau désastre, M. Vaillant s'emporta et voulut jeter Sylvain à la porte. Nous intercédâmes, Marie et moi, pour le coupable. Quant à lui, il paraissait ne se soucier de rien. Marie lui servit son souper; il n'y toucha que du bout des dents. Le même soir, il vint me trouver dans ma chambre et me demanda conseil. Il pensait sérieusement à partir pour Paris, et à s'y faire, en vue d'Hélène, une position dans les lettres.

— Vous êtes un nigaud, lui dis-je. Le seul conseil que j'aie à vous donner, c'est de ne plus verser vos voyageurs, d'engraisser un peu et de vous mettre à même d'épouser, dans six mois, une jeune et jolie fille qui vous aime.

— Elle m'aime, monsieur ! En êtes-vous bien sûr ?

— Aussi sûr que de mon existence.

— Elle vous l'a dit ?

— Si elle me l'avait dit, j'en serais moins sûr et n'en répondrais pas.

— Elle m'aime !

— Vous m'en pouvez croire.

— Et dans six mois elle viendra pour m'épouser ?

— De qui parlez-vous ?

— D'elle.

— De qui ?

— D'Hélène.

— Que le diable vous emporte! m'écriai-je avec humeur; soufflez ma chandelle et laissez-moi dormir.

De retour à Paris, j'entendis parler, sur la fin de l'hiver, d'une poétique merveille que s'arrachaient tous les salons. Il s'agissait de la muse de Saint-Gabriel. Un jour, à la quatrième page d'un journal, je vis annoncés, comme devant paraître très prochainement, *les Églantines* et les *Cris de l'Ame*, deux recueils de poésie, par mademoiselle Hélène Vaillant.

A quelque temps de là, on touchait aux premières journées de mai, comme je flânais sur le boulevart, par un de ces doux soleils qui font, pour ainsi dire, pousser et fleurir les jolies femmes sur le pavé de Paris, je rencontrai Hélène suspendue au bras de sa mère. Quoique vêtue avec une certaine élégance, madame Vaillant sentait encore un peu l'étude de feu son père et l'auberge de son mari; quant à la fille, elle était fraîche et riante comme le printemps. Une capote de satin blanc encadrait son joli visage, et de son pied léger, coquettement chaussé d'un brodequin de coutil gris, elle trottait sur l'asphalte comme une bergeronnette sur le sable fin de la Creuse. Elle répondit à mon salut par un gracieux sourire et un geste amical. Nous échangeâmes à peine quelques paroles, mais elle m'invita à l'aller voir et me laissa son adresse.

Je ne lui fis pas longtemps attendre le petit triomphe que ma visite promettait à son amour-propre. J'allai la voir le lendemain.

Hélène habitait avec sa mère un joli appartement de la rue Blanche. Elle me reçut dans une espèce de boudoir qu'elle appelait son cabinet de travail; véritable sanctuaire qui n'avait rien de commun avec celui du *Point-du-Jour*. Hélène était seule ; en sa qualité de muse, elle jouissait d'une liberté que n'ont pas généralement les jeunes filles élevées en simples mortelles. Il en est de la poésie comme du mariage ; elle émancipe les mineures. Elle avait une prétentieuse robe de chambre qu'une torsade de soie serrait autour de sa taille ; ses petits pieds dansaient dans des babouches turques, présent, me dit-elle, d'un grand poète qui les avait rapportées d'Orient. Elle me fit asseoir auprès d'elle et se prit, tout en causant, à rouler une pincée de blond maryland dans un mince papier d'Espagne. Ce n'était pas une mauvaise fille. Elle parla tout d'abord et sans embarras du cabaret où je l'avais rencontrée pour la première fois, de son père, de sa sœur et du pauvre Sylvain ; elle me rappela en riant l'étrange soirée à laquelle j'avais assité, M. Zéphyrin, le brigadier de gendarmerie, le maître d'école et le médecin du village. Il ne fut pas question de notre entretien sur le bord de la Creuse ; mais elle se donna la satisfaction de m'accabler de ses succès, de sa gloire et de ses félicités littéraires. Tout lui souriait, tout lui faisait fête ; sa vie n'était qu'un enchantement. Sur la rive gauche et sur la rive droite de la Seine, les salons les plus en renom se disputaient la nouvelle muse. La veille, elle avait dit des vers chez madame de...; le lendemain, elle devait en dire chez M. de... Elle en échangeait fréquemment avec les plus illustres poètes de l'époque. Les directeurs de journaux grattaient tous les matins à sa porte. Madame Pauline Duchambge, tendre cœur, charmant esprit, était à ses genoux pour obtenir les paroles d'une romance. Elle me montra un porte-crayon d'or que lui avait envoyé la reine Amélie. Les *Églantines* et les *Cris de l'Ame* allaient paraître ; elle avait donné trois mille francs à son éditeur, mais elle comptait bien sur le produit de la vente pour couvrir ses frais et s'enrichir par-dessus le marché. Elle alluma sa cigarette à la flamme d'une bougie et se penchant sur un coussin :

— Mon sort vous semble digne d'envie, dit-elle. Eh bien ! le monde m'ennuie, la gloire m'importune. Il est au fond le l'âme humaine un vide que rien ne saurait combler. Je n'ai plus qu'une ambition, acheter un petit château dans les environs de Paris et m'y retirer avec ma famille. J'espère bien ne pas mourir sans avoir réalisé ce rêve.

Je la félicitai de mon mieux, et me retirai le cœur plein de tristesse.

Je restai deux ans sans la revoir. *Les Églantines* et les *Cris de l'Ame* parurent ; il s'en vendit sept exemplaires. Avant leur publication, on s'en était occupé dans un certain monde ; une fois publiés, il n'en fut plus question. Depuis longtemps déjà je n'entendais plus parler d'Hélène. Un soir d'automne, je la rencontrai seule dans une allée du Luxembourg. Elle était pâle, amaigrie, vêtue de noir. Elle parut embarrassée en me voyant. Je l'interrogeai avec intérêt; elle m'apprit que son père était mort, et que, sous peu de mois, Marie devait épouser Sylvain.

— Par quel hasard, lui demandai-je, vous êtes-vous aventurée seule, à cette heure, si loin de votre quartier?

Elle me répondit qu'elle avait quitté la rue Blanche pour venir habiter la rue d'Enfer. Je l'accompagnai jusqu'à sa porte. Elle m'offrit de monter, j'acceptai étourdiment.

— Je crains, me dit-elle, que vous ne trouviez un appartement bien en désordre. Ma mère est un peu souffrante.

— Je serai heureux, répliquai-je, de lui présenter mes hommages.

Elle n'insista plus et je la suivis, sans songer que j'allais, cette fois, l'humilier dans son amour-propre, autant que je l'avais flattée, il y avait de cela deux ans. Je ne sentis ma sottise qu'en entrant dans un appartement triste et froid, que n'égayait jamais le soleil. Ce n'était pas encore la pauvreté, ce n'était déjà plus l'aisance. Madame Vaillant me sembla singulièrement vieillie et affaissée. J'observai Hélène : qu'il y avait loin de cette figure chargée d'ennuis, à celle que j'avais vue, deux ans auparavant, rayonnant de bonheur, d'orgueil et de jeunesse!

— Vous voyez, me dit-elle, nous avons quitté le Paris bruyant, ce quartier nous plaît davantage; silencieux, solitaire, plus propice aux saintes études, c'est la patrie des poètes rêveurs. Nous avons, sous nos fenêtres, les ombrages du Luxembourg; cela nous rappelle un peu nos chères campagnes. Au printemps, le vent nous apportera le parfum des lilas en fleurs.

Elle essaya de faire ce qu'on est convenu d'appeler contre mauvaise fortune bon cœur; elle y réussit mal. A son insu, un peu d'amertume se mêlait à toutes ses paroles. Elle ne se plaignait pas, mais je crus entrevoir qu'elle avait éprouvé des mécomptes de tout genre. Elle me cacha l'histoire de ses désenchantements; mais j'aurais pu la raconter moi-même. Elle avait, durant six semaines, défrayé la curiosité des salons; on l'avait prise comme un jouet; on l'avait jetée là comme un chapeau fané. La muse seule lui était demeurée fidèle. Hélène avait refusé de s'abaisser jusqu'à la prose; elle achevait un poème épique. Toutefois, elle avait singulièrement rabattu de ses ambitions; elle ne demandait plus qu'une jolie petite maison tapie, comme un nid, sous les saules, sur le bord de quelque ruisseau.

— Pauvre enfant, pensais-je, tu seras bien heureuse un jour de pouvoir te retirer dans le cabaret de tes pères!

Je retournai souvent la voir. J'avais boudé son éphémère royauté; je me fis le flatteur assidu de sa déchéance. Hélas! je vis ces deux pauvres femmes glisser peu à peu et tomber dans le gouffre de la misère. Il ne restait plus rien du pré, des champs de sarrasin et des six arpents de colza. Tout était dévoré; pourtant il fallait vivre. Grâce aux sollicitations du grand poète qui l'avait attirée à Paris, comme la lumière attire les phalènes pour leur brûler les ailes, Hélène avait obtenu du gouvernement une pension de cinq cents livres; c'était là le plus clair et le plus net de son avoir. Elle se consolait en songeant à Chatterton; mais son estomac s'accommodait moins volontiers que son amour-propre, de cette fiche de consolation. Son poème épique achevé, il ne se trouva personne qui en voulût. Pour ne rien dissimuler, c'était ennuyeux comme un poème épique. Une heure vint où la faim cria plus fort et plus haut que l'orgueil. Hélène en arriva à écrire des compliments en vers pour les fêtes de famille, des charades, des logogriphes, des devises pour les confiseurs. L'orgueil la soutenait encore ; m'étant avisé de lui conseiller le retour à Saint-Gabriel, elle répondit qu'elle aimerait mieux mourir.

— Y songez-vous? lui dis-je ; votre mère est déjà bien souffrante.

Ses yeux se remplirent de larmes : elle ne répondit pas.

Un jour, madame Vaillant me prit à part, et me dit :

— Je vois bien qu'on nous a trompées, nous avons fait une folie ; on ne sait pas ce que je souffre. Que devenir? Le plus sage serait de retourner à Saint-Gabriel.

Sylvain et Marie nous recevraient à bras ouverts ; mais Hélène n'y consentira jamais. Elle est fière ; elle ne voudra pas s'exposer à rougir vis-à-vis de Sylvain, de sa sœur et de tous nos amis.

Je revins à la charge auprès d'Hélène, mais sans plus de succès que devant.

— Vous vous exagérez, me dit-elle, le malheur de notre position. Sans doute ce n'est pas ce que j'avais rêvé ; mais nous sommes moins à plaindre que vous ne l'imaginez peut-être. D'ailleurs la lutte est féconde et ne déplaît pas au génie. Ce n'est point dans la tiède atmosphère de la prospérité que s'accomplissent les grandes œuvres.

La malheureuse enfant en était encore là. Je me retirai consterné.

Cependant Sylvain avait épousé Marie. Ces jeunes gens ne se doutaient guère de ce qui se passait à Paris. A l'insu d'Hélène et de madame Vaillant, je pris le parti d'écrire à Sylvain toute la vérité. Le brave garçon ne répondit pas ; il arriva, les poches pleines de bons écus sonnants. Qu'on juge de son désespoir en voyant par lui-même toute l'étendue du désastre ! Il embrassa la mère et la fille, et versa ses écus sur la table. Puis, s'adressant à Hélène :

— Tenez, dit-il, je vous ai rapporté cet anneau que vous avez oublié dans votre chambre, le jour de votre départ.

Et il lui remit la bague qu'Hélène lui avait donnée

un soir, dans le jardin, sur le banc de pierre, en promettant de l'aimer toujours. Hélène la prit et se détourna pour cacher ses larmes. Ce n'était pas l'amour de Sylvain qu'elle pleurait, mais ses rêves, ses espérances; peut-être aussi un autre amour, dont j'avais surpris le douloureux secret dans son cœur.

— Ce n'est pas tout, dit Sylvain; Marie m'a bien recommandé de lui ramener sa mère et sa sœur; je ne partirai pas sans vous. Vos chambres vous attendent à Saint-Gabriel. Allons, mademoiselle Hélène, il faut revenir au pays. L'air de nos campagnes vous fera du bien. J'ai planté, le long du mur du jardin, des rosiers qui ont fleuri tout exprès pour embaumer votre retour.

Hélène secoua la tête. Sa mère et moi, nous joignîmes nos instances à celles de Sylvain; la cruelle enfant fut inflexible.

— Pars, dit-elle à sa mère; retourne près de Marie, tu seras plus heureuse avec elle. Moi, je reste, je dois rester; il faut que ma destinée s'accomplisse.

— Si tu restes, je reste; mais, mon enfant, qu'allons-nous devenir?

Ni ses larmes, ni mes prières, ni le désespoir de Sylvain ne purent décider Hélène à quitter Paris. Quel lien la retenait? La muse? l'amour de la gloire? quelque autre amour brisé qui voulait mourir, comme le lierre, aux lieux où il s'était attaché? C'est ce que nul n'a pu savoir. Sylvain retourna seul au village.

Près de partir, il me demanda la permission de m'embrasser, ce que je lui accordai de grand cœur.

— Et la *Biche?* lui demandai-je.

— Morte de vieillesse.

— Et Marie ?

— Elle a promis de me donner un petit Sylvain.

A quoi bon prolonger cette triste histoire ? Un jour, je trouvai Hélène agenouillée au pied du lit de sa mère. Madame Vaillant était morte ; avant d'expirer, elle avait fait jurer à Hélène qu'elle retournerait au hameau.

En effet, Hélène partit au bout de quelques mois, l'âme et le corps brisés. Arrivée à Saint-Gabriel, elle aperçut de loin, sur le pas de la porte du *Point-du-Jour*, Marie qui allaitait son enfant, tandis que Sylvain, debout auprès d'elle, la regardait avec amour. Elle s'arrêta quelques instants à contempler le tableau de ce bonheur doux et paisible.

Avez-vous lu sans attendrissement un passage de *Don Quichotte*, celui où le héros de la Manche revient au gîte après sa première excursion ? Il rentre roué de coups et s'arrête au milieu de la cour à regarder mélancoliquement ses plates-bandes de fleurs et de légumes, ses canards qui barbotent dans la mare, sa nièce et sa gouvernante qui ravaudent leurs bas sur le seuil de la porte. D'un côté la poésie qui est allée courir les champs et qui rentre éclopé, n'en pouvant plus et tirant de l'aile; de l'autre, la prose qui est restée au logis, les pieds dans la flanelle, et qui n'a point enrhumé son bonheur.

MILA.

I.

L'an 1831, par une brûlante matinée d'automne, deux voyageurs, l'un blond et l'autre brun, s'arrêtèrent en même temps à Baccano, méchante auberge assise sur le bord du chemin, à quelques milles de Rome. Tous deux étaient à pied, mais la distinction de leur allure témoignait qu'ils allaient ainsi moins par pauvreté que par goût. Leur costume était d'ailleurs celui de deux modestes piétons : sac militaire, chapeau de feutre à larges bords, blouse, bâton, guêtres de cuir; mais tout cela porté d'un si bel air et d'une si fière mine que l'observateur le plus vulgaire n'aurait pu s'y méprendre un instant. Jeunes tous deux, le plus âgé devait compter vingt-cinq ans à peine. Ils ne se connaissaient que depuis quelques heures ; mais tous deux venaient de France, et quelques heures avaient suffi pour improviser entre eux une vieille amitié. Loin du pays natal, aux accents de la langue maternelle, qui ne s'est retourné, le cœur ému, vers un compagnon comme vers un ami ?

La patrie absente est un lien puissant; sur la terre étrangère, les fils du même sol sont frères.

S'ils n'étaient déjà frères, nos deux voyageurs étaient près de le devenir. Ils avaient en commun la patrie, la jeunesse, et, sinon la même humeur, du moins deux bonnes âmes qui ne demandaient qu'à s'entendre.

Après s'être débarrassés de leur sac et de leur chapeau, ils s'attablèrent devant un repas d'assez chétive apparence, relevé toutefois par un flacon d'Orvieto qui allongeait un col étroit et mince au-dessus d'un gros ventre cerclé d'anneaux de joncs.

Il n'est rien que de voir les gens à table pour juger tout d'abord de leur état moral. En moins de quelques minutes, le voyageur brun eut, à lui seul, dévoré le repas et vidé le flacon, sans trop s'apercevoir que le voyageur blond se tenait immobile, tristement accoudé et ne touchant à rien. L'estomac apaisé, le cœur reprit ses droits.

— Vous êtes triste, monsieur, dit le voyageur brun qui remarquait enfin l'attitude pensive de son silencieux compagnon.

Le voyageur blond ne répondit que par un pâle sourire.

— Monsieur, reprit le voyageur brun, mes confidences encourageront peut-être les vôtres. Je m'appelle Jacques Déglin et suis d'assez bonne maison. J'ai le bonheur de n'être ni peintre, ni musicien, ni poète, ni commis-voyageur. Au dernier printemps, dans les bois de

Verrières, je me suis laissé dire, par un de mes amis, que Rome est la ville du monde où il se voit le plus de vieux murs et de jeunes filles. Dès-lors mon voyage fut arrêté ; car, à mon sens, rien n'est plus charmant, plus gracieux, ni plus poétique que les vieux murs et les jeunes filles. J'étais bien aise, d'ailleurs, de m'assurer par moi-même que Rome n'est pas une ville fabuleuse, et que les grandes choses qu'on en raconte ne sont pas tout-à-fait des sornettes ; à mesurer la taille des hommes d'aujourd'hui, il est permis de douter de l'existence des géants. Enfin, je n'étais point fâché d'échapper en même temps aux exigences d'une institution de fraîche date qui menace de dépeupler la France et d'encombrer la surface du globe. Sterne, dans le *Voyage sentimental*, nous a donné une classification des voyageurs ; il appartenait à la révolution de juillet d'en créer une nouvelle espèce, celle du voyageur qui ne veut pas monter sa garde. A ces fins et causes, je suis parti et me voici. J'ai quelque bien ; au besoin je pourrais me faire traîner en *vetturino* sans écorner mon patrimoine : je vais à pied, parce qu'il me plaît. J'ai toujours rêvé d'entrer à pied dans Rome, par un beau soir d'automne. Béni soit ce rêve, puisque je lui dois de vous avoir rencontré et que je puis le réaliser en si bonne compagnie que la vôtre.

A ces derniers mots, le voyageur blond s'inclina.

— Maintenant, monsieur, ajouta le premier voyageur, à moins que de remonter, comme Tristram Shandy, à la source de toutes choses, vous en savez sur moi tout autant que moi-même. Ma confiance, d'ailleurs, ne vous oblige à rien. Si vous avez des chagrins que je puisse soulager en les écoutant, je vous écoute; j'ai la prétention de tout comprendre. Suis-je indiscret? Parlons de Rome et des Césars.

— Monsieur, répliqua le voyageur blond en souriant, je me croirais indigne de la haute confiance que vous venez de me témoigner, si je n'y répondais par une confiance pour le moins égale. Je m'appelle Raoul de Kermadec, je suis d'assez pauvre maison. Jusqu'à l'heure inespérée qui m'a valu le bonheur de votre rencontre, Sterne aurait pu me classer dans la catégorie des voyageurs ennuyés. Je voyage pour me distraire : à pied, parce qu'ainsi qu'à vous il me plaît. J'avais toujours rêvé d'entrer dans Rome par une belle matinée de printemps; mais, en si bonne compagnie, je regretterai moins, monsieur, d'y entrer par un beau soir d'automne. En vérité, j'ai dit, et vous en savez sur moi tout autant que j'en sais sur vous-même. Comptez sur ma discrétion comme je compte sur la vôtre.

Jacques Déglin comprit que le jeune homme se moquait.

— A votre aise, raillez! s'écria-t-il vivement; mais si, moi, j'ai raillé, que *la malaria* m'étouffe! Tenez, monsieur, bien que le soleil n'ait point encore couché sur notre amitié, bien que nous nous connaissions à peine; je vous aime, et quoi que vous puissiez dire, vous souffrez.

Ces brusques paroles furent prononcées d'un ton chaleureux, d'un accent sympathique. Le voyageur blond tendit la main au voyageur brun qui la serra affectueusement dans la sienne.

— Que diable! monsieur, ajouta-t-il, ce n'est pas ma faute, si j'ai pu vous dire en deux mots mon histoire. Je voudrais avoir une Iliade à vous raconter : cela vous distrairait peut-être. J'ai peu vécu pour mon propre compte; mais quoique jeune, j'ai beaucoup vu, et j'ai réfléchi de bonne heure; j'ai vécu en marge des autres. Vous souffrez, je le vois, je le sens et je m'en afflige.

M. de Kermadec avait repris son attitude triste et rêveuse, tandis que son compagnon l'observait avec un intérêt presque paternel. Il eût été difficile, en effet, de ne point s'intéresser à ce frêle jeune homme qui voyageait seul, à pied, sous un ciel brûlant, par des routes poudreuses, loin de sa patrie et de sa famille, à l'âge où l'on échappe à peine à la tendresse et aux soins vigilants d'une mère. Aussi plus d'une femme, lorsqu'il traversait les villages, s'écriait-elle d'un œil attendri : « *Sicuro questo giovinetto non ha più la sua madre.* »

Le gentilhomme essaya de donner une couleur politique aux préoccupations qui l'agitaient. Il était de race bretonne; sa famille avait été cruellement frappée par le coup de foudre qui venait de fracasser le vieux trône de

France. Il était parti pour échapper à l'insolence des vainqueurs et aux récriminations des vaincus, emportant au cœur la blessure des siens avec la conscience d'un avenir brisé et d'un passé irréparable. Tout ceci était vrai sans doute ; mais le voyageur brun entrevit nettement que là n'était point le fond du chagrin qui se lisait sur ce pâle visage. Toutefois il n'insista pas, et tous deux reprirent leur sac et leur bâton pour ne plus s'arrêter qu'à la porte de Rome.

Ce qui devait arriver arriva. Le jeune homme était plus avide de dire le mal de son âme, que Jacques Déglin n'était curieux de l'apprendre. Mais vainement il essaya d'agacer de nouveau la curiosité de son compagnon : celui-ci se montra d'une discrétion inexorable. Il en est des confidences comme de l'amour en général, résistant à qui les sollicite, se livrant aussitôt qu'on a l'air de peu s'en soucier.

Au milieu donc d'une discussion archéologique dont Jacques Déglin faisait généreusement tous les frais :

— Puisque vous l'exigez, dit M. de Kermadec en l'interrompant, puisque vous tenez absolument à connaître ma sombre destinée...

— Veuillez croire, répondit Jacques l'interrompant à son tour, que le vif intérêt que vous m'inspirez a été l'unique complice d'une curiosité qui vous a pu sembler indiscrète. Croyez aussi que si j'ai un instant osé faire appel à votre confiance, c'est que d'abord je m'en sentais digne, et qu'ensuite j'étais maître à peu près

autant que vous-même du secret de votre destinée.
Vous avez, mon gentilhomme, ce qu'on est convenu
d'appeler des peines de cœur. Vous aimez une belle
infidèle, et, comme disent les poètes, vous traînez, rivée
à votre âme, la moitié d'une chaîne rompue.

— Hélas! vous l'avez dit, s'écria M. de Kermadec,
un peu honteux de voir traiter si légèrement une chose
si solennelle ; mais du moins écoutez les détails de cette
histoire, et voyez s'il fut jamais destinée plus lamentable que la mienne.

— Je vous écoute, répliqua Jacques Déglin.

C'était, à vrai dire, une histoire vieille comme le
monde; c'était cette vieille histoire qu'ont chantée tous
les poètes, qu'ont écrite tous les écrivains et que tous
les amants ont faite : mêmes incidents, mêmes péripéties, même dénoûment prévu, inévitable! Mais dans
l'orgueil de son désespoir, l'enfant croyait de bonne foi
être le premier à souffrir ce que tous avaient souffert
avant lui. Vanité de la douleur, qui pourra te mesurer
jamais en hauteur et en profondeur! Abîme sans fond,
pyramide sans fin! Il suivait l'antique *Via Cassia;* il
marchait sous ce ciel déshérité, sur cette terre désolée,
digne sépulcre de la grande reine, dont le cadavre
blanchissait au loin dans la plaine. Eh bien! près de
passer le Tibre, sous ce ciel et sur cette terre, ce petit
bonhomme ne soupçonnait pas de plus grande affliction
que la sienne, ni de plus grand désastre au monde que
la trahison d'une femme.

Jacques Déglin avait écouté gravement le long récit de ce douloureux martyre. Quand ce fut son tour de parler, il essaya sérieusement d'en consoler et d'en distraire le mélancolique héros, mais celui-ci repoussa bien loin toute chance de salut et de guérison. A l'entendre, il était cloué dans un triple cercueil, d'où nulle puissance humaine ne pouvait désormais l'arracher.

— Nous verrons, dit Jacques, qui semblait avoir quelque expérience des choses de la passion ; Rousseau raconte qu'il oublia son amour en apercevant le pont du Gard ; peut-être, en présence du Colysée, allez-vous oublier le vôtre ?

Le jeune homme secoua la tête, et un sourire dédaigneux releva le coin de ses lèvres.

— Je ne sais, dit Jacques ; mais croyez qu'à notre âge le cœur n'a point d'abîme de douleur qui ne puisse être comblé par une goutte de rosée, pas de nuit sombre qui ne puisse être illuminée par un regard ou par un sourire.

M. de Kermadec ne répondit pas. Il sentait en lui une nuit éternelle, un abîme incommensurable. Tous deux poursuivirent silencieusement leur route, préoccupés, l'un de ses regrets, l'autre des grands souvenirs qu'il éveillait sous ses pas. Le soir du même jour, avant le coucher du soleil, ils entraient dans Rome par la porte du Peuple. C'était le 15 septembre 1831. Or, le même soir, à la même heure, il y avait, dans le quartier du Capitole, une fille éclatante de beauté, de bonheur et de jeunesse, une adorable créature jusqu'à présent aimée du ciel, qui, certes, ne se doutait guère, au milieu de ses oiseaux et de ses fleurs, qu'un homme qui la tuerait, jour pour jour, deux années plus tard, entrait en cet instant dans Rome.

Nos deux voyageurs se firent conduire dans une hôtellerie où l'on mit à leur disposition deux chambres contiguës : ces deux chambres avaient chacune une fenêtre ouverte de plain-pied sur une terrasse qui dominait une cour plantée de figuiers. Toutes les maisons qui donnaient sur la même cour avaient chacune sa terrasse plus ou moins chargée de fleurs. Le soir même de son arrivée, M. de Kermadec entrevit sur la terrasse vis-à-vis, au milieu des orangers et des lauriers-roses qu'elle arrosait de sa main brune et fine, une jeune fille d'une beauté grave et sereine. En apercevant le jeune homme, elle s'arrêta et se prit à sourire. Comment donc, en effet, aurait-elle pu penser qu'en souriant à cet autre enfant, beau comme elle, elle souriait à son bourreau ? Au même instant, une voix de l'intérieur cria le doux nom de Mila, et la jeune fille, à ce nom, s'enfuit et disparut comme une ombre.

II.

Tous ceux à qui il a été donné d'accomplir, à la fleur de l'âge, dans la fraîcheur de la jeunesse, ce classique voyage, rêve de toutes les imaginations quelque peu enthousiastes, abreuvées de bonne heure aux sources de l'antiquité, tous ceux-là, dis-je, savent combien est grande et solennelle la première nuit passée dans Rome, quelles grandes images assiégent le chevet, quelles voix mystérieuses hâtent et précipitent l'heure impatiente du réveil.

Au point du jour, Jacques Déglin était sur pied.

— Allons! debout, mon gentilhomme, s'écria-t-il en entrant dans la chambre de M. de Kermadec qui dormait à demi, encore tout meurtri de sa dernière étape; vous croyez-vous à Landernau ou bien à Brives-la-Gaillarde? Debout! allons fouler la cendre des héros.

M. de Kermadec se leva d'un air affaissé. Il s'était couché dans sa douleur, sur les bords du Tibre, comme autrefois sur les bords de la Seine. Toutefois, entre la veille et le sommeil, il s'était rappelé vaguement le sourire qui l'avait accueilli, et, au milieu des préoccupations qui l'obsédaient, ce souvenir avait glissé, comme un rayon de soleil, dans le cœur du jeune inconsolable. Il se garda bien d'avouer à son compagnon ce qu'il ne s'avouait d'ailleurs pas à lui-même ; mais, au lieu des grandes voix qui murmuraient aux oreilles de Jacques Déglin les noms de la Rome héroïque, M. de Kermadec en écoutait, à son insu, une plus jeune et plus charmante qui lui disait tout bas le doux nom de Mila.

Déglin avait-il dit vrai? Avait-il suffi d'un sourire pour éclairer cette nuit sombre? Près de sortir, le jeune homme s'avança machinalement sur la terrasse, mais tout dormait autour de lui; le jour se levait à peine, et pas une fenêtre n'avait encore ouvert ses volets sur la cour plantée de figuiers.

Notre intention n'est pas de suivre pas à pas nos deux voyageurs à travers les ruines du *Campo-Vaccino,* ni de compter avec eux les arcades du Colysée ; nous n'avons nullement la prétention de vouloir jouer auprès de nos lecteurs le rôle de Corinne vis-à-vis d'Oswald. Disons seulement, à la louange de nos deux amis, qu'ils n'étaient ni de ces niais admirateurs qui se pâment devant un tronçon de colonne brisée, ni de ces touristes impertinents qui font fi de tout ce qu'ils rencontrent. Leurs impressions étaient vraies et naïves : ils s'y livraient sans gêne et sans art ; l'un tout entier au culte du passé, l'autre y mêlant les préoccupations de son âme. Cependant, au milieu du Colysée, M. de Kermadec ne put se défendre de partager l'émotion de Jacques Déglin. Comme Rousseau devant le pont du Gard, il oublia son mal et ne sentit plus sa blessure. Mais cet instant fut rapide ; tout d'un coup le pauvre enfant cacha sa tête entre ses mains, et des larmes abondantes coulèrent le long de ses joues. Il venait de penser que les merveilles qu'il admirait, triste et solitaire, ils s'étaient promis, elle et lui, de les visiter ensemble, dans la joie de leur tendresse, dans l'ivresse de leurs amours, — et il pleurait. Jacques Déglin se tenait près de lui, touché sans doute, mais non surpris des larmes qu'il voyait couler.

— Songez donc, mon gentilhomme, s'écria-t-il enfin, qu'il y a eu là, dans cette même enceinte, une foule d'honnêtes gens qui vous valaient peut-être, et qui auraient volontiers échangé leur position pour celle où vous vous trouvez à cette heure.

— Allez, répliqua M. de Kermadec, il y a bien des martyrs dont le sang ne rougit pas l'arène. L'amour a, lui aussi, ses lions et ses panthères qui nous rongent le sein.

— C'est égal, ajouta Jacques Déglin, vous avez beau dire, mieux vaut sentir au sein une demi-douzaine de ces panthères-là, que d'avoir seulement à ses trousses un bon lion de Numidie qui n'a pas mangé depuis huit jours.

— Vous avez, monsieur, dit Raoul de Kermadec avec fierté, une singulière façon de consoler les gens. Vous oubliez trop, il me semble, que nous ne nous connaissons que d'hier, et que je n'ai point demandé secours à votre philosophie.

A ces mots, il fit quelques pas pour s'éloigner, mais Jacques Déglin courut à lui ; il avait voulu, non pas offenser les douleurs de son jeune ami, à Dieu ne plaise! mais seulement les dépouiller du costume épique dont celui-ci les revêtait avec trop de complaisance. Il s'excusa de bonne grâce, et tous deux poursuivirent leurs pérégrinations dans Rome. Ils prirent leurs repas à l'aventure et ne rentrèrent au logis que sur le tard. M. de Kermadec remarqua que les volets de l'appartement qui faisait face à sa chambre étaient restés fermés tout le jour, et vainement son regard chercha, sur la terrasse chargée de fleurs, la jeune fille qu'il avait aperçue la veille.

A part la tristesse du jeune homme, leur vie s'écoulait doucement, non sans poésie, ni sans charme. Ils avaient l'un et l'autre le sentiment des arts et de la nature, l'intelligence et le goût des belles choses. A l'encontre de certaines gens qui déclarent l'Italie prostituée, ils la trouvaient belle comme une vierge et bien au-dessus de ce qu'ils avaient rêvé. Chaque jour resserrait plus étroitement les liens de leur intimité. Sous des dehors un peu froids, un peu sceptiques et parfois railleurs, Jacques Déglin cachait une âme plus tendre et plus sensible qu'il ne voulait le laisser croire. Il finit par s'intéresser vivement au jeune homme que le hasard lui avait fait rencontrer, et par lui vouer une affection vraiment fraternelle. Leurs journées se partageaient entre l'étude, les excursions et les musées. Ils avaient échappé à toutes relations avec les touristes et les artistes, deux fléaux qui infestent l'Italie en général et Rome en particulier. Ils aimaient, le soir, à se retrouver sur leur terrasse, et là ils mêlaient, avec la fumée de leurs cigares, des réflexions gaies ou sérieuses sur ce qu'ils avaient vu et senti ; ils parlaient aussi de la France, de leurs familles, de leurs jeunes années, et ces soirées, dont ils ont gardé le souvenir, s'écoulaient en heures charmantes. Dans ces conversations, le nom de la belle infidèle revenait sans cesse et sans fin ; mais Jacques s'était fait l'humble serviteur du désespoir de M. de Kermadec ; il avait épousé sa malheureuse passion ; il ne se lassait point de l'entendre ; il était, comme il le disait lui-même, le vase dans lequel tombaient goutte à goutte les larmes de son jeune ami. Il en était arrivé à connaître cette cruelle beauté, cause de tant de maux, tout autant que Raoul lui-même, et bien que celui-ci ne parlât d'elle qu'avec l'exaltation de l'amour et de la douleur, le bon Déglin la détestait cordialement et ne dissimulait point l'aversion qu'elle lui inspirait ; il était, pour nous servir de l'expression toute moderne d'un

illustre écrivain, l'envers de l'amour de Raoul : il en
était la haine.

Cependant les volets de l'appartement qui donnait
sur la terrasse chargée d'orangers et de lauriers-roses,
étaient restés fermés depuis le soir de l'arrivée de nos
deux amis à l'hôtellerie, et la jeune fille n'avait point reparu au milieu de ses fleurs. M. de Kermadec s'en préoccupait malgré lui; dans son chagrin, ce devint comme
une idée fixe. Un jour, en l'absence de Déglin, qu'il ne
voulait pas rendre témoin de ses faiblesses, il s'avisa
d'interroger son hôtesse, la signora *Calosi*, bonne femme
sur le retour qui ne demandait qu'à jaser. Après un long
préambule dans lequel la *padrona* passa impitoyable-
ment en revue tout le voisinage et tous ses locataires,
M. de Kermadec, apprit enfin que la maison aux volets
fermés était habitée par *il signor' Naldi*, vieil avare
qui, au dire de la charitable hôtesse, avait laissé, quoiqu'il fût riche comme Crésus, mourir *la signora Naldi*
de faim. La jeune fille que Raoul avait entrevue était
la signorina Naldi, ragazza di garbo, ajoutait *la signora
Calosi*. Le père et la fille étaient partis dernièrement pour la *villa Naldi*, située à quelques milles de
Rome, aux alentours de Tivoli. Raoul remercia la
complaisante hôtesse, qui ne lâcha prise et ne se
retira qu'après avoir conté d'une façon moins que
bienveillante la biographie de tous les voisins qui,
en cet instant, se tenaient imprudemment à leurs fenêtres.

Jacques Déglin rentra au bout de quelques heures.

— Savez-vous, lui dit M. de Kermadec après quelques détours, que nous sommes vraiment bien étranges? Il semble que nous ayons pris racine dans les vieux murs de Rome, comme le lierre et les ronces sur les ruines du Colysée. Sans parler d'Albano et autres lieux charmants qui nous invitent, nous oublions Tivoli, nous négligeons Tibur, qu'a chanté votre Horace; car Horace est votre poète, le poète que vous aimez.

— Je ne l'ai jamais lu, dit Déglin, si ce n'est au collége, où ses odes m'ennuyaient fort.

— Du moins, avez-vous entendu parler des cascatelles, du temple de la Sibylle et de la grotte de Neptune?

— Comme il vous plaira, répliqua Déglin, toujours docile et prêt aux caprices de cet enfant. J'ai vu tant de temples depuis quinze jours, qu'à vrai dire, je ne suis pas dévoré du désir de voir le temple de la Sibylle. La grotte de Neptune me séduit peu; j'ai de l'Olympe par-dessus la tête. Les cascatelles doivent être une demi-douzaine de miniatures de la cascade de Terni. Je visiterais avec une religieuse émotion la prison où le Tasse a gémi; mais je suis médiocrement attiré, je l'avoue, par le coin de terre où le favori d'Auguste sablait le vin de Falerne parfumé de roses. Je n'aime que les poètes malheureux; je baise avec transport la trace de leurs larmes. Les poètes heureux me trouvent indifférent, et les lieux consacrés par leur bonheur disent peu chose à mon âme. Quoi qu'il en soit, allons! s'il vous plaît, ami, nous partirons demain.

— Pourquoi pas aujourd'hui même? dit M. de Kermadec; la chaleur du jour est tombée, la soirée sera fraîche et sereine. Nos chevaux ont eu le temps de se reposer, ajouta-t-il en montrant les deux bâtons amis qui dormaient côte à côte dans un coin de la chambre. Allons coucher à Tivoli; demain matin, aux blancheurs de l'aube, nous saurons si les échos y répètent encore le doux nom de Délie.

Jacques Déglin prit silencieusement dans un tiroir quelques écus qu'il glissa dans sa poche; puis, s'étant armé de son bâton ferré :

— Partons! s'écria-t-il en tendant la main à Raoul.

Ce qui fut dit fut fait; le soleil était encore sur l'horizon, que les deux amis allongeaient le pas sur le chemin poudreux de Tibur.

Ils arrivèrent par une de ces belles nuits étoilées dont la splendeur et la magnificence sont inconnues sous le ciel gris de la France. Après avoir soupé dans une auberge près du temple de la Sibylle, comme il était trop tard pour flâner le long des coteaux, ils prirent le parti d'aller dormir, bercés par le bruit du poétique Anio, dont les eaux tombaient en mugissant dans la grotte du dieu Neptune. Le lendemain, aux premières clartés du jour, Raoul se leva sans réveiller son compagnon, et, tout en s'informant de la route qu'il devait suivre pour se rendre aux cascatelles, il demanda négligemment si l'on ne connaissait pas la *villa Naldi* dans les environs. On connaissait beaucoup de *villa* aux alentours de Tivoli, la *villa d'Est*, la *villa Adrianna*, une foule d'autres *villa*, mais la *villa Naldi*, point ; nul n'en avait entendu parler. Qu'importait à M. de Kermadec? Il ne put s'empêcher de sourire de la question qu'il avait faite, et s'alla promener çà et là, sans plus se soucier de la *villa Naldi* que s'il n'eût jamais entendu prononcer ce nom.

Au premier pâtre qu'il rencontra sur sa route :

— *Ové sta la villa Naldi?* demanda Raoul.

— *Chi lo sa!* répondit le pâtre en passant.

Raoul continua son chemin au hasard, peu soucieux du but, au gré de ses rêves, uniquement préoccupé des regrets qui le suivaient partout, tout entier aux préoccupations du mal qui le consumait. Certes, celui qui serait venu dire à ce jeune homme qu'à son insu le diamant de sa douleur était entamé, et qu'une étoile, encore, il est vrai, presque imperceptible, mais promettant de briller bientôt d'un plus vif éclat, pointait déjà sous la nuée qui lui cachait l'azur du ciel, celui-là l'aurait étrangement surpris, surtout cruellement blessé dans son orgueil et dans son amour. Sa vie n'était-elle point close à jamais? En dehors de son désespoir, que lui faisait le reste du monde?

Une contadine vint à passer.

— *Sapete, carina,* lui dit M. de Kermadec, *ovè sta la villa Naldi?*

— *Dio lo sa!* répondit sans s'arrêter la contadine.

Le soleil, ainsi que disent les poètes, était au milieu de sa carrière; les arbres n'avaient plus d'ombre. Or, il n'est point de désespoir amoureux, quel qu'il soit, qui puisse empêcher un jeune et gentil garçon qui s'est levé avec l'aube, d'éprouver, sur le coup de midi, quelque chose de pareil à la faim, surtout si le jeune éploré a battu, durant sept ou huit heures, les coteaux et les vallons. Raoul se sentait au bout de ses forces, disons le mot, affamé. Sans s'en douter, il s'était éloigné de Tivoli de plus d'une lieue; il tourna autour de lui un regard plein d'anxiété pour voir s'il n'apercevrait pas une ferme où l'on pourrait offrir à son appétit quelques tranches de mortadelle; pas un toit ne blanchissait dans le paysage, pas un brin de fumée ne tachait l'horizon.

Cependant, il longeait depuis quelques instants un mur d'enceinte qui révélait nécessairement une habitation prochaine. En effet, il s'arrêta bientôt devant une grille de fer qui lui permit de voir, au bout d'une allée de tulipiers et de sycomores, une maison d'assez belle apparence, et pouvant, au besoin, passer pour un château. Raoul s'était laissé dire qu'en Italie les châteaux sont peu hospitaliers; que si l'hospitalité ne s'y vend pas, elle ne s'y donne pas davantage, et qu'enfin, dans leurs salles peintes à fresque, les propriétaires eux-mêmes font parfois assez maigre chère. Il eût frappé, sans hésiter, à la porte d'une ferme modeste ; malgré la faim qui le pressait, il ne toucha point à la sonnette de la grille, et s'éloigna en suivant d'un œil de convoitise la fumée qui montait au-dessus du toit, dans le bleu du ciel. Dans la campagne de Rome, par cette chaude saison, ce ne pouvait être, à coup sûr, que la fumée de la cuisine.

M. de Kermadec se préparait à prendre un sentier qui devait le ramener à Tibur, lorsqu'à l'angle du mur qu'il venait de doubler, il entendit une voix jeune et fraîche qui partait de l'enclos, sous un massif de grenadiers dont les feuilles rouges regardaient curieusement sur la route. Cette voix chantait, sans art et sans apprêt, comme on chante dans la solitude, une canzonette florentine qui commence par ces deux vers :

Son' rimasta vedovella
Su la bell' fiore dell' anni miei.

L'air en était doux, triste et monotone. Raoul s'arrêta charmé ; puis, par je ne sais quelle curiosité d'enfant, il grimpa sur le mur comme un chat sauvage, écarta les branches de grenadiers, et passa sa tête dans l'enclos.

Au bruit que firent les rameaux sous la main qui les écartait, une jeune fille, qui se tenait assise sur un tertre de gazon, leva les yeux et se prit à sourire, sans trouble et sans effroi, à la blonde tête qui la regardait. Ils restèrent ainsi quelques instants à se contempler l'un l'autre en silence ; puis, tout d'un coup, la belle enfant ayant détaché une des fleurs, moins fraîches que son frais sourire, elle la jeta par-dessus le mur et s'enfuit comme une gazelle; c'était la signorina *Naldi*.

Raoul ne trouva pas un mot pour la retenir. Tant qu'il put apercevoir sa blanche robe qui glissait, comme un lys, à travers le feuillage, ses bruns cheveux que soulevait la folle brise, le jeune homme resta sur le mur, le cou tendu, l'œil rivé sur l'apparition fugitive. Enfin, lorsqu'elle eut disparu au détour d'une allée, il sauta à terre, releva la fleur de grenadier et la porta machinalement à ses lèvres, sans se dire que le moindre grain de mil ferait bien mieux son affaire. Il avait oublié sa faim.

Sans trop savoir pourquoi, sans trop se demander comment, M. de Kermadec s'en revint d'un pied léger, d'un cœur presque content ; tout avait changé d'aspect autour de lui : les ombrages étaient plus verts, l'air plus embaumé, le soleil plus indulgent. Il trouva son compagnon profondément endormi dans le temple de la Sibylle.

— D'où sortez-vous ? s'écria Déglin en se réveillant. Je vous ai cru mort. Je rêvais que vous étiez tombé dans la grotte de Neptune, et qu'un gros Triton vous avait emporté sous les flots. Puisque vous voici, j'espère que nous allons, sans plus tarder, reprendre la route de Rome. Assez de cascatelles ! quant à votre temple, vous avez vu le cas que j'en fais et de quelle façon j'y passais le temps.

— Jacques, vous n'y songez pas ! répliqua vivement Raoul. Si vous pouviez seulement vous douter des merveilles qu'enferme ce pays à deux lieues à la ronde, vous voudriez planter ici votre tente. Imaginez-vous un enchantement perpétuel !

— Laissez donc, s'écria Déglin ; vous êtes de plaisantes gens avec votre Tibur. Nous avons en France cent vallées, toutes plus charmantes, et que vous traversez sans seulement y prendre garde. Il n'est pas une de nos provinces qui n'ait une rivière plus gracieuse que votre Anio. Je me soucie bien, moi, qu'il murmure le nom de Lydie, si les truites en sont détestables.

A ces derniers mots, qui lui rappelèrent qu'il n'avait rien mangé depuis la veille, Raoul entraîna Jacques dans la *locanda*.

— Je vous jure, dit-il en se mettant à table, que ce pays mérite une attention plus longue, un examen sérieux et détaillé. En lui-même, Tivoli n'a rien qui me ravisse fort, et je lui préfère à coup sûr le Clisson de ma chère Bretagne ; mais, comme centre d'excursions poétiques, croyez-moi, Déglin, c'est admirable. Non, vous n'avez pas idée des sites merveilleux que j'ai vus ce matin, pendant que vous dormiez. Vous en serez charmé. Des lignes d'une pureté, d'une netteté ! des aspects si variés! des horizons si chauds! des montagnes si bleues! Et puis, quoi que vous en disiez, je vous assure, Déglin, que voici du poisson qui n'est pas désagréable.

— Allons, dit Jacques avec un soupir de résignation, plantons ici notre tente.

— Je prétends, ajouta Raoul, vous faire admirer aujourd'hui même, avant la tombée de la nuit, un des plus magnifiques points de vue que cette terre, aimée du ciel, puisse offrir aux regards de l'homme.

— Nous verrons bien, répondit Jacques.

En effet, le soir du même jour, les deux amis, Déglin guidé par Raoul, se dirigèrent vers *la villa Naldi*. Chemin faisant, Raoul s'évertuait à trouver à chaque pas des sites ravissants qu'il indiquait à l'admiration de Jacques; il s'extasiait à chaque bouquet d'arbres, il s'exclamait au moindre accident de terrain, si bien que le bon Déglin ne savait qu'imaginer ni que dire. Mais c'était surtout à la *villa Naldi* que l'attendait M. de Kermadec; c'était de là qu'on découvrait le magnifique point de vue dont il avait été question. Après une bonne heure de marche, ils arrivèrent enfin devant la grille du château. Raoul s'arrêta, croisa ses bras sur sa poitrine et regarda son compagnon d'un air qui semblait vouloir dire : — Eh bien! comment trouvez-vous cela?

Déglin mit résolument ses mains dans ses poches,

et regarda son petit ami d'un air à la fois réfléchi et goguenard.

— Ah çà ! mon gentilhomme, s'écria-t-il, est-ce une mystification, et vous moquez-vous de moi ? ou bien seriez-vous, par hasard, propriétaire de ce méchant enclos, et voudriez-vous vous en défaire ? Si vous quêtez des chalands, je n'en suis pas, merci !

— Comment, malheureux ! s'écria Raoul, ces horizons ne vous disent rien ! Vous êtes froid devant ces coteaux d'azur que le couchant revêt d'un manteau de pourpre et d'or ! Ces vallées mystérieuses, où Vesper s'apprête à descendre, ne parlent point à votre âme !

— Vous êtes fou, mon cher, dit Jacques Déglin avec humeur ; je ne vois rien en tout ceci qui mérite les frais d'enthousiasme et de poésie auxquels vous venez de vous livrer sans mesure. Parlons franchement : vous n'êtes pas un niais, je ne suis pas un sot, quel intérêt ici vous amène ?

A cette question qu'il ne s'était peut-être pas encore adressée, tant le cœur de l'homme est ingénieux à se tromper lui-même, Raoul se troubla et rougit.

— Ce matin, dit-il, non sans quelque embarras, le paysage était mieux éclairé, les horizons étaient plus nets, les accidents plus pittoresques ; mais je vous promets, au lever de la lune, un spectacle vraiment enchanteur.

Comme il parlait, Jacques Déglin aperçut, dans le

massif de grenadiers, une tête jeune et curieuse qui regardait au-dessus du mur, et que son aspect fit disparaître presque aussitôt, sans que Raoul eût rien remarqué. Ce fut pour Jacques un trait de lumière dont le paysage lui parut illuminé beaucoup mieux qu'il n'aurait pu l'être par le soleil ou par la lune. Il comprit tout ; mais comme c'était un esprit aussi délicat que clairvoyant, il ne voulut point humilier son jeune ami qui, la veille encore, l'entretenait de sa douleur inconsolable et de ses regrets éternels.

— Eh bien! s'écria-t-il, en y regardant mieux, vous avez raison peut-être. Voilà des lignes d'une pureté, d'une netteté! comme vous disiez ce matin. Tenez, ce pin que vous apercevez là-bas, à l'horizon, est d'un effet qui m'enchante. Plus près de nous, ce bouquet de mélèzes est saisissant ; et comment trouvez-vous l'angle de ce mur, avec ses touffes de grenadiers en fleurs? Raoul, vous ne m'aviez point parlé de l'angle de ce mur. L'angle de ce mur est d'une grâce bien séduisante ; il faudrait n'avoir point d'yeux pour ne pas en être charmé.

— J'en étais sûr! dit Raoul d'un air de triomphe ; j'étais sûr que vous seriez de mon sentiment.

— La lune monte dans le ciel! s'écria Déglin d'un ton mélancolique ; le vent du soir se lève et soupire ; les concerts de la nuit commencent. C'est l'heure où j'éprouve le besoin d'aller rêver seul dans le creux des vallées ombreuses. Laissez-moi m'éloigner, ô Raoul ! et ne troublez pas de votre présence les méditations de mon âme.

M. de Kermadec, qui n'avait jamais vu son ami monté sur un si haut ton, bénit le ciel qui lui envoyait si fort à propos ces démangeaisons poétiques.

— Ne vous gênez pas, Déglin! s'écria-t-il, je sais trop bien moi-même ce que ces heures de la nuit apportent aux âmes rêveuses.

— Heures du recueillement, qui ne vous connaît pas! dit Jacques.

— Déglin, s'écria Raoul en lui prenant la main, vous souffrez, vous aussi; vous avez des peines secrètes.

— Que de martyrs dont le sang ne rougit pas l'arène! dit Déglin.

Et il s'éloigna, le front baissé, les mains dans ses poches, d'un pas lent et triste.

Une fois seul, Raoul se mit à rôder, comme un jeune loup, autour de l'enclos, mais vainement. La gazelle effarouchée s'était enfuie pour ne plus revenir. Il grimpa sur le mur, il écarta les branches, mais le nid était vide. Il était là depuis quelques instants, quand soudain il entendit une voix cassée et grondeuse qui ne l'invitait pas précisément à prendre des sorbets au château. Raoul s'empressa de descendre et d'aller rejoindre Déglin qu'il trouva sifflant un air d'opéra français et s'amusant à jeter des cailloux contre le tronc des arbres. Ils s'en revinrent en devisant, Jacques raillant un peu, M. de Kermadec moins enthousiaste au retour qu'il ne s'était montré au départ, et trouvant décidément que le point de vue, qui se découvrait le long du mur de la *villa Naldi*, perdait ses grandes beautés après le coucher du soleil.

Le lendemain, Raoul fut moins heureux qu'il ne l'avait été la veille. Au soleil levant, il prit le chemin de la *villa*, mais il dut s'en revenir sans avoir seulement entrevu une boucle des cheveux de *la signorina*. Les jours qui suivirent, même désappointement. Toutefois, par une belle matinée, il eut la joie d'apercevoir, à travers les barreaux de la grille, au lieu de Mila qu'il cherchait, un horrible petit vieillard qui se promenait dans ses allées, en culotte de nankin et couvert d'une espèce de camisole à grands ramages qui lui tombait jusqu'à mi-corps. C'était à coup sûr le vieux ladre qui, au dire de la *Calosi*, avait laissé mourir *la signora Naldi* de faim ; c'était infailliblement la voix hargneuse qui avait un soir apostrophé galamment Raoul. A cet aspect, le jeune homme s'enfuit avec épouvante. Le lendemain, il trouva tous les volets du château hermétiquement fermés ; la grille était aussi fermée à double tour. Raoul ramassa le long du mur une fleur de grenadier, trop fraîchement épanouie pour s'être détachée d'elle-même ; c'était là sans doute un adieu.

— Mon bon Déglin, dit-il en rentrant, ne pensez-vous pas qu'il serait temps de retourner à Rome ? J'ai hâte de retrouver notre *Campo-Vaccino* et les loges du Vatican.

— Retournons à Rome, répondit Déglin qui, à toutes les propositions de M. de Kermadec, répondait comme Pylade à Oreste : — *Eh bien! il la faut enlever.* — Ou bien : — *Allons, Seigneur, enlevons Hermione.*

Le même jour, ils rentrèrent dans Rome, qu'ils avaient quittée depuis plus d'une semaine. En mettant le pied au logis, M. de Kermadec sentit son cœur ému et bondissant, ce vieux cœur, ce cœur éteint qu'il avait lui-même enseveli dans un cercueil de plomb. Mais, ô déception imprévue! ô désappointement sans exemple! les volets de la *casa Naldi* n'avaient point été rouverts et la terrasse regrettait encore la plus belle de toutes ses fleurs.

Interrogée discrètement, la *padrona Calosi* répondit que le seigneur *Naldi* avait dû tout récemment se rendre avec sa fille à Florence, où l'appelaient des affaires de succession. Il était impossible de préciser l'époque de leur retour : *la padrona* pensait qu'ils passeraient l'hiver en Toscane.

Rendons à M. de Kermadec la justice de dire qu'il prit là-dessus bravement son parti.

— Après tout, que m'importe? s'écria-t-il ; et n'est-il pas honteux qu'une enfant que je n'ai entrevue qu'à peine ait pu me distraire un instant de mon mal et me faire oublier ma douleur? Que dirait Déglin, s'il était dans le secret de mes lâches faiblesses? Hélas! n'ai-je pas justifié la cruelle adorée que je pleure, et de quel droit l'accuserai-je d'avoir failli à notre amour, s'il suffit de deux sourires pour me rendre moi-même infidèle et parjure?

Ainsi, en moins de quelques jours, il retomba plus avant que jamais dans l'abîme de sa douleur. Déglin essaya vainement de l'en arracher; M. de Kermadec se montra rebelle à toutes les distractions que cet excellent garçon essaya de lui procurer.

— Retournons à Tivoli, disait-il souvent en lui prenant affectueusement les mains; vous aimez ce pays. Pour ma part, je ne serai point fâché d'admirer une fois encore le magnifique point de vue que l'on découvre le long du mur de la *villa Naldi*.

Raoul ne répondait qu'en secouant tristement la tête, et Déglin, qui n'osait toucher à ce jeune cœur, ne le pressait pas davantage. Il eût donné tout au monde pour pouvoir offrir à son ami la tête qu'il avait, un soir, aperçue au milieu des grenadiers en fleurs, mais il ne savait où la prendre ni où la chercher.

M. de Kermadec arriva bientôt à un état de langueur alarmant. Désespéré de le voir s'affaisser ainsi et dépérir, Déglin pensa qu'un changement de lieu lui serait salutaire, et, bien qu'il entrât dans ses projets de passer l'hiver à Rome, il lui conseilla de partir pour Naples et lui proposa de l'accompagner.

— Partons, lui dit-il, Naples nous appelle. Rome est un tombeau; le chagrin s'y repaît trop à l'aise. Sur cette terre désolée, vous rencontrez trop de complices. J'ai regret de vous avoir laissé trop longtemps respirer cet air énervant. Allons à Naples, vous rajeunirez, vous refleurirez au milieu d'un printemps éternel. Nous y mènerons une vie plus active ; nous verrons un peu de monde. Le monde a cela de bon qu'il nous blesse et qu'il nous irrite. La nature se prête trop complaisamment aux dispositions de notre âme ; le monde les contrarie, et par cela même il est bon. Venez, reprenons le sac du voyageur et le bâton du pèlerin. Vous savez que je vous aime et que je suis prêt à vous suivre.

M. de Kermadec fut touché ; il embrassa Déglin. L'idée de quitter Rome ne lui déplaisait pas.

— Oui, partons, s'écria-t-il ; mais pourquoi irions-nous à Naples ? N'avez-vous rien qui vous attire sur les rives de Parthénope ?

— Rien, je vous jure, répliqua Déglin. Préférez-vous Venise ? aimez-vous mieux Gênes ? choisissez-vous Milan ? Parlez, je vous suivrai partout.

— Si nous allions à Florence ? dit Raoul ; ce nom seul me charme et m'attire : *Firenze*, la ville des fleurs !

— Va pour Florence ! s'écria Déglin. Songez toutefois que l'hiver y est froid, et que toutes les cheminées y fument.

— Si vous le voulez bien, dit Raoul, nous irons à Florence.

— Partons pour Florence ! s'écria Déglin.

Et voilà nos deux amis faisant leur sac et s'assurant que rien ne manquait à leur équipage. La *signora Calosi* fondait en larmes de les voir partir aussitôt. Des Français si aimables ! des jeunes gens si braves ! la joie, l'orgueil et l'ornement de la *casa Calosi* ! La *padrona* jurait par le corps de Bacchus qu'elle mourrait le huitième jour après leur départ. Pour l'engager à vivre, Jacques et Raoul lui promirent de revenir à l'époque de la semaine sainte.

— *Bravissima gente, Francesi* ! s'écriait la sensible hôtesse en comptant son argent ; ce qui voulait dire, à la louange de notre nation, que les écus français sont les meilleurs écus du monde.

L'heure du départ approchait. Les passeports étaient en règle. Nos deux compagnons avaient revêtu la blouse de toile grise et passé les guêtres de cuir à leurs jambes. Bien que la saison fût fort avancée, les journées étant encore brûlantes, ils avaient décidé qu'ils ne partiraient que le soir et qu'ils iraient coucher à Baccano pour leur première étape. Ils se faisaient une fête de passer la nuit dans cette méchante auberge où ils avaient échangé leurs premières confidences.

Tandis que Déglin achevait de bourrer son sac, M. de Kermadec s'était jeté sur son lit : triste, accablé, mais, à son insu, Florence lui souriait de ce divin sourire qui avait deux fois illuminé la nuit de son cœur. La fenêtre de sa chambre était ouverte, le jour commençait à baisser. Il pensait, il rêvait à son passé si douloureux ; en même temps un secret espoir glissait sur son âme, comme une brise caressante, et Raoul voyait reluire à l'horizon la petite étoile mystérieuse qu'il avait crue voilée pour jamais.

Tout d'un coup il se dressa sur sa couche, éperdu. Dans le silence du soir, il venait d'entendre une voix qui chantait :

> *Son' rimasta vedovella*
> *Su la bell' fiore d'eli anni miei.*

Comme il se précipitait sur la terrasse, Jacques Déglin entra dans sa chambre, sac sur le dos, bâton en main.

— En route ! s'écria-t-il gaîment ; la vie est un voyage.

M. de Kermadec se tenait devant lui, confus, immobile, les yeux baissés, sans voix.

— Allons ! ajouta Jacques parodiant ce vers d'André Chénier :

Partons, mon sac est prêt et Florence m'appelle.

Raoul se tenait toujours à la même place ; on l'eût dit frappé de la foudre.

— Mais, mon cher, qu'avez-vous ? s'écria Déglin ; on vous prendrait pour le dieu Terme.

— Est-ce que nous partons ? dit Raoul.

— Comment, si nous partons, mille diables!...

Comme il disait, Déglin aperçut, sur la terrasse aux lauriers-roses, une tête qu'il reconnut aussitôt : c'était celle qu'il avait, une fois, entrevue à l'angle du mur de la *villa Naldi*.

Il s'interrompit brusquement et rentra dans sa chambre, comme pour réparer quelque oubli.

Raoul se tenait, depuis quelques instants, dans une muette contemplation, devant la charmante fille qui le regardait, de son côté, avec cet air calme et serein qui sied à la beauté romaine. Raoul avait tout oublié, Rome, Florence et Paris même, lorsqu'il entendit soudain des cris perçants qui partaient de la chambre de Jacques Déglin. Dix chats écorchés vifs n'auraient pas fait un vacarme pareil.

M. de Kermadec, alarmé, courut à la chambre de son ami ; il le trouva qui se tordait sur son lit, en poussant des hurlements de bête fauve.

— Pour Dieu! qu'y a-t-il? s'écria Raoul épouvanté.

— Je suis perdu, je suis mort! *sono precipitato*! disait l'infortuné Déglin avec des contorsions horribles.

— Mais encore? s'écria Raoul, qui cherchait du sang et n'en voyait pas.

— Je vous dis que je suis mort! s'écria Déglin ; que voulez-vous de mieux? Vous êtes bien exigeant!

— Mais, au nom du ciel, qu'avez-vous? s'écriait Raoul aux abois.

— Une entorse, mon cher ami, une abominable entorse que je viens d'attraper au pied gauche! Au moment de partir, vit-on jamais fatalité pareille! Ah! *cara, carissima Calosi*! s'écria-t-il en apercevant *la padrona* qui accourait aux cris de son malheureux locataire, un médecin! le plus grand, le plus habile, le plus illustre médecin de Rome!

La bonne hôtesse, toute joyeuse d'un accident qui retiendrait nécessairement ses deux hôtes quelques jours de plus au logis, alla chercher elle-même le célèbre docteur Paoli, qui demeurait dans le quartier. Comme sa clientèle était très-nombreuse et qu'il était fort occupé, en ce moment surtout, à cause de la saison d'automne où la *malaria* décime le pays, le grand Paoli accourut sur-le-champ. Après l'avoir mis à nu, non sans arracher des cris aigus au patient, il examina le pied gauche de Jacques Déglin; il vous le tourna, il vous le retourna, il vous le palpa en tous sens.

— C'est très-grave! dit-il enfin; c'est une des entorses les plus terribles que j'aie observées jusqu'à ce jour. Il vaudrait mieux pour monsieur qu'il se fût cassé la jambe. Je reviendrai demain; en attendant, monsieur boira de la limonade très-légère et tiendra, durant deux heures, son pied gauche dans un bain d'eau tiède.

— *Dunquè*, dit Déglin d'une voix éteinte, vous ne

pensez pas, *dottissimo dottore*, que je puisse partir ce soir, à pied, pour Florence?

— Je ne pense pas, monsieur, répondit le grand Paoli en se retirant, que vous puissiez marcher avant six mois.

— *Povero! poverino!* s'écria *la signora Calosi* en joignant les mains.

— Vous le voyez, mon pauvre ami, dit Jacques en tendant la main à Raoul, je ne saurais vous accompagner. Mon rétablissement sera long; il serait cruel à moi de vous retenir à mon chevet. Partez et donnez-moi de vos nouvelles.

— Rien au monde, s'écria M. de Kermadec avec chaleur, — et il était de bonne foi, — ne pourrait me décider à vous abandonner dans l'état où vous êtes. Ami, je reste auprès de vous.

— C'est bien, Raoul, dit Jacques Déglin qui avait senti que ces paroles sortaient du cœur et que *Mila* n'y était pour rien.

Les deux jeunes gens s'embrassèrent avec effusion.

— *Bravissima, bravissima gente!* disait *la padrona* en essuyant ses yeux humides.

— Et maintenant, s'écria Déglin en sautant gaîment à bas de son lit et en gambadant dans la chambre, vivent les nouvelles amours! Raoul, je vous ai épargné un aveu pénible et difficile. Vous vouliez rester, nous restons. Quant à vous, *signora Calosi*, si vous êtes jamais malade, rappelez-vous que votre *Paoli* n'est qu'un sot.

— *Questi Francesi sono tutti pazzi,* murmurait *la padrona* en s'éloignant.

III.

Vivent donc les nouvelles amours! ainsi que l'avait dit Déglin. Il faudrait bien pourtant ne point calomnier le cœur de notre héros; il est trop aisé d'en médire. Vis-à-vis de Déglin, vis-à-vis de lui-même, M. de Kermadec fut retenu longtemps par ce sentiment de pudeur que les esprits les moins déliés et les âmes les moins délicates n'auront pas de peine à comprendre. Il jura ses grands dieux que Jacques Déglin se trompait. Il avait subi, sans songer à s'en rendre compte, le charme d'un regard et l'attrait d'un sourire; mais qu'était-ce après tout? moins que rien. S'il devait suffire de si peu pour sécher ses pleurs et fermer ses blessures, ce n'était pas la peine d'aller chercher à Rome des remèdes, qui Dieu merci! ne manquaient point en France. Ainsi parlait Raoul, et s'il n'était de bonne foi, c'est qu'à coup sûr il s'abusait lui-même. Il insista sérieusement pour quitter Rome. Déglin, qui demandait avant toutes choses la guérison de son jeune ami, et qui trouvait dans *Mila* une distraction toute prête, s'épuisait en prétextes ingénieux pour retarder le jour du départ; mais M. de Kermadec, honteux de s'être laissé surprendre dans ses faiblesses, avait pris le parti de ne plus paraître sur la terrasse. Il boudait le bon Déglin et parlait à toute heure de partir seul, puisque Jacques s'obstinait à ne vouloir pas l'accompagner. Celui-ci en perdait la tête et ne savait qu'imaginer pour mener à bien cette affaire.

— Pourquoi partir? lui disait-il; pourquoi vous défendre du charme qui vous enchaîne? Jetez donc aux orties, pour ne plus le reprendre, ce froc de l'amour malheureux qui n'est point fait pour la jeunesse. Ne méconnaissez pas le privilége de votre âge; n'imitez pas ces grands pleurards, comme les appelait de son temps Rabelais de joyeuse mémoire, qui suivent eux-mêmes leur convoi et se roulent dans leurs propres cendres. Aimez, puisque tout vous y porte, votre cœur que vous croyez mort et qui n'est éclos que d'hier, les deux beaux yeux qui vous regardent, et jusqu'à l'air que vous respirez. N'intervertissez plus l'ordre naturel en plaçant les regrets dans la saison des espérances. Laissez courir en liberté et chanter gaîment vos vingt ans. D'ailleurs, si vous voulez que je vous le dise, l'objet de vos regrets n'a rien en soi de bien regrettable. Ne vous déplaise, votre héroïne m'agrée peu. Qu'elle ait cessé de vous aimer, je le conçois et le pardonne; cela serait venu de vous, sinon d'elle. Elle vous a devancé, voilà tout; c'est d'un esprit prévoyant, rien de mieux. Toujours est-il qu'elle ne m'agrée pas. Peut-être sied-il mieux aux grâces de la femme de subir l'abandon que de l'infliger; je ne sais. Bien développé, ce texte suffirait, au besoin, à justifier l'antipathie que celle-ci m'inspire. En outre, il me semble qu'elle s'et montrée, vis-à-vis de vous, impitoyable sans mesure et cruelle sans nécessité. Pensez tout ce qu'il vous plaira pour l'absoudre; moi, je l'accuse et la condamne. Dans tout ce que vous m'avez conté, je ne vois rien qui décèle en elle une âme bonne, aimable et tendre. N'en parlons plus, et vengez-vous en l'oubliant. *La signorina* est jeune et belle; sauriez-vous rien de plus charmant qu'un amour frais et poétique au milieu de toutes ces ruines? Vous me montriez l'autre jour un pan de vieux mur enseveli tout entier sous le lierre et la mousse : qu'il en soit ainsi de votre amour brisé; couvrez-le si bien de fleurs et de verdure que vous ne puissiez plus désormais en retrouver vous-même ni traces ni vestiges.

A tous ces discours, M. de Kermadec répondait toujours avec humeur, parfois avec colère, et Déglin en était pour ses frais de poésie, de vieux murs et de mousse, de verdure et de fleurs.

— Puisqu'il en est ainsi, s'écria-t-il découragé, que trouviez-vous donc de si beau le long du mur de la *villa Naldi?*

Jacques était dans le secret des préoccupations de Raoul plus avant que Raoul lui-même. Il le sentait tout près d'aimer et seulement empêché par l'orgueil;

aussi s'en voulait-il d'avoir effarouché cet amour naissant, en laissant trop tôt voir qu'il l'avait deviné. Il convenait modestement que la scène de l'entorse lui faisait plus d'honneur qu'au docteur Paoli ; mais il ne pouvait s'empêcher de reconnaître qu'il était loin d'en avoir tiré tout le parti possible. Qu'on se garde bien, d'ailleurs, d'imaginer que Déglin donnât beaucoup d'importance à cet amour dont il avait surpris le secret ; il n'y voyait que le germe d'une innocente fantaisie, propre à distraire les chagrins de Raoul et à détourner le cours de ses pensées. Mais un proverbe dit qu'il ne faut badiner ni avec le feu ni avec l'amour.

Les choses en étaient là depuis quelques jours, et M. de Kermadec s'obstinait à bouder contre son cœur, lorsqu'un soir, en rentrant à son hôtel, il trouva sur sa table une lettre qu'on avait apportée durant son absence. Il examina la suscription ; l'écriture lui en était complétement inconnue. Il rompit le cachet, et qu'on juge de l'étonnement de Raoul, c'était une lettre confite en politesse, par laquelle *il signor Naldi* suppliait humblement *il ornatissimo signor di* Kermadec de vouloir bien dîner le lendemain à la *casa Naldi*.

Après avoir lu deux fois ce billet, Raoul le tendit à Déglin.

— Pourriez-vous, lui dit-il, me donner le mot de cette énigme ?

— Le mot de cette énigme ? répliqua Déglin ; rien n'est plus simple : c'est un dîner. J'ai reçu de mon côté une lettre pareille, et j'ai répondu pour vous et pour moi par le même courrier.

— J'espère que votre intention n'est pas de vous rendre à cette étrange invitation? demanda Raoul avec quelque anxiété.

— J'ai répondu, ajouta paisiblement Déglin, que nous acceptions, vous et moi, avec toute sorte de reconnaissance.

— Vous êtes fou! s'écria M. de Kermadec; à coup sûr, vous irez seul.

— Comme il vous plaira, dit Déglin. Laissez-moi seulement vous faire observer que le procédé du seigneur *Naldi* n'a rien qui doive vous surprendre; c'est tout-à-fait dans les mœurs italiennes. Le seigneur *Naldi* possède une magnifique galerie de tableaux; il aura entendu parler de notre amour pour les arts et quelque peu de nos mérites; il désire nous connaître et nous faire admirer son musée; à ces fins, il nous invite à dîner. A tout cela, mon gentilhomme, que trouvez-vous d'étrange et de surnaturel? Qu'il se rencontre un homme de goût qui veuille avoir à sa table un Déglin et un Kermadec, je le crois pardieu bien, et n'en a pas qui veut.

— Vous êtes fou, répéta Raoul qui ne put s'empêcher de sourire. Il faut nécessairement que ce bonhomme soit dupe de quelque mystification que j'ignore.

— Je vous répète que c'est dans les mœurs, s'écria Jacques.

— Et moi, je vous répète, ajouta Raoul, qu'il n'est pas dans les miennes d'accepter à dîner chez les gens que je ne connais pas.

— Eh! mon Dieu, qui vous presse? dit Déglin; n'êtes-vous pas bien libre, et craignez-vous que le seigneur *Naldi* vous envoie appréhender au corps par douze carabiniers du pape? Vous dînerez chez *Lepri;* je me charge de vos excuses.

— Vous plaisantez, Déglin, dit Raoul; vous n'irez pas dîner à la *casa Naldi.*

— J'irai, aussi sûr que voici la *signorina Naldi* en personne, s'écria Jacques entraînant Raoul sur la terrasse et lui montrant *Mila* qui arrosait ses fleurs. Vous savez, ajouta-t-il, à quel point je suis amoureux des belles peintures; or, on assure que le seigneur *Naldi* possède une collection de toiles que lui envient le Vatican et le Palais Pitti de Florence. On parle entre autres d'un Corrége et d'un Paul Véronèze qui empêchent le grand-duc de Toscane de dormir. Et puis, moi, voyez-vous, Raoul, je suis un voyageur consciencieux; je veux tout voir et tout connaître. Comment connaître l'Italie, si l'on ne pénètre pas dans les familles italiennes? C'est là seulement qu'on peut étudier les habitudes et les usages du pays. Je suis las de vivre avec les pierres et curieux de comparer les Romains d'aujourd'hui aux Romains d'autrefois.

— Peut-être avez-vous raison, dit M. de Kermadec que regardait Mila à la dérobée. Et l'on assure, ajouta-t-il d'un air distrait, que ce brave homme possède un Corrége et un Paul Véronèze qui troublent le sommeil du grand-duc de Toscane?

— Pour vous qui portez dans le cœur une image devant laquelle toutes les autres pâlissent et s'effacent, je comprends, répondit Déglin, que ce soit d'un médiocre intérêt.

— Vous vous trompez, dit Raoul, j'adore le Corrége et je raffole de Paul Véronèze.

— Eh bien! répliqua Jacques, je vous en parlerai.

Le lendemain, dans l'après-midi, Jacques Déglin se mit silencieusement à sa toilette et se para de ses plus beaux atours, car, ainsi que Raoul, il avait toujours au fond de son sac un costume en réserve pour les grandes cérémonies. M. de Kermadec rôdait autour de lui; mais l'impitoyable Déglin ne soufflait mot et n'avait pas même l'air de l'apercevoir.

— Un Corrége! un Paul Véronèze! dit enfin M. de Kermadec; je n'en ai pas dormi de la nuit.

Le cruel Déglin ne répondit pas et se prit à siffler en nouant sa cravate.

— Est-ce que vous pensez, ajouta Raoul, que ce vieil Harpagon ait des tableaux aussi précieux qu'on le prétend et qu'on l'assure?

— Mon petit ami, répondit Jacques en passant son habit, je vous dirai cela ce soir, si vous n'êtes pas endormi.

Après quelques instants de silence :

— Il est certain, dit M. de Kermadec, que, pour connaître les mœurs de l'Italie, il faut pénétrer dans les familles italiennes ; ce doit être, en effet, une curieuse étude que de comparer la Rome moderne à la Rome antique.

Et comme Déglin ne répondait pas :

— Mon père, qui aimait la peinture, reprit Raoul, disait souvent qu'il eût fait volontiers cinquante milles à pied pour admirer un beau Corrége.

Jacques mettait ses gants avec une impassible gravité.

— Les Corrége sont assez rares, poursuivit M. de Kermadec, on en voit à peine quelques-uns à Florence. On dit que les plus beaux se trouvent au musée de Parme.

Déglin était prêt à partir.

— Allons ! mon cher, à ce soir, dit-il en tendant la main à Raoul ; à mon retour je vous donnerai des documents précis sur la cuisine et sur la galerie des *Naldi*.

M. de Kermadec hésita un instant.

— Décidément, s'écria-t-il enfin, je ne quitterai pas Rome sans avoir vu un Véronèze et un Corrége qui empêchent de dormir le grand-duc de Toscane.

— Peut-être n'est-ce pas beau du tout, répondit négligemment Déglin.

— J'en veux juger par moi-même, s'écria gaîment Raoul. En même temps, je veux étudier les mœurs italiennes, comparer le présent au passé et savoir en quoi le papa *Naldi* diffère de Scœvola et de Brutus. Quelques minutes, Déglin, je suis à vous.

— Allons donc, mon gentilhomme, allons donc! s'écria Jacques en battant des mains; ne voyez-vous pas bien que je vous attends depuis une heure !

En moins de quelques instants, M. de Kermadec eut revêtu un costume élégant et simple. Déglin veilla lui-même à la toilette de son jeune ami. Sur le coup de cinq heures, ils frappaient à la porte de la *casa Naldi*. Après les avoir introduits dans un salon rempli de fleurs, une vénérable duègne se retira pour aller prévenir le maître du logis. Aussitôt qu'ils furent seuls :

— Raoul, dit brusquement Déglin d'un ton vif et rapide, voici ce dont il s'agit : *Mila*, c'est Rosine; le papa *Naldi*, c'est Bartholo; vous êtes le comte Almaviva; je suis Figaro, pour vous servir. Nous allons refaire *le Barbier de Séville*.

— Qu'est-ce à dire? Pour Dieu, expliquez-vous ! s'écria M. de Kermadec qui ne comprenait rien à ceci.

— Ne perdons pas un mot. Vous êtes un grand seigneur cousu d'or, voyageant *incognito*, possédé de la fureur des tableaux et du désir d'acheter une *villa* dans les environs de Rome. Je suis votre intendant, votre tuteur, votre ami, votre homme d'affaires, tout ce que vous voudrez. C'est à moi que vous devez l'invitation qui vous amène ici. J'ai vu le papa *Naldi*; je lui ai fait entendre que vous pourriez le débarrasser de son affreuse *villa* et d'une douzaine de croûtes infâmes qu'il va vous donner pour des Titien, des Tintoret, des Raphaël et des Paul Véronèze. Admirez tout, parlez de tout acheter ; et, maintenant, si vous ne vous tirez pas de là en galant homme et en homme d'esprit, bonsoir, je ne m'en mêle plus.

Au même instant, la porte du salon s'ouvrit et le papa *Naldi* parut.

Sans laisser à Raoul le temps d'exprimer son étonnement, Déglin le prit par la main, et s'avançant vers le bonhomme :

L'illustrissimo marchese di Kermadec, dit-il en le lui présentant.

— Que la peste t'étouffe! murmura Raoul en lui serrant la main.

Il signor Naldi se confondait en révérences. C'était un petit vieillard propre, sec et laid, obséquieux au besoin. Raoul le reconnut très-bien, quoiqu'il eût changé de costume, pour l'avoir vu un matin se promenant, en culotte de nankin et en camisole à ramages, dans les allées de sa *villa.* Il pria les deux jeunes gens de s'asseoir et commença par remercier M. le marquis d'avoir daigné accepter son invitation. Il s'exprimait en français, sinon avec élégance, du moins avec facilité. M. de Kermadec ne savait quelle contenance tenir ; Déglin faisait les frais de la conversation avec un aplomb imperturbable, sans paraître se soucier le moins du monde des regards furieux que lui lançait Raoul.

Il est si facile de saisir le fil un peu bien usé de cette

comédie vieille comme le temps, que nous pourrions nous dispenser de l'indiquer à nos lecteurs. Uniquement préoccupé de l'idée d'amuser les ennuis de son compagnon et de rappeler dans son cœur les fantaisies amoureuses qu'il avait, sans le vouloir, effarouchées, Jacques Déglin avait imaginé d'introduire M. de Kermadec dans la *casa Naldi* et de l'engager dans une petite intrigue que Raoul dénouerait lui-même à sa guise. Il s'était laissé dire que le vieil harpagon possédait, dans un corridor qu'il appelait pompeusement sa galerie, quelques mauvaises toiles pendues à la muraille. Il avait appris d'autre part que le seigneur *Naldi* se trouvait fort embarrassé de sa *villa*, qui ne rapportait rien, et que pouvoir l'échanger contre de bons écus sonnants était le plus doux de ses rêves. Un jour donc, poussé lui-même par l'ennui qui commençait à le prendre à la gorge, il s'était présenté chez le papa *Naldi*, comme étant à la fois l'intendant et l'ami du jeune marquis de Kermadec, gentilhomme français, voyageant sans suite et sans bruit, mais pressé de jouir de sa fortune dont il était maître depuis deux ans à peine, grand amateur de tableaux, et voulant à tout prix une *villa* dans les environs de Rome.

— On m'a dit, monsieur, avait ajouté Déglin, que vous avez entre les mains des toiles inestimables ; s'il en est ainsi, M. le marquis, pour s'en rendre maître, les couvrira d'or. On assure, en outre, que vous êtes propriétaire d'une magnifique *villa*, aux alentours de Tivoli ; M. le marquis ne reculerait devant aucun sacrifice pour vous amener à lui céder cette résidence qu'on affirme être vraiment royale.

On pense qu'à ces mots le vieux *Naldi* eut peine à réprimer sa joie. Bref, Déglin manœuvra de telle sorte qu'il fut décidé, séance tenante, que M. le marquis viendrait examiner les tableaux et qu'on partirait le jour même pour aller visiter la *villa*. Dans l'ivresse de son contentement, le vieil avare consulta Déglin pour savoir s'il ne serait pas indiscret d'inviter, ce jour-là, M. le marquis à venir s'asseoir à sa table. Jacques l'encouragea dans cette idée qui lui parut charmante.

— M. le marquis n'est point fier, lui dit-il ; il a d'ailleurs entendu parler de vos mérites et ne pensera pas déroger en venant boire votre vin, s'il est bon.

Ainsi s'étaient passées les choses. En homme prudent et sage, *il signor Naldi* n'avait pas manqué d'aller aux renseignements. Mais Jacques avait tout prévu et s'était arrangé de façon à ce que la *signora Calosi* chantât à qui voudrait l'entendre, la munificence *dell' illustrissimo marchese di Kermadec*.

Après les premiers compliments, l'amphytrion proposa à Raoul de visiter sa petite galerie, en attendant l'heure du dîner.

— M. le marquis se connaît-il en peinture? demanda-t-il à voix basse en se penchant à l'oreille de Jacques Déglin.

— Autant que moi, répliqua Jacques. Je prends un

Titien pour un Albane ; je n'ai jamais pu distinguer les trois manières de Raphaël, et j'admire aveuglément tout ce qu'on me dit d'admirer, ce qui ne m'empêche pas d'être fou de peinture ni d'en parler agréablement lorsque l'occasion s'en présente.

— En ce cas, ajouta le seigneur *Naldi*, M. le marquis va voir de bien belles choses.

Ils passèrent tous trois dans une espèce de couloir assez mal éclairé, où l'on apercevait, accrochés de chaque côté des murs, une douzaine de barbouillages pauvrement encadrés, et que les rats semblaient goûter fort.

— Il est aisé de compter mes tableaux, dit humblement le *padrone*, mais la qualité supplée la quantité ; chaque toile est un chef-d'œuvre. Ce portrait d'homme à barbe rousse est un des plus beaux morceaux que nous devions au Tintoret. Remarquez cette Vénus du Titien, quelles couleurs ! quelles chairs ! quels contours ! Arrêtez-vous devant cette Madone de Raphaël ; quelle suavité ! quelle pureté ! c'est la première manière de ce peintre divin. Voici des amours de l'Albane ; quelle grâce ! Ce magnifique paysage est tout simplement du Poussin. Quels horizons ! quelles perspectives !

— C'est merveilleux ! s'écriait Déglin en se plantant comme un piquet devant chaque cadre ; je veux être pendu si j'ai jamais rien rencontré de si beau. Je regrette seulement qu'on ne voie pas clair dans votre galerie; je crois, monsieur, qu'il serait bien d'y faire percer deux ou trois fenêtres.

— Le demi-jour sied à la couleur des vieux maîtres, répondit gravement le seigneur *Naldi*.

— C'est juste, répliqua Déglin en s'inclinant.

M. de Kermadec était au supplice, et sans l'espoir de voir bientôt paraître *Mila*, il se fût hâté de mettre fin à toutes ces folies.

— Ah! traître! ah! bourreau! murmurait-il d'une voix étouffée, en marchant derrière Déglin qui se retournait de temps à autre pour lui dire d'un air impassible :

— Cela coûtera les yeux de la tête; mais il faut convenir que c'est véritablement admirable!

Comme ils arrivaient au bout de la galerie, on vint annoncer que le dîner était servi.

En s'acheminant vers la salle à manger :

— Je crains que M. le marquis ne soit pas tout-à-fait de votre sentiment, demanda le bonhomme à Déglin; car il n'avait pu s'empêcher de remarquer l'attitude froide et silencieuse de Raoul.

— M. le marquis est dans le ravissement, répondit Déglin : lorsqu'il ne dit rien et qu'il a l'air de s'ennuyer, c'est qu'il est charmé.

En entrant dans la salle à manger, les deux amis se regardèrent d'un air consterné. *Mila* ne s'y trouvait pas et il n'y avait sur la table que trois couverts.

— Nous sommes volés! pensa Déglin.

Raoul fut tenté de prendre son chapeau et de s'enfuir.

Heureusement le papa *Naldi* les rassura presque aussitôt en leur apprenant que sa fille était partie le matin pour aller préparer la *villa* à recevoir dignement ses hôtes. Cette nouvelle rendit à Déglin la verve et la gaîté, le courage et la patience à Raoul. Pour être donné par un amphytrion qu'on accusait d'avoir laissé mourir de faim sa femme, le dîner ne fut ni trop court ni trop maigre. Il est vrai que le brave homme comptait se rattraper sur la vente de ses tableaux. On goûta quelques vieux vins plus généreux que leur maître. Bientôt, l'humeur joyeuse de Déglin se communiqua aux deux autres convives ; le *padrone* se sentait tout guilleret. Vers le dessert, grâce à certain flacon de Pacaret, auquel il avait dit plus d'un mot sans y prendre garde, Raoul entra franchement dans la situation, et dès lors tout fut pour le mieux. Le repas achevé, le seigneur *Naldi* ayant fait atteler à un carrosse tout disloqué deux méchantes rosses qu'il avait, comme Harpagon, dans son écurie, le galant équipage prit le chemin de Tivoli, et s'arrêta au bout de quelques heures devant la grille de la maison à vendre. Les deux amis n'oublièrent pas de s'extasier comme s'ils voyaient ces lieux pour la première fois ; mais vainement ils cherchèrent la *signorina* qui, décidément, semblait fuir devant M. de Kermadec comme un mirage insaisissable ; la jeune fille s'était déjà retirée dans sa chambre. *Il signor Naldi* engagea ses hôtes à en faire autant, et l'on remit au lendemain l'examen de la *villa*.

On avait logé les deux amis dans la même chambre; salle immense, ornée de méchantes fresques, et sans autres meubles que deux lits et un vieux fauteuil en tapisserie. Lorsque les deux amis se trouvèrent seuls nez à nez, ils firent comme les augures qui ne pouvaient se regarder sans rire.

— Quelle folie! dit enfin Raoul; où voulez-vous que tout cela nous mène?

— Monsieur le marquis le demande? s'écria Déglin; tenez, ajouta-t-il en lui montrant un billet retenu par une épingle à la tapisserie du fauteuil; il paraît que nous allons vite en amour.

Raoul s'empara du billet qui était à l'adresse du marquis de Kermadec. Il l'ouvrit, non sans émotion, et lut ces quelques mots écrits en français :

« Demain, au lever du jour, trouvez-vous à l'angle du
» mur, sous le massif de grenadiers. Il faut que je vous
» voie et que je vous parle.
                             » CAMILLA NALDI. »

— Bravo! s'écria Jacques; il n'est que l'Italie pour mener ainsi les aventures. Malepeste! un rendez-vous! Vous ne m'aviez pas dit, mon gentilhomme, que vous fussiez si avancé dans vos affaires.

— Je vous jure, répondit Raoul, que je n'y comprends rien moi-même. Je n'ai fait jusqu'ici qu'entrevoir la *signorina*, et n'ai jamais obtenu d'elle que deux regards sereins et deux calmes sourires.

Déglin secoua la tête d'un air de doute et se mit au lit en priant bien Raoul de faire, le lendemain, en se levant, le moins de vacarme possible.

M. de Kermadec dormit peu ou point; l'aube blanchissait à peine l'horizon, qu'il était déjà sous le massif de grenadiers, assis à cette même place où il avait entrevu *Mila*. Bientôt le frôlement d'une robe se fit entendre, et le sable de l'allée cria sous un pas rapide. Raoul se leva tout ému, tout troublé; *Mila* s'arrêta devant lui et ne put réprimer, en le reconnaissant, un geste d'étonnement et presque d'épouvante.

— Vous ici, monsieur! s'écria-t-elle d'une voix altérée.

— N'est-ce pas moi que vous cherchez? répondit Raoul; ce billet n'est-il pas de vous? Nous sommes-nous trompés tous deux, et souhaitez-vous que je m'éloigne?

—Quoi! dit la jeune fille d'un air chagrin, c'est vous? Vous êtes monsieur de Kermadec, vous êtes ce vilain marquis qui me fait pleurer depuis huit jours, que je hais et que je maudis. Je ne m'en doutais pas; j'en suis fâchée, je le regrette, ajouta la belle enfant en essuyant ses yeux remplis de larmes.

Raoul l'écoutait d'un air à la fois surpris et charmé.

— Je vous croyais pauvre et triste, reprit *Mila*, et je vous souriais et je vous aimais, car, à votre air, j'avais deviné tout de suite que vous arriviez de France; vous m'aviez apporté comme un doux parfum de cette patrie

que je n'ai jamais vue, et que pourtant mon cœur habite.
Et vous êtes marquis, cousu d'or, comme dit mon père,
et vous achetez des *villa*! Quel dommage! Ainsi, c'était
par amour de la *villa Naldi* que vous rôdiez autour de
ces murs; je comprends tout, à cette heure. Mais, tenez, monsieur le marquis, il ne manque pas de *villa* à
vendre dans la campagne de Rome; vous en trouverez
cent pour une, toutes plus belles que celle-ci, toutes
plus dignes de votre rang, de votre nom, de votre fortune. Qu'est-ce qui peut vous tenter dans ce pauvre enclos qui ne saurait avoir de charme que pour moi? Employez mieux votre or, laissez-moi ma *villa*.

— Vous tenez donc bien à ces lieux? dit Raoul en la
faisant asseoir près de lui.

— Si j'y tiens! s'écria-t-elle d'une voix attendrie.
C'est là qu'est ma vie et tout ce que j'aime. Si vous
m'en exilez, je mourrai.

— Vous ne mourrez pas, dit Raoul, en souriant.

— C'est là que je suis née, c'est là que j'ai grandi.
Au bout de cette allée, sous ce bouquet de chênes
verts, reposent les os de ma mère. Vous devez me
comprendre : qui n'a pas un coin de terre consacré
et béni qui, dans la patrie même, est comme une seconde patrie? Pensez donc, monsieur, que ma mère et
moi, nous avons vécu pendant douze années dans cet
enclos, douze années bien tristes et pourtant bien heureuses. Ma mère était Française; elle adorait la France
et m'apprit à l'aimer. C'est ici qu'elle est morte, pres-

qu'à la fleur de l'âge, en me parlant encore des bois et des vallées de sa Bretagne qu'elle ne devait plus revoir. Elle est morte de ce cruel mal que vous nommez le mal du pays. Ange d'esprit, de grâce et de bonté! Tout ici me rappelle son souvenir et sa chère image. J'entends sa voix dans le bruit du vent; je retrouve sur le sable des allées la trace de ses pas. Que de fois, en pleurant, elle m'a pressée sur son tendre cœur, à cette place où nous sommes, sous ces grenadiers qui nous abritent! Je l'aie vue bien souvent pleurer et voici que je pleure en vous parlant d'elle.

— Votre mère était de Bretagne, dit Raoul d'une voix émue. C'est presqu'un lien entre nos deux âmes: je suis né sous le même ciel.

— Vous êtes de ce doux pays! s'écria l'enfant avec un mouvement de joie. Voyez quelle chose étrange! Lorsque vous m'êtes apparu pour la première fois, il m'a semblé que je voyais un jeune frère inconnu. J'aime jusqu'aux nuages qui viennent du côté de la France. Vous le dirai-je? ma mère m'a transmis un peu de son mal; je sens en moi les atteintes de la fièvre qui la consumait. Je suis sans cesse attirée par le parfum de vos landes et de vos bruyères. La vraie patrie n'est-elle pas celle de nos rêves? J'étouffe sous ce ciel brûlant; je voudrais m'asseoir sur vos grèves solitaires, m'enivrer de vos brumes et de vos brouillards.

Raoul était comme suspendu aux lèvres de cette enfant.

— Ainsi, reprit-elle, vous promettez de ne point acheter ma pauvre *villa*? C'est ma Bretagne, à moi ! C'est là que je respire les senteurs de vos genêts fleuris. Vous me le promettez, n'est-ce pas, monsieur le marquis?

— Hélas ! je ne suis ni marquis, ni riche, répondit Raoul avec un doux sourire ; vous l'aviez devinez, j'étais triste et je suis resté pauvre.

— Est-ce vrai ? s'écria naïvement la jeune fille.

— S'il m'était permis d'acheter cette *villa* qui vous est chère, je vous offrirais, dit Raoul, d'en être encore la jeune reine.

— Que vous êtes bon d'être pauvre ! s'écria-t-elle en lui prenant la main.

Puis tout d'un coup, elle s'enfuit et disparut sans que M. de Kermadec eût songé à la retenir.

IV.

Elle échappait à peine à l'enfance; elle en avait encore les grâces ingénues et la candeur naïve. Par un rare privilége, elle tempérait l'expression grave et passionnée de sa beauté romaine par quelque chose de doux, de tendre et de rêveur que lui avait transmis sa mère. On eût dit une fille du nord dorée au soleil du midi. La mélancolie adoucissait les tons de sa peau brune et transparente et reposait sur son front comme un pâle rayon de l'astre de la nuit. Ses cheveux tombaient autour de son col en boucles noires et frémissantes; mais, sous le jais de ses sourcils, ses yeux, d'un azur limpide, s'épanouissaient comme deux pervenches. La fleur de la jeunesse brillait sur son visage, mais frêle et déjà languissante; il était aisé d'entrevoir qu'un mal secret en altérait sourdement la fraîcheur et l'éclat. Sans coquetterie et sans art, simple, ignorante d'elle-même, le regard bienveillant, la bouche demi-souriante, elle paraissait enveloppée d'une chaste et pure atmosphère dans laquelle elle semblait nager comme un lys dans l'air frais du matin.

Le mal secret qui la consumait était ce même mal qui avait tué sa mère. Elle croyait n'en ressentir que de vagues atteintes ; mais c'était le mal du pays en effet. Par quel enchaînement de circonstances le seigneur Naldi, avare et laid, avait-il épousé, voilà quelque vingt ans, une belle et pauvre fille de Bretagne ? Ce pourrait être une touchante histoire ; nous la conterons en deux mots. Orpheline dès son bas âge, sans autre fortune que des trésors de jeunesse, d'esprit, de grâce et de beauté, mademoiselle Kervegan accompagnait, en qualité de demoiselle de compagnie, une dame de Penhoëdic que les médecins avaient envoyée mourir en Italie, avec l'assurance que l'air du Midi lui rendrait la force et la santé. Madame de Penhoëdic mourut à Rome avant d'avoir pu assurer l'avenir de sa compagne, à laquelle elle était d'ailleurs sincèrement attachée. Il est aisé d'imaginer dans quels embarras dut se trouver mademoiselle Kervegan, seule, sans appui, sans relation, à trois cents lieues de son pays. La Providence, qui aurait pu faire un meilleur choix, lui vint en aide sous les traits de M. Naldi. Nous l'avons dit, mademoiselle Kervegan était pauvre et belle ; il y avait dans le cœur de l'Italien un reste de jeunesse qui comprimait encore le germe des mauvaises passions que l'âge devait développer plus tard. Il commença par s'intéresser à la position de l'étrangère et finit par lui offrir sa fortune et sa main. Mademoiselle

Kervegan fut touchée; elle était seule au monde; la patrie ne lui gardait rien; en perdant madame de Penhoëdic qui l'avait élevée, elle venait de perdre, d'un seul coup, tout ce qui lui restait sur la terre. Après de longues hésitations, elle accepta sans joie et sans amour, mais non sans un sentiment de profonde reconnaissance, le refuge qui lui était offert.

Tous deux avaient trop présumé, l'un de ses bons sentiments, l'autre de sa force et de son courage. Les premiers transports apaisés, M. Naldi ne pardonna point à sa femme de ne lui avoir apporté en dot que sa jeunesse et sa beauté; madame Naldi avait compris plus vite encore que c'en était fait pour elle de toute joie et de tout bonheur en ce monde. Après quelques années d'une union tourmentée, elle avait obtenu de son mari d'aller vivre seule à la *villa Naldi*; elle s'y enterra vivante. C'est là qu'elle éprouva les premiers symptômes du mal qui devait la conduire lentement au tombeau. Fruit tardif d'un hymen qui n'en espérait plus, Mila fut conçue dans les douleurs de l'exil, au milieu des fiévreuses aspirations du cœur maternel vers la patrie absente. Mademoiselle Kervegan s'était dit, en épousant M. Naldi, que la patrie est aux lieux où le ciel nous garde des parents, des amis, et qu'à ce compte il n'était plus de patrie pour elle. Mademoiselle Kervegan se trompait. Elle fut bientôt prise de cet amour mystérieux et fatal qui attache notre âme par des liens invisibles et la scelle, pour ainsi dire, à la terre qui a reçu l'empreinte de nos premiers pas. Tous ses rêves s'élancèrent d'un vol effréné vers la France. Sous ce ciel de Rome, si bleu et si vanté par les peintres et les poètes, elle pâlit et s'affaissa comme un arbuste transplanté des froides régions dans les sables brûlants du désert. Elle sentit s'allumer en elle un feu dévorant qu'aurait pu seul éteindre l'air brumeux des côtes natales. Elle voyait sans cesse, à l'horizon étincelant, flotter les bois de la Bretagne; sa mémoire exaltée lui rendait avec une fidélité impitoyable, en y joignant le charme et la poésie des regrets, tous les accidents des lieux où s'était écoulée son enfance. Les coteaux, les vallées, les sentiers tout remplis des chants et des parfums de la vieille Armorique, passaient devant ses yeux éblouis, fascinés. Elle reconnaissait chaque détour de haie; chaque arbre lui apparaissait comme un ami vers lequel elle tendait ses bras éperdus pour l'enlacer et le couvrir de baisers et de pleurs. Mila n'était point née, que déjà sa mère lui avait inoculé le germe du mal qui consumait ses flancs. Les premiers noms qu'elle apprit à balbutier furent les noms de France et de Bretagne. Enfant, elle s'endormit chaque soir, bercée par le récit des légendes armoricaines; elle vit toutes les riantes imaginations de cette mythologie poétique danser autour de son berceau. Ses langes furent comme imprégnés de la senteur des landes et des grèves. A deux pas de Rome, sur un sol formé de la poussière des héros, au milieu des ruines qui attestaient la gloire et la puissance de l'ancienne reine du monde, elle n'apprit qu'une seule histoire, celle de la terre héroïque où sa mère avait vu le jour, terre de loyauté et de dévouement chevaleresque, dernier refuge ouvert ici-bas à la poésie du passé, à la religion de l'exil, au culte des vaincus et aux courtisans du malheur. Elle épelait à peine les exploits écrits en strophes de marbre sur l'arc de Constantin et sur la colonne Trajane ; mais elle savait l'inscription victorieuse écrite en lettres de bronze sur la colonne de Torfou. Elle n'aurait pas pu dire ce qu'avaient été Cassius, Brutus et tant d'autres ; mais, aux noms de Larochejaquelin, de Cathelineau, de Charrette, son jeune sang s'enflammait et son sein se gonflait d'orgueil. Enfin les grandes lignes de la campagne romaine, les pins aux aigrettes de velours, les temples, les cirques et les thermes, tout le luxe de cette nature, toute la grandeur de ce passé ne parlaient point à son cœur ; comme Mignon de Goëthe, elle savait une autre terre, non pas la terre où les orangers fleurissent, mais celle où croît le gui sur la cime des chênes druidiques.

Ainsi avait grandi cette enfant dans l'amour d'une patrie qu'elle n'avait jamais vue et qu'elle ne devait jamais voir. Elle parlait l'italien avec un accent étranger et le français avec autant de pureté que sa mère. M. Naldi avait exigé qu'elle portât le nom de Mila ; mais sa mère, lorsqu'elles étaient seules, ne l'appelait jamais qu'Ivonne. En l'absence de son mari, elle se plaisait à la vêtir d'un costume de fille bretonne qu'elle avait façonné elle-même, et à la voir courir ainsi dans les allées de sa *villa*, avec la jupe de laine et la *câline* de flanelle. Plus tard, en se promenant aux alentours, elle avait donné çà et là des noms de sa patrie à certains accidents du paysage qui lui rappelaient vaguement quelques aspects des lieux regrettés : jeux de l'exil qui ne font qu'en irriter le mal et les ennuis ! Elle ne mourut pas de faim, comme l'affirmaient les méchants; mais, si nous ne craignions pas de sembler vouloir jouer sur les mots, nous dirions qu'elle mourut de cette soif ardente qui brûle, dévore et consume les infortunés que le sort enchaîne sur le sol étranger. Près de s'éteindre, elle se fit apporter des touffes de genêts, de bruyères et de digitale qu'elle avait elle-même cultivées avec amour; elle les baisa, elle en aspira les parfums avec une sauvage ardeur; puis, les yeux tournés vers la France, elle expira en parlant de sa Bretagne tant aimée. D'après le vœu qu'elle avait exprimé à l'heure suprême, on l'enterra dans le jardin de la *villa*, sous cette terre qu'elle avait si longtemps arrosée de ses larmes.

La jeune fille acheva de grandir dans une solitude à peu près absolue, tantôt à Rome, plus souvent à la *villa Naldi*. A part le mal étrange qu'elle avait hérité et dont elle subissait presque à son insu les imperceptibles ravages, Mila était heureuse : point gênée dans le développement de sa riche et belle nature, elle avait pu s'épanouir en toute liberté aussi bien qu'en toute innocence. D'ailleurs, cette fièvre dont elle ressentait les atteintes était loin d'avoir l'intensité de celle qui avait tué lentement sa mère : ce n'était, à vrai dire, qu'un sentiment poétique et rêveur qui portait cette enfant vers la France. Lorsque M. de Kermadec l'aperçut pour la première fois sur sa terrasse, elle venait de compter seize ans; elle avait, le matin, décidé, dans la naïveté de son cœur, qu'elle n'épouserait qu'un Français, et qu'elle irait vivre et mourir au milieu des bois, non loin des bords de l'Océan, dans quelque vieux château seigneurial, à girouettes fleurdelysées, à tourelles habillées de lierre, mélancoliquement assis sur le versant d'une colline, tel enfin que sa mère lui dépeignait jadis les vieux châteaux de son pays. L'apparition de M. de Kermadec la surprit au milieu de ces projets; en le voyant, un instinct vif et rapide, qu'elle tenait aussi de sa mère, lui dit qu'il venait de la France, et dès lors la blonde image de ce jeune homme se trouva vaguement mêlée aux préoccupations au milieu desquelles il lui était apparu tout d'un coup, comme par enchantement, triste, pâle et frêle, pareil au type gracieux que son imagination avait parfois entrevu confusément en s'égarant sur les grèves de la Bretagne. Elle l'avait bien vu rôder autour de la *villa Naldi :* sans savoir pourquoi ni comment, son jeune cœur s'en était ému. On peut donc juger de son désappointement en découvrant qu'il n'en voulait qu'à sa chère campagne, et qu'il n'était que le marquis dont l'avait effrayée son père, puis de sa double joie en apprenant qu'il n'était ni marquis, ni riche, et qu'elle pouvait en même temps garder son rêve et sa *villa*.

Cependant, revenons à cette *villa Naldi*, où sont réunis tous nos personnages.

Mila venait de s'enfuir, non pour cacher la moitié de sa joie (elle était si chaste et si naïve qu'elle ne soupçonnait même pas les ruses de la coquetterie, les alarmes de la pudeur), mais pour en jouir en liberté et la savourer à son aise. Raoul fut bientôt tiré de la rêverie dans laquelle l'avaient jeté les paroles de cette enfant par l'apparition matinale du vénérable Naldi, qui ne s'attendait pas lui-même à trouver son marquis levé si tôt. Le bonhomme, qui ne perdait pas de vue ses affaires, proposa tout d'abord à son hôte de visiter la *villa* et ses dépendances. M. de Kermadec se laissa conduire. Il admira tout et ne regarda rien. Après deux grandes heures de marches et de contre-marches, durant lesquelles le seigneur Naldi énuméra complaisamment les agréments de sa propriété, tous deux rentrèrent au logis. Ils trouvèrent Déglin et Mila qui se promenaient ensemble comme deux vieux amis, sous l'avenue des sycomores. Ils étaient amis en effet. M. Naldi présenta sa fille à Raoul, qui la salua comme s'il la voyait pour la première fois. Raoul remarqua tout d'abord que Déglin avait un air tout autre que celui de la veille ; il était grave, réfléchi, préoccupé, et son regard ne se détachait point de Mila qu'il suivait avec un sérieux intérêt.

Après le déjeuner, dont elle avait fait les honneurs avec toute la grâce de ses seize printemps, Jacques Déglin prit M. de Kermadec à part, et l'entraîna dans le jardin.

— Raoul, lui dit-il, je me suis trompé ; nous nous sommes trompés tous deux. Cette enfant n'est pas l'héroïne que nous cherchions. Jusqu'à ce jour, je n'avais fait que l'entrevoir ; il m'a suffi de quelques heures pour la connaître et l'apprécier. C'est un cœur naïf et charmant, une âme sérieuse et tendre. Nous jouons un jeu hors de propos et de saison ; ce n'est point là que vous trouverez ce que j'avais rêvé pour vous, un amour et des distractions faciles. Je vous le dis, cette fille ne saurait être un caprice ni un passe-temps ; c'est une créature étrange, à la fois grave et romanesque. La passion dort encore dans son jeune sein ; il suffirait d'une étincelle pour l'y faire éclater, terrible. Vous en seriez vous-même embarrassé. Ne touchez donc pas à ce cœur, il y a des tempêtes au fond.

— Je vous trouve plaisant, répliqua Raoul. Qui m'a jeté dans cette folle aventure ? qui m'a créé d'un seul coup comte Almaviva, marquis de Carabas? qui m'a cousu d'or ? qui m'a fait amateur de tableaux, acheteur de *villa ?* Et maintenant voilà que vous montez en chaire ! Il faudrait pourtant opter entre la résille du barbier de Séville et le bonnet de Massillon.

— Ne raillons pas, Raoul, reprit gravement Déglin. C'est surtout parce que je serais responsable du mal qui pourrait en advenir, que je veux mettre fin à cette folle équipée. Je ne vous y ai entraîné, vous le savez, que par le désir que j'avais d'égayer vos chagrins. J'avais compté sur une de ces amourettes que nouent sans danger et dénouent sans effort le caprice et la fantaisie; mais vous auriez remords d'offrir en holocauste à vos ennuis le repos et le bonheur d'une si gracieuse existence.

— Êtes-vous amoureux, Déglin ? demanda M. de Kermadec d'un ton demi-sérieux, demi-goguenard.

— Non, sur mon âme ! s'écria Jacques ; mais je sens, ajouta-t-il d'un ton ferme et résolu, que s'il vous arrivait de jouer avec la destinée de cette enfant, je ne vous pardonnerais de ma vie.

Après quelques instants de réflexion silencieuse :

— Allons, dit Raoul, je ne veux pas encourir vos rigueurs. Adieu, fortune et marquisat ! Seulement, je vous abandonne le soin de terminer cette aventure.

— Rien n'est plus simple, s'écria Jacques ; ne vous en mêlez pas, vous n'aurez qu'à me laisser faire. Le seigneur *Naldi* vous croira plus riche et plus marquis que jamais, et, sous peu de jours, nous partirons pour Naples, sans donner à l'imagination de Mila le temps de bâtir des châteaux en Bretagne.

Ils allèrent rejoindre M. Naldi et sa fille. En sa qualité d'intendant, Déglin ayant demandé à prendre connaissance des lieux, le bonhomme s'empressa de lui tout montrer ; Raoul et Mila les suivaient lentement à quel-

que distance. Raoul avait fini par offrir son bras à la
jeune fille, et tous deux allaient en causant. Tandis que
Jacques et le seigneur Naldi visitaient la maison, les
deux enfants s'oublièrent aux alentours ; sans y songer,
ils ouvrirent la grille du jardin, et bientôt, à leur insu,
ils se trouvèrent en pleine campagne.

Après avoir tout vu et tout examiné :

— Monsieur, dit Jacques à M. Naldi, vous avez, à
coup sûr, la plus ravissante *villa* qui se puisse rencontrer dans toute l'Italie. C'est un vrai bijou ; malheureusement, ce n'est que cela. Vous m'en voyez au désespoir ; mais M. le marquis ne réussirait pas à loger ici le
quart de ses gens. En bonne conscience, il n'y faut plus
songer.

A ces mots, le visage du vénérable Naldi pâlit et s'allongea d'une aune.

— Quant à vos tableaux, ajouta Déglin, nous verrons
plus tard, à notre retour d'Abyssinie, où nous comptons faire une petite excursion avant de nous fixer à
Rome.

M. Naldi se récria. Ce n'était point là ce qu'avait dit
M. le marquis quelques heures auparavant ; il avait tout
admiré, tout approuvé, et la *villa Naldi* lui allait comme
un gant.

Déglin répliqua que M. le marquis avait craint d'affliger son hôte, mais qu'à vrai dire, la *villa Naldi* lui allait
comme un gant trop étroit dans lequel il lui serait impossible de glisser seulement le bout du petit doigt.

Une discussion s'engagea. Poussé à bout par l'acharnement de M. Naldi, qui ne voulait pas lâcher sa proie, Déglin finit par déclarer que la *villa* n'était qu'une grange incommode dont il ne voudrait pas, lui, pauvre intendant, quand même le propriétaire consentirait à la lui donner pour rien. Le Naldi s'emporta ; le Déglin tint bon. Les traités étaient rompus et la guerre allumée.

Cependant Raoul et Mila allaient à pas lents le long des coteaux, s'oubliant dans une conversation sans fin, et s'enivrant du charme qui les attirait l'un vers l'autre. Mila racontait l'histoire de sa mère et celle de ses jeunes années ; Raoul disait à son tour sa jeunesse ; il parlait de sa famille dépossédée, d'espérances brisées, d'avenir déshérité, et tout ce qu'il disait allait à l'âme de la jeune fille, car bien souvent elle avait entendu sa mère lui parler ainsi de nobles familles déchues, auxquelles il ne restait, comme au sir Edgard de Ravensvood, qu'un grand nom et la pauvreté. Puis ils s'entretenaient avec amour de leur Bretagne. Raoul y possédait encore le vieux château de ses ancêtres, à demi-ruiné, au milieu des bois, non loin de l'Océan qu'on voyait, du haut des tourelles, étinceler à l'horizon. C'était le rêve de Mila. Et tout en marchant, la jeune fille montrait à Raoul les lieux qu'elle avait jadis, avec sa mère, baptisés de noms Armoricains : grâce à ces aimables fictions, tous deux retrouvaient la patrie.

— Ah ! s'écriait Mila avec tristesse, ne les verrai-je donc jamais, ces doux lieux qu'ont visités mes songes ?

Suis-je condamnée à vivre et à mourir sous ce ciel d'airain qui m'écrase? N'irai-je point m'asseoir un jour à l'ombre de ces bois dont j'ai tant de fois respiré le parfum dans mon cœur?

—Vous irez, vous irez, disait Raoul d'une voix tendre.

Mila secouait la tête, et des pleurs voilaient l'azur de ses beaux yeux.

— Je ne sais, disait-elle avec mélancolie; mais j'ai le pressentiment que je mourrai jeune, sans avoir vu la patrie de ma mère!

— Vous la verrez, vous le verrez, reprenait tendrement Raoul.

Elle demeura quelques instants pensive, distraite et rêveuse; puis, tout d'un coup, changeant d'attitude et de ton :

— Il faut pourtant, s'écria-t-elle gaîment, que je vous adresse une question que je ne me suis pas adressée à moi-même. Pourquoi cette comédie que vous avez jouée et que vous jouez encore vis-à-vis de mon père? C'est mal à vous de vous railler ainsi de sa crédulité, ajouta-t-elle d'un air de doux reproche.

Raoul se sentait charmé : véritable charme en effet! Il était d'ailleurs de ces âmes faibles qui se laissent aller aisément le long de toutes les pentes amoureuses. Bien vite donc il oublia les recommandations de Déglin : et ne put résister au démon qui le poussait. Il pressa doucement le bras de Mila, et d'une voix émue, presque tremblante :

— Enfant, vous disiez ce matin, sous le massif des grenadiers, que je vous étais apparu comme un frère. Vous, Mila, vous m'êtes apparue comme un ange. Votre premier regard me troubla ; votre premier sourire éclaira la nuit de mon âme. Comment cela s'est-il pu faire? J'arrivais triste, découragé, et voilà que sur cette terre, où je n'étais venu chercher que l'oubli, vous me rendîtes soudain l'espérance. J'ignorais ce qui se passait en moi, mais je rêvais de vous sans cesse, comme vous rêvez de la France; vous étiez pour moi comme cette patrie mystérieuse qui vous tourmente et vous appelle. Votre image me suivait partout; votre voix chantait dans mon cœur. L'unique préoccupation de mes jours était de vous voir, de vous parler et de vous entendre ; j'usai de ruse et parvins jusqu'à vous.

— C'était donc moi que vous cherchiez, demanda la jeune fille, le jour où je vis votre tête s'élever au-dessus du mur et passer à travers les branches?

— C'était vous.

— Je vous crois, car je vous attendais, reprit naïvement Mila. Oui, c'est vrai, je vous attendais. Je vous avais à peine entrevu, et cependant vous manquiez à ma vie. N'est-ce pas étrange? J'étais assise sur le tertre de gazon, à cette même place où nous nous sommes assis ce matin l'un et l'autre ; je chantais une canzonette florentine : *Son'rimasta vedovella, su la bell' fiore dell' anni miei.* *Je suis restée veuve sur la jeune fleur de mes ans.* Je chantais cela et je pensais à vous. Je ne vous avais pourtant vu qu'une fois. Je pensais à vous, et tout d'un coup j'aperçus votre tête au milieu des rameaux en fleurs. Vous souvient-il que je vous jetai une fleur rouge par-dessus le mur?

— Je l'ai longtemps pressée sur mes lèvres, répondit M. de Kermadec.

— Le jour de mon départ, ajouta Mila, j'en jetai une autre, en signe d'adieu, dans le sentier de la *villa*.

— Je l'ai longtemps gardée sur mon cœur.

— C'est que vous m'aimez, dit la belle enfant. J'ai lu que souvent il en est ainsi de l'amour, qu'il naît et jaillit de deux regards qui se rencontrent. Je n'y croyais pas, je le crois à cette heure, car il me semble que je vous aimai du jour où je vous vis pour la première fois.

Raoul, qui n'avait pas compté sur un aveu si prompt et si naïf, ne répondit qu'en baisant les doigts effilés d'une petite main qu'on ne retira pas.

— J'aime aussi votre ami, dit Mila ; il me plaît, il est bon, il vient comme vous de la France.

Comme elle disait, Raoul aperçut Jacques et M. Naldi qui venaient, en discutant, à leur rencontre.

— Il paraît, monsieur le marquis, s'écria l'Italien en s'adressant au jeune Français...

Il était rouge de colère et furieux d'en être pour ses frais. Il ne put en dire davantage, la fin de la phrase lui resta dans la gorge.

— Que diable, s'écria Déglin, le seigneur *Naldi* n'est pas juste. Entendez raison, *padrone*.

— Qu'y a-t-il? demanda Raoul.

— Il y a, répondit Jacques, que le *padrone* s'entête à prétendre que sa *villa* est un palais, et que monsieur le marquis pourrait y mener un train de prince.

— Je mourrai plutôt que de convenir du contraire, s'écria le bonhomme, et si monsieur le marquis veut m'entendre...

— Inutile, *padrone*, complétement inutile, répliqua Déglin. C'est monsieur le marquis lui-même qui m'a dit, ce matin, qu'avec la meilleure volonté du monde, il ne saurait s'accommoder de votre *villa*. Ce n'est pas notre faute, à nous! On nous parle d'un château royal, et l'on nous montre un rendez-vous de chasse.

— Un rendez-vous de chasse! un rendez-vous de chasse! répéta M. Naldi, dont le visage venait de passer subitement du rouge écarlate au rouge ponceau.

— Eh! oui, *padrone*, moins encore, ajouta Déglin en mettant les mains dans ses poches.

— Un rendez-vous de chasse! répétait M. Naldi avec rage.

— Une guinguette, si vous l'aimez mieux, dit Déglin qui se faisait à bon escient impoli et presque grossier pour en finir d'une façon décisive, et fermer à tout jamais au marquis les portes de la *casa* et de la *villa Naldi*.

— Une guinguette? s'écria l'Italien qui ne comprenait pas le sens de ce mot.

— *Una locanda, una bettola, una bettoleta, una bet-*

tolaccia, reprit l'implacable Déglin, pour qu'il sût bien à quoi s'en tenir.

A ces mots, M. Naldi serra les poings et faillit se jeter sur lui comme un tigre.

M. de Kermadec le retint, et s'adressant à son intendant :

— Déglin, vous allez trop loin, lui dit-il d'un ton sévère. Puis, se tournant vers le Naldi :

— Il est vrai, monsieur, que votre *villa* n'est pas tout-à-fait ce qu'on m'avait promis. Je l'aurais désirée plus vaste et plus spacieuse. Elle manque d'eau et d'ombrages.

— Elle manque de tout, dit Déglin.

— Cependant, telle qu'elle est, votre *villa* me plaît, reprit M. de Kermadec. J'en aime la situation. Près de Tivoli, à quelques milles de Rome, c'est là ce que j'avais rêvé. Si vous le voulez bien, nous en reparlerons.

Les traits de Naldi s'éclaircirent et rayonnèrent comme si un coup de vent eût balayé la brume qui lui couvrait la face.

— Monsieur le marquis oublie, dit Jacques, que nous avons projet d'aller faire tout prochainement un petit tour en Abyssinie.

— J'ai changé d'avis, répondit Raoul ; décidément nous nous fixons à Rome.

A ces mots, M. Naldi lança un coup d'œil vainqueur à Déglin ; Déglin y répondit en laissant tomber un regard de pitié douloureuse sur la jeune fille qui revenait rêveuse, après s'être éloignée durant cette scène. Ils retournèrent tous quatre au gîte; cette fois Mila était au bras de Jacques; Raoul et M. Naldi marchaient en avant.

On passa le reste du jour à la campagne. Déglin était triste et soucieux ; plus d'une fois il fut tenté de déclarer au papa Naldi qu'il n'était qu'un Cassandre et qu'on se moquait de lui; la crainte d'offenser Raoul l'arrêta. M. Naldi cachait à peine la satisfaction qu'il avait de voir M. le marquis mordre à l'hameçon de la *villa*. Il se rappela qu'il avait aux champs, comme à la ville, quelques flacons d'un vieux vin qui, pour n'être pas de Falerne, avait cependant son prix. *Mila* sentait s'épanouir en elle un bonheur nouvellement éclos qu'elle ne songeait pas à contenir; un œil plus scrutateur que ne l'était celui de son père en ces sortes de choses, eût aisément surpris sur son visage le secret de son jeune cœur. Déglin en était déjà maître. M. de Kermadec, lui, s'abandonnait avec une lâche volupté au charme irrésistible que toutes les âmes de cette trempe trouvent au jeu des passions naissantes. Il évita de se rencontrer seul avec Jacques, mais non avec Mila qui, d'ailleurs, ne le fuyait pas. Pour ces deux enfants, ce fut une journée charmante. Vers le soir, la jeune fille entraîna Raoul vers le bouquet de chênes qui abritait la tombe de sa mère ; elle disait que les os de la morte tressailliraient de joie en se sentant foulés par un pied breton.

A la tombée de la nuit, on quitta la *villa* avec promesse d'y bientôt revenir signer pour le contrat de vente. D'ici là on devait se revoir tous les jours pour en discuter les articles. Le carrosse et les deux haridelles ramenèrent M. Naldi et les deux amis à Rome; *Mila*, qui sentait le besoin de regarder son bonheur à loisir, avait refusé de les accompagner.

Jacques et Raoul laissèrent leur hôte à sa porte et prirent silencieusement le chemin de leur logis.

— Tenez, Raoul, dit enfin Déglin en entraînant son compagnon dans une de ces rues désertes qui ne manquent point à Rome, je vais vous parler à cœur ouvert.

— Voici le quart-d'heure de Rabelais! s'écria M. de Kermadec avec résignation.

— Je ne suis pas content de vous, Raoul; notre jeune amitié a tous les droits d'une vieille affection. Laissez-moi donc vous dire que, si je me suis conduit hier comme un étourdi, aujourd'hui vous avez agi comme un enfant. Un ami plus sévère vous dirait qu'en ce jour vous n'avez point agi en galant homme.

— Mais, pour Dieu, Déglin, à qui en avez-vous? s'écria Raoul avec humeur. Vous m'allongez, depuis ce matin, une mine de loup-cervier. Qu'ai-je fait? Pauvre Jacques, vous me vantez.

— Ce que vous avez fait, Raoul? un meurtre, rien de plus. Vous avez entamé un jeune et adorable cœur. En savez-vous le prix?

— Peut-être, répliqua froidement le jeune homme.

— Aimerez-vous sérieusement cette fille qui déjà vous aime ?

— C'est fait, répondit Raoul.

— Et vous l'épouserez? dit Jacques.

En cet instant M. de Kermadec se rangea brusquement pour laisser passer une chaise de poste, attelée de quatre chevaux. La chaise était découverte, une femme s'y tenait seule, dans une attitude nonchalante, demi-couchée sur les coussins.

M. de Kermadec n'eut pas la force de répondre à la dernière question de Jacques. Il sentit ses jambes fléchir, et, plus pâle que la blanche lune qui nageait dans l'azur du ciel, il s'appuya sans vie sur Déglin.

V.

Cependant Mila s'abandonnait sans défiance aux entraînements de son cœur. Elle ne savait rien du monde; elle avait grandi près de sa mère, dans une poétique ignorance, loin des sentiers battus de la réalité. Naïve comme un enfant, superstitieuse comme une Italienne, romanesque comme tous les esprits qui se sont développés dans la solitude, elle ne doutait pas que ce jeune homme qui lui était apparu, le soir même du jour où elle avait décidé qu'elle n'épouserait qu'un Français, et qu'elle irait vivre et mourir sous le coin de ciel qui avait éclairé le berceau de sa mère, elle ne doutait pas, dis-je, que ce voyageur, venu précisément du pays de Bretagne, ne lui eût été envoyé tout exprès par la Providence, et Mila remerciait le ciel qui, ayant bien voulu lui envoyer un époux selon ses rêves, c'est-à-dire Français et Breton, avait pris soin de le choisir jeune et beau comme elle. Ainsi qu'il arrive, à coup sûr, aux âmes virginales et richement douées, naturellement impatientes d'épandre le trop plein de la vie qui les oppresse, Mila s'absorba tout entière, sans réserve et sans restriction, dans le sentiment nouveau qui venait d'éclore en elle ; et comme c'était une âme grave et réfléchie, autant qu'ardente et enthousiaste, il se trouva que ce sentiment qui s'épanouissait en grâces et en rêveries charmantes, jetait en même temps dans son sein de vives et profondes racines. Demeurée seule à la *villa,* elle repassa dans son cœur tous les détails de la journée qui venait de s'écouler, et la nuit elle se vit, en songe, sur la terrasse du château de Raoul, suspendue au bras de son jeune ami.

Mila s'était décidée à passer à la campagne les derniers beaux jours de l'automne. Son père, qui ne voyait en elle qu'une enfant, la laissait volontiers maîtresse de ses actions, non sans la confier toutefois à la garde d'une gouvernante qui, à vrai dire, ne la gênait en rien. Mais quel danger pouvait courir cette noble et belle créature ? Sa candeur et son innocence la protégeaient plus efficacement que ne l'aurait pu faire la vigilance la plus assidue ; il n'était pas de témérité qu'elle n'eût désarmée par un regard ou par un sourire.

On pense bien que Raoul n'eut rien de plus pressé que d'aller s'installer à Tivoli, accompagné du bon Déglin qu'il avait bientôt mis dans les intérêts de son amour, en l'assurant que cet amour digne déjà, par son désintéressement, de la beauté qui l'inspirait, ne demandait qu'à devenir un sentiment sérieux et durable. Déglin avait fini par le croire, tant cette jeune fille lui était apparue pleine de charmes et d'enchantements de tous genres, tant lui-même s'était pris pour elle d'un intérêt soudain et fervent. Le lendemain donc de leur retour à la ville, ils partirent de nouveau pour Tibur, non plus déguisés en marquis et en intendant, non plus dans le carrosse du seigneur Naldi, tranchant du grand seigneur, et s'étalant sur les coussins un peu bien râpés, mais à pied et dans le modeste équipage qu'ils avaient en arrivant à Rome. L'enfant poussa un cri de joie et battit des mains en revoyant Raoul tel qu'elle l'avait vu pour la première fois, avec la blouse serrée autour de son corps souple et mince, et le chapeau à larges bords sous lesquels ses cheveux blonds s'échappaient en boucles négligées.

— Ah ! s'écria-t-elle en l'examinant des pieds à la tête, je vous aime bien mieux ainsi qu'en marquis.

Puis tendant sa petite main à Jacques :

— Je vous attendais, vous aussi ; vous êtes bon d'être venu. Comme nous allons parler de la France ! Ah ! si ma pauvre mère vivait, ajouta-t-elle, elle serait bien heureuse. Vous voir tous deux et vous entendre lui aurait réchauffé le cœur ; vous l'auriez empêchée de mourir.

Ils passèrent ensemble des jours enchantés, que Mila, à l'heure de sa mort, ne pensa pas avoir achetés trop cher en les payant de sa vie tout entière. Les deux amis s'étaient installés à Tivoli, dans cette même *locanda* qui les avait déjà vus une fois. Levés avec le soleil, ils prenaient aussitôt le sentier de la *villa*, et presque toujours ils rencontraient à mi-chemin la jeune fille qui s'arrêtait, le sourire sur les lèvres, pour voir accourir Raoul, tandis que Déglin, moins pressé, demeurait en arrière, et continuait de s'avancer d'un pas mesuré et calme. La saison était belle ; leurs journées s'écoulaient en pèlerinages aux alentours, en haltes sous les ombrages préférés, en causeries intimes, en tendresses mutuelles échangées à la face du ciel qui les protégeait de son azur le plus doux, de ses rayons les plus caressants, de ses étoiles les plus brillantes. Ce furent de chastes amours que l'amitié couvrit de ses ailes, et que Dieu dut voir sans colère. Raoul semblait avoir retrouvé toute la fraîcheur de son âge. Il avait décidément jeté aux orties, ainsi que Déglin le lui conseillait quelques jours auparavant, le froc de l'amour malheureux qui n'allait point à ses vives allures. Redevenu lui-même, il était bon, simple, aimable et charmant. A les voir, lui et Mila, marchant l'un près de l'autre, tous deux rayonnants de jeunesse, on eût dit deux enfants de la même mère, deux fleurs écloses presque à la même heure sur le même rameau. Bien loin d'importuner leurs joies, Déglin les sanctifiait, pour ainsi dire, en les partageant. Ils allaient donc ainsi tous trois à l'aventure, Jacques se tenant parfois à l'écart, mais rappelé bientôt par Mila qui s'était prise pour lui d'une affection fraternelle, et qui aimait à se sentir sous ce regard grave et protecleur. Confiante d'ailleurs comme toute innocence, elle n'avait même pas le sentiment de sa sécurité ; son cœur était trop pur, son âme trop candide pour aborder l'idée du danger. Ses yeux avaient conservé leur limpidité transparente ; ses traits avaient gardé leur gravité souriante et sereine ; seulement il y avait sur son front une auréole de bonheur, et sur son visage une lumineuse vapeur, rayonnement des âmes heureuses. La voix de Raoul la plongeait dans des extases sans fin ; de son côté, Raoul ne se lassait pas de l'entendre. Ainsi, cette histoire, si follement commencée, se poursuivait comme une églogue, le long des coteaux, à l'ombre des pins et des mélèzes, au bruit des cascatelles mugissantes. Ils prenaient leurs repas à la grâce de Dieu, tantôt sous le toit hospitalier, parfois au pied des pampres qui offraient leurs grappes dorées, parfois aussi à la *villa*, où rien ne gênait leur liberté. Il s'y trouvait un vieux clavecin qui avait autrefois charmé les ennuis de la pauvre exilée : Mila chantait, en s'accompagnant, des canzonnettes italiennes, et plus souvent des chansons de Bretagne qu'elle avait apprises de sa mère. Puis on s'entretenait d'art et de poésie ; Mila traduisait Dante et le Tasse ; Raoul, à son tour, disait les vers des poètes de son pays. Déglin bâillait bien quelque peu en les écoutant ; mais la jeune fille y puisait à longs traits le doux poison qui enivrait ses sens. M. de Lamartine la berçait comme le murmure de l'onde, comme les soupirs du vent, comme le bruissement du feuillage. M. Hugo l'inondait des magnifiques splendeurs de l'Orient ; M. de Musset lui chantait le chant printanier de la verte jeunesse. Mais il était surtout un poète, nouvellement éclos, dont elle aimait à se faire redire les chastes inspirations : poète virgilien, jeune cygne de la vieille Armorique, c'était lui surtout qu'elle aimait, car ses chants, imprégnés des sauvages parfums de la Bretagne, lui arrivaient comme des brises toutes chargées d'émanations dérobées à la patrie lointaine. A sa voix, Mila éperdue voyait se dérouler devant elle la terre chérie de ses rêves, les grands bois, les forêts de chênes, les châteaux crénelés au versant des collines, les sentiers bordés de houx, les landes désertes, les grèves solitaires, et partout l'ombre gracieuse de *Marie*, qui lui souriait en l'appelant sa sœur.

C'était alors qu'on parlait de la France et de cette Bretagne où Mila s'était promis d'aller vivre et mourir ; c'était ainsi qu'on arrivait, par des pentes amoureusement inclinées, aux projets et aux espérances. On s'emparait de l'avenir ; on surmontait tous les obstacles ; on amenait le seigneur Naldi, qui avait bien, lui, épousé une orpheline sans fortune, à donner sa fille à un gentilhomme ruiné ; on allait vivre en France, au bord de l'Océan, dans le vieux château de Raoul. Déglin ne quittait pas ses amis ; il s'établissait auprès d'eux ; il élevait les petits Kermadec. A tous ces rêves de bonheur, qu'égayait l'esprit de Déglin, Mila, souriant et pleurant à la fois, tendait sa main à Jacques et regardait Raoul avec une ineffable expression d'amour et de reconnaissance.

— Hélas! s'écriait parfois la belle enfant en secouant tristement la tête, tant de félicité ne m'est pas réservée. Vous m'enivrez d'un fol espoir; vous verrez que je mourrai sans toucher la terre promise. Du moins, je n'aurai pas quitté le tombeau de ma mère, et je reposerai près d'elle.

— Vous vivrez, ajoutait Raoul; nous irons ensemble chercher la trace de ses pas et baiser la place où fut son berceau.

— Vous vivrez, ajoutait Déglin, et vous serez châtelaine de Kermadec. Notre ami ajoutera une fleur au champ de son blason. Vous aurez le banc d'honneur à l'église du village, et, le dimanche, M. le marguillier vous offrira le pain bénit.

Parfois Raoul, à son tour, s'attristait.

— Je suis pauvre, disait-il d'un air découragé; je ne saurais vous offrir qu'une vie bien peu digne de mon amour et de votre beauté.

Mais aussitôt Mila de le rassurer à son tour:

— Pauvre! s'écriait-elle; comptez-vous pour rien l'or de vos genêts et la pourpre de vos bruyères? Pauvre! quand vous avez sur le bord de la mer un château à demi-croulé! En voudrais-je, s'il était neuf? consentirais-je à l'habiter, s'il n'était pas inhabitable? Voyez ma mère, ajoutait-elle avec mélancolie, elle était riche; elle est morte à trente ans, morte d'ennui et de chagrin! Vous ajouterez sa part de bonheur à la mienne.

Ainsi s'écoulaient les heures. On se quittait longtemps après que le ciel avait allumé ses étoiles. Les deux amis retournaient à Tibur en causant, et chaque soleil ramenait un jour semblable au jour de la veille. Pour ne pas éveiller les soupçons du seigneur Naldi, M. de Kermadec allait, de temps à autre, lui faire visite à la ville. Quant à Déglin, il n'y fallait plus songer : la *casa Naldi* lui était à jamais fermée, tant il avait indisposé le maître, en traitant sa *villa* de guinguette. Il passait près de Mila le temps que Raoul passait à Rome. Jacques se complaisait dans l'étude de ce jeune cœur : à chaque absence de son ami, il y découvrait quelque perle cachée, quelque fleur mystérieuse, quelque nouveau trésor. Cependant Raoul ne se faisait pas longtemps attendre ; après avoir entretenu le bonhomme *Naldi* dans ses espérances, il reprenait le chemin de Tibur, et, grâce à ces courtes absences, on avait toute l'ivresse et toutes les joies du retour.

Il faut le dire pourtant : sur ces trois cœurs, il en était un d'un or moins pur que celui des deux autres. Déjà la vie l'avait altéré, en y mêlant plus d'un grain d'alliage. Nous voulons parler du cœur de Raoul. Il s'était laissé promptement séduire par la poésie de l'aventure et par l'étrangeté de l'héroïne. Trahi par sa maîtresse, dans cette phase douloureuse où le cœur blessé croit qu'il n'est plus pour lui d'autre amour ici-bas que celui qu'il pleure et qu'il regrette, il lui avait été doux de se sentir aimé par une créature plus jeune et plus charmante que celle qui l'avait délaissé. Son dépit et sa vanité y trouvaient des satisfactions secrètes, qui, pour être inavouées, n'en étaient pas moins réelles. Mais, à cette âme fatiguée avant l'âge, qui avait puisé de bonne heure aux sources troublées des passions orageuses, les émotions d'une virginale tendresse ne devaient pas longtemps suffire. Faut-il tout dire enfin? En lui vantant le charme de Mila, Déglin avait intéressé son orgueil; joignez-y l'attrait de l'inconnu, l'espoir d'afficher son bonheur aux yeux de celle qu'il savait près de lui, et de se venger ainsi des mépris de l'infidèle, cet espoir avait fait le reste. De ce mélange de sentiments, à un amour vrai, sérieux et durable, tel que l'éprouvait Mila, tel qu'il croyait lui-même le ressentir, il y avait un abîme à combler.

Déjà, en l'examinant bien, on aurait pu surprendre en lui de vagues symptômes de lassitude et d'ennui. Il avait compté d'ailleurs sur une guérison trop prompte et trop facile; l'image autrefois adorée le troublait encore; l'idée que cette femme était à Rome, veillait toutes les nuits à son chevet. Son regard ne l'avait pas trompé, il l'avait bien reconnue, c'était elle. Quel sujet l'amenait, de Paris où il l'avait laissée, à Rome où il était venu pour la fuir? A cette question, il sentait sa vie défaillir, et cette question, il se l'adressait à toute heure.

Pour se délivrer d'une préoccupation qui l'obsédait sans paix ni trêve, il s'exalta dans son nouvel amour et parvint d'abord à se tromper lui-même; toutefois il n'arracha pas la flèche empoisonnée de sa blessure, et ne réussit véritablement qu'à enfoncer plus avant dans le sein de Mila le trait fatal qui devait tuer cette enfant. Déglin n'était pas dans le secret de toutes ces misères; Raoul lui-même ne s'aperçut pas tout d'abord du travail funeste qui se faisait en lui, et les premiers jours qu'il passa près de Mila furent des jours vraiment enchantés. Mais bientôt le souvenir qu'il croyait enseveli dans le fond de son cœur se réveilla vivant et remonta à la surface. Un jour qu'il était allé à Rome visiter le seigneur Naldi, il revint triste, sombre, distrait, au point que Jacques en fut frappé et que Mila s'en alarma dans sa tendresse. Raoul parla de difficultés qu'il entrevoyait, d'obstacles plus sérieux qu'il ne l'avait d'abord imaginé; mais telle n'était point la cause de sa tristesse.

— Ami, lui dit Mila, pourquoi vous décourager? Mon père m'aime, il écoutera ma prière. D'ailleurs, ne suis-je pas votre servante? Dites un mot, je vous suivrai partout. En vous donnant mon cœur, je vous ai donné ma vie. Croyez que notre amour est agréable à Dieu; cette nuit j'ai vu ma mère en songe; elle souriait à nos tendresses et nous bénissait tous deux.

Le soir du même jour, en retournant à Tivoli :

— Pourquoi, dit à son tour Déglin, cet air sombre et rêveur? Raoul, vous êtes triste! c'est être ingrat envers la destinée. Vous êtes adoré bien au-delà de vos mérites. En cherchant une distraction, vous avez trouvé le bonheur. Vous êtes sorti de France malheureux, trahi, solitaire; vous y rentrerez triomphant, avec une femme jeune et belle que vous aimerez à la face du monde, et qui sera l'orgueil et la joie de votre maison. Ne vous voilà-t-il pas, en effet, bien à plaindre? Ajoutez que le papa Naldi est riche, et qu'il faudra bien que le vieux ladre lâche tôt ou tard ses écus romains. Je vous vois déjà relevant vos tours écroulées et rajeunissant l'éclat de votre nom. Allons, seigneur de Kermadec! l'avenir est beau : il ne s'agit plus que d'étendre la main. C'est une fée de seize ans qui vous offre le rameau magique.

— Ainsi vous pensez, répliqua Raoul, qu'en apprenant que le marquis cousu d'or n'était qu'un pauvre gentilhomme sans autre bien que l'épée de son père et les portraits de ses aïeux, M. Naldi, charmé de la mystification, me jettera sa fille à la tête? Vous êtes sûr qu'il ne me donnerait pas sa *villa* pour rien ; mais vous croyez qu'au même prix il s'empressera de me donner sa fille !

— Je vous réponds de Mila, dit Jacques. Ce que fille veut, Dieu le veut. M. Naldi n'est pas le diable.

— Et puis le mariage ! reprit Raoul ; vous en parlez bien à votre aise.

— Le mariage ! s'écria Jacques. C'est, à tout prendre, la position la plus commode pour s'aimer et pour se le dire. Vous êtes bien jeune encore ; mais pensez-vous qu'il y ait si grand dommage à couper court aux sottises de la jeunesse ? Quand vous aurez subi une demi-douzaine d'épreuves du genre de celle qui m'a procuré l'honneur de votre connaissance ; quand vous aurez déchiré votre cœur à toutes les ronces, jeté vos illusions à tous les vents, sali votre printemps à toutes les fanges, en serez-vous plus avancé ? C'est là pourtant ce que vous appelez jouir de la jeunesse ; grand merci !

Tout en devisant de la sorte, nos deux amis arrivèrent à Tivoli. Il faisait nuit close, sans lune et sans étoiles. Raoul faillit se heurter au brancard d'une chaise de poste qu'on avait laissée, faute de remise et de hangard, devant la porte de la *locanda*.

— Il paraît, dit Déglin en entrant, que nous avons de nouveaux compagnons. Ce sont, à coup sûr, des Anglais, venus pour visiter les cascatelles. Les Anglais sont fous de cascades. J'en ai connu un qui se vantait d'avoir bu de l'eau de toutes les cascades du globe. Le pauvre diable est mort hydropique à Terni.

Raoul ne souffla pas un mot. Tout reposait à l'hôtel. Les deux amis se retirèrent, chacun dans sa chambre. Jacques ne tarda pas à s'endormir du sommeil du juste. M. de Kermadec s'était jeté tout habillé sur son lit. Inquiet, agité, las de lutter contre l'insomnie, il se leva au bout d'une heure et se mit à sa fenêtre. Aux lueurs de la lune qui venait de percer les nuages, il aperçut, à la croisée voisine, un pâle visage qui se retira presque aussitôt, mais qu'il eut le temps de reconnaître. Ses pressentiments ne l'avaient pas abusé, c'était elle.

Ç'avait été son premier amour : celui-là ne perd ses

droits qu'à la longue. Raoul passa le reste de la nuit à
s'enivrer de l'amertume de ses souvenirs. Cependant
l'orgueil prit le dessus sur ses regrets. A l'aube naissante,
il alla gaîment réveiller Déglin, et tous deux partirent
pour la *villa*. Ils trouvèrent Mila souffrante, encore
sous l'impression douloureuse que Raoul lui avait
laissée la veille. Nature frêle et délicate qu'un coup de
vent suffisait à ployer ! Le jeune homme mit en jeu
toutes les ressources de son cœur et de son esprit
pour dissiper le nuage qu'il avait amassé sur ce
front charmant. Il y réussit sans peine : il n'était besoin
pour cela que d'un sourire caressant, d'une pression de
main, d'un amoureux regard. Elle reprit bien vite à la
joie et à la confiance ; de tous les jours qu'ils avaient
connus ensemble, celui-là fut, pour Mila, du moins, le
plus heureux jour. Il ne différa pas d'ailleurs de ceux
qui l'avaient précédé : promenades à travers champs,
repas à l'aventure, promesses échangées, tendres épanchements.
Aucun incident n'en signala le cours : seulement,
comme ils allaient tous trois le long d'un coteau,
Mila attachée au bras de Raoul, Déglin suivant à quelque
distance, ils virent passer, dans un sentier voisin,
une femme élégamment et simplement vêtue, qui se
promenait, seule, d'un pas lent et d'un air rêveur. Ce
n'était pas précisément une fleur de jeunesse et de
beauté : toutefois il y avait de la grâce dans sa démarche
et du charme autour de sa personne. Raoul pâlit,
mais par un effort qu'il fit sur lui-même, il redoubla,

près de Mila, d'empressement et de tendresse ; son visage sut ressaisir l'expression de l'amour et rappeler l'éclat du bonheur.

— C'est une Française, dit Mila. Il y a pour moi, comme un parfum auquel je reconnais tout ce qui vient de la France.

M. de Kermadec porta la main de la jeune fille à ses lèvres.

— Elle est seule et triste, ajouta-t-elle ; elle aura perdu l'ami de son cœur.

Quand les deux amis rentrèrent le soir à Tivoli, la chaise de poste n'était plus devant la porte de la *locanda*. Raoul en ressentit moins de joie que de tristesse. Cœur hypocrite et lâche, vrai cœur d'homme, en un mot, il essaya bien de se persuader le contraire. Mais il n'y put réussir, épuisé qu'il était par les efforts qu'il venait de faire durant cette mortelle journée, à l'unique fin de tromper Mila et de s'abuser lui-même.

Déglin trouva, sur la table de sa chambre, une lettre sous enveloppe, qu'il ouvrit précipitamment sans regarder la suscription ; il trouvait ainsi, le soir, en rentrant, les lettres de France qu'on lui faisait passer de Rome. C'était un billet sans signature, de quelques lignes seulement, d'une écriture parfaitement étrangère à Jacques.

Ce billet était ainsi conçu :

« Peut-être pensez-vous, comme moi, qu'il serait con-

» venable de me rendre mes lettres, désormais inutiles à
» votre bonheur ? Si vous n'aviez pas trop de répu-
» gnance à me les remettre vous-même, il pourrait
» m'être doux de vous voir une fois encore ici-bas, une
» dernière fois peut-être. Toutes mes heures sont libres.
» Je quitte Rome dans huit jours.

» Hôtel de la *Barchetta*, place d'Espagne. »

— Qu'est-ce que cela? s'écria Déglin en tournant ce
billet en tous sens et en le flairant à plusieurs reprises.
(Il s'en exhalait un parfum doux et pénétrant.) On me
prend à coup sûr pour un autre.

En effet, en retournant la suscription, Déglin lut le
nom de M. de Kermadec.

— Je vous demande bien pardon, dit-il en entrant
dans la chambre de Raoul ; notre faquin de *cameriere* a
mis, sur ma table, une lettre qui devait être déposée
sur la vôtre, de façon que je me trouve, par une indis-
crétion très-involontaire, maître d'un secret qui n'inté-
resse que vous seul.

— Qu'est-ce donc ? demanda Raoul avec émotion.

— Tenez, dit Jacques, lui tendant le billet.

Rien qu'au contact du papier satiné, M. de Kermadec pâlit et s'appuya contre le chambranle de la
porte.

— Est-ce que vous vous trouvez mal, mon gentilhomme ? demanda Déglin ; vous voilà exactement
comme je vous vis à Rome un certain soir.

En reconnaissant cette écriture qu'il connaissait si bien, qu'il avait tant de fois baisée, en aspirant ce parfum des jours heureux qu'il avait gardé dans son cœur, Raoul frissonna jusque dans la racine de ses cheveux et ses yeux se mouillèrent de larmes.

— Vous en êtes encore là ! s'écria Jacques avec humeur.

Il arracha le billet des mains de Raoul et le lut froidement à haute et intelligible voix. Lorsqu'il eut achevé :

— J'espère bien que vous n'irez pas, dit Déglin.

Et comme M. de Kermadec hésitait :

— Je veux, poursuivit Jacques, vous donner brutalement mon avis là-dessus.

Il se jeta sans façon sur le lit de Raoul, et se tournant vers le jeune homme qui se tenait debout, pâle et silencieux :

— Vous savez, lui dit-il, que je n'aime pas cette femme. Je l'ai vue aujourd'hui pour la première fois, car c'est elle, à coup sûr, qui s'en allait rêvant, au pied du coteau. Je ne l'ai donc vue qu'une fois, mais je la connais mieux que vous ne la connaissez vous-même. Je ne l'aime pas. Elle a le regard faux, la lèvre mince et perfide ; sa démarche a de la grâce, mais c'est la grâce du serpent.

— Vous êtes fou, Déglin ! s'écria Raoul en haussant les épaules.

— Moins que vous, dit Jacques. Voyez son écriture ;

riez si vous voulez, j'ai la manie de juger les gens sur leur écriture. Eh bien! ces lignes onduleuses comme la vipère dénotent la ruse et le mensonge ; ces caractères réguliers, nets et secs, indiquent un cœur dur, une âme sans élan. Rien qu'à la façon dont ses *t* sont barrés, je jurerais que c'est une méchante femme. Les voyez-vous, ces petites barres affilées comme la pointe d'un poignard? Pour moi, c'est l'indice certain d'une abominable nature. Et voyez-vous aussi de quelle façon étrange la queue de ces *d* s'enroule et s'entortille comme la vrille de la vigne? c'est le signe, qui ne trompe jamais, d'un esprit cauteleux et plein de détours.

— Vous n'avez pas le sens commun, dit Raoul, qui n'avait pu s'empêcher de sourire.

— Je parle sérieusement, répliqua Jacques. Et maintenant, ajouta-t-il en se mettant sur son séant, je vais vous dire ce que veut cette femme. Qu'est-elle venue chercher à Rome? Je l'ignore, mais soyez sûr que ce n'est pas vous, n'en déplaise à votre vanité. Le soir où vous vous êtes appuyé, pâle et tremblant, sur mon épaule, vous l'aviez reconnue dans la chaise de poste qui venait de filer près de nous; je le devine à cette heure. A votre dernier retour de la ville, vous étiez sombre et préoccupé ; pourquoi? je le devine encore. Cette femme s'ennuie; ce doit être une de ces âmes qui veulent des émotions à tout prix. Aujourd'hui, elle vous a vu triomphant, heureux et consolé. Son orgueil en a souffert. Votre douleur ne l'aurait pas touchée; votre bonheur l'a piquée au vif. Tranchons le mot, quoiqu'un peu vulgaire, c'est tout bonnement une femme qui veut vous reprendre pour vous achever.

—Mais, Déglin, vous perdez la tête ! s'écria M. de Kermadec avec un geste d'impatience.

— Vous allez me persuader, n'est-ce pas, que cette farouche vertu se soucie de ravoir ses lettres? Elle en a, par Dieu! bien d'autres qui courent les grands chemins. Son billet me charme, à franchement parler. Elle voudrait vous voir encore une fois ici-bas. Ici-bas me semble bien trouvé ! c'est-à-dire qu'elle se prépare à partir bientôt de ce monde pour aller vous attendre au ciel. Vieux jeu, mon cher ! vieille rouerie qui laisse voir un peu trop la ficelle ! Toutes ses heures sont libres ; voilà qui m'enchante! c'est-à-dire que depuis votre départ, elle vit dans la solitude, dans les regrets et dans les larmes. En vérité, vous me faites sourire tous les deux.

Raoul voulut se récrier ; mais Déglin l'interrompant aussitôt :

— Laissez-moi vous dire à présent comment cette femme s'y prendra pour arriver à ses fins. Vous vous présentez : la camériste qui vous connaît et qui sait par cœur sa leçon, vous accueille la larme à l'œil, avec ces mots touchants : Ah ! monsieur Raoul, depuis votre départ, ma pauvre maîtresse est bien triste ! A ces mots, comme vous êtes une âme ferme et un esprit fort, vous

vous troublez. Cependant on vous introduit. Languissamment étendue sur un divan d'hôtel garni, madame, à votre aspect, se soulève à demi, dans une attitude brisée, et vous tend, sans mot dire, une main brûlante et fiévreuse. Elle est pâle, ses yeux sont brûlés de pleurs ; ses cheveux tombent négligemment sur son col et sur ses épaules. Vous restez longtemps silencieux, à vous contempler l'un l'autre. — Vous êtes heureux, vous ! dit-elle enfin en soupirant. — Heureux ! répétez-vous en soupirant à votre tour; vous ne le croyez pas. — Vous ne m'avez donc pas entièrement oubliée? — Plût à Dieu ! — Vous pensez à moi ? — Trop souvent. — Pour me maudire ? — Je ne puis. Ainsi allumée, la conversation pétille, étincelle, flamboie et s'épanouit bientôt, comme le bouquet d'un feu d'artifice, en *concetti* de toute espèce. Pour l'entretenir, on y jette de part et d'autre tous les souvenirs du passé ; tisons noircis qui s'enflamment comme du vieux bois. Puis on arrive au chapitre des reproches et des récriminations. — Avez-vous été assez cruelle ! — Hélas ! cruelle envers moi, Raoul. — Avez-vous assez méconnu mon amour ! — J'aime mieux vous le laisser croire que de troubler votre bonheur. Puis on finit par les regrets. — Rodrigue, qui l'eût cru ? — Chimène, qui l'eût dit? O comble de misères ! etc., etc. Les regards se croisent, les mains se cherchent et se rencontrent, et bref, quand vous vous retirez, vous êtes dupe pour la deuxième fois.

— Avez-vous tout dit ? demanda M. de Kermadec.

— Non, s'écria Déglin en sautant à bas du lit; Raoul, vous n'irez pas près de cette femme. Je connais, par réflexion sinon par expérience, l'empire d'un premier amour; c'est longtemps un feu mal éteint qu'un souffle suffit à ranimer. Vous n'irez pas; c'est moi qui lui porterai ses lettres avec vos compliments.

— Vous nous calomniez tous deux, répondit gravement M. de Kermadec ; vous outragez son cœur et le mien.

— Prouvez-le-moi en me laissant le soin de lui rendre sa correspondance.

— Rien ne presse, dit Raoul; il se fait tard, nous avons besoin de repos l'un et l'autre; nous en reparlerons demain.

Si Raoul dormit peu, Déglin ne dormit pas davantage. L'inquiétude qu'il avait de la destinée de Mila le tint agité le reste de la nuit. Il ne s'assoupit qu'au matin; lorsqu'il s'éveilla, il faisait grand jour, et le soleil entrait à pleins rayons dans sa chambre. Aussitôt levé, il chercha Raoul dans l'hôtel et aux alentours; il apprit bientôt que le jeune homme était sorti de bonne heure, mais on ne put lui dire quelle route il avait prise. Déglin pensa qu'il trouverait ses deux amis dans le sentier de la *villa*. En effet, à mi-chemin, il aperçut la jeune fille, mais Raoul n'était pas auprès d'elle, et tous deux furent également surpris de se rencontrer seuls l'un et l'autre.

— Qu'avez-vous fait de notre ami?

— Pourquoi Raoul n'est-il pas près de vous?

— Ah! couleuvre! ah! vipère! ah! serpent! murmura Déglin entre ses dents.

— Dites-moi donc ce que vous avez fait de Raoul! répéta Mila avec anxiété.

— J'avais oublié, répondit Jacques, que notre ami devait se rendre aujourd'hui même à Rome, pour affaires.

Mila n'en demanda pas davantage. Les soupçons de la jalousie n'avaient jamais rôdé autour de son cœur, et son amour lui répondait de celui de son jeune amant.

— S'il vit, il m'aime, se dit-elle dans la joie de son âme; et son beau front s'éclaircit, et le sourire reparut sur ses lèvres.

Déglin s'appliqua en ce jour à sonder l'amour de cette enfant. Il en mesura la profondeur avec épouvante.

Raoul ne revint que vers le soir.

— Vous voyez bien que je n'en suis pas mort! dit-il à Jacques en lui tendant la main.

— Par Dieu! répondit Jacques en retirant la sienne, je sais très-bien que si quelqu'un en meurt, ce ne sera pas vous, mon cher.

VI.

Ce soir-là, les deux amis, en retournant à Tivoli, cheminèrent longtemps côte à côte sans échanger une parole. Jacques marchait tête basse, les mains dans ses poches, sans paraître se soucier de Raoul, qui, se sentant mal à l'aise vis-à-vis de son silencieux compagnon, et peut-être aussi vis-à-vis de lui-même, allongeait un pas boudeur et un visage mécontent. Ce fut lui qui, le premier, rompit le silence. Après avoir parlé de la fraîcheur de la soirée, des étoiles et de la lune, voyant qu'il ne pouvait tirer un mot de l'impitoyable Déglin, il prit le parti d'aller droit au but et de mettre, comme on dit, le feu à la poudre.

— Vous m'en voulez? dit-il

— C'est vrai, lui fut-il répondu sèchement.

Une fois sur ce terrain, la conversation s'engagea. Elle fut vive de part et d'autre. Raoul y déploya toutes les ruses d'un esprit souple et faible qui cherche à se tromper lui-même ; Jacques, toute la franchise d'un caractère ferme et sans détour. Bref, ils se séparèrent assez peu satisfaits l'un de l'autre. Le lendemain, M. de Kermadec redoubla près de Mila d'attention, d'amour et de tendresse. Peut-être ce luxe de sentiments était-il véritablement dans son cœur ; peut-être aussi ne l'étalait-il avec tant de complaisance que pour donner un démenti aux prévisions de Déglin. Ce fut, d'ailleurs, le dernier jour qu'ils passèrent ensemble à la *villa*. Sur le tantôt, ils virent arriver le carrosse et les deux haridelles de M. Naldi qui venait chercher sa fille pour la ramener à la ville. Les deux amis s'esquivèrent à la hâte et prirent eux-mêmes, le jour suivant, la route poudreuse de Rome.

Privés de la liberté des champs, nos amants surent pourtant s'organiser une vie douce et facile. Grâce à la comédie qu'avait imaginée Déglin, et qui continuait toujours vis-à-vis de M. Naldi, Raoul avait, à la *casa*, ses grandes et petites entrées. Déglin, de son côté, était rentré dans les bonnes grâces du *padrone*, en lui achetant, au prix de cinq cents bonnes livres de France, un méchant tableau qu'il voulut bien prendre pour une toile du Parmesan. Quant à l'achat de la *villa*, on avait renvoyé au printemps la conclusion de cette affaire. En apparence, rien n'était changé et tout semblait aller pour le mieux. Si Raoul apportait près de Mila des préoccupations du dehors, c'était à l'insu de lui-même ; entre les deux amis, il n'était plus question de la femme qui les avait un instant divisés, et M. de Kermadec paraissait l'avoir complétement oubliée. Déglin la croyait partie de Rome ; Raoul ne cherchait pas à le détromper, bien qu'il fût certain du contraire.

Cependant, Mila souffrait de voir ses amours se poursuivre à l'aide d'une ruse qui répugnait à la droiture de son cœur. Elle priait Raoul d'en finir, et lui offrait de tout dire à son père ; mais le jeune homme s'effrayait et demandait du temps. Il fallait attendre et ne pas compromettre tant de bonheur par un aveu irréfléchi et trop hâtif. Mila voulait tout ce que voulait son ami, mais elle souffrait de ces retards. Sa santé s'en trouvait visiblement altérée ; une fièvre lente la consumait, elle avait perdu le sommeil ; toutefois c'était, comme par le passé, la même grâce ; le même charme et la même aveugle confiance.

Vers le milieu de l'hiver, l'humeur de Raoul changea. Il devint distrait, préoccupé, tel enfin qu'il s'était montré un jour à la *villa*. Mila ne s'en aperçut pas tout d'abord ; mais Jacques, qui ne le quittait guère, en fut aussitôt frappé. Il s'en inquiéta, il en chercha la cause ; mais vainement. Un soir qu'ils étaient réunis tous trois autour d'une lampe, tandis que M. Naldi vaquait aux soins de sa maison :

— Vous me faites des mystères, dit Mila en s'adressant à Raoul d'un ton de doux reproche.

M. de Kermadec rougit et regarda la jeune fille d'un air étonné.

— Oui, reprit Mila, vous connaissez la femme que

nous avons rencontrée un jour, aux alentours de Tivoli ; c'est mal à vous de me l'avoir caché. Je vous ai vu, aujourd'hui, au *Corso*, passer avec elle en voiture. Raoul, c'était bien elle, et c'était bien vous, mon ami.

Le jeune homme se troubla, et comme il hésitait à répondre :

— En effet, dit Jacques avec sang-froid, c'est une compatriote que le hasard nous a fait connaître. Si nous n'en avons pas parlé, c'est qu'en vérité la chose n'en valait pas la peine.

— Elle est belle, cette femme? demanda l'enfant d'un air craintif.

— Je ne l'ai pas regardée, répondit négligemment Raoul.

— Ni belle ni jeune, repartit Déglin. Elle pourrait être votre mère à tous deux.

— Ma mère était belle comme le jour, ajouta tristement Mila ; plus belle, la veille de sa mort, que je ne le suis à cette heure.

La présence de M. Naldi coupa court à cet entretien. Malgré les efforts qu'il fit pour se vaincre, M. de Kermadec se montra, le reste de la soirée, sombre et taciturne. Mila craignit de l'avoir offensé en lui laissant voir l'éclair de jalousie qui avait traversé son cœur. Elle s'en accusait comme d'un crime, et plus d'une fois elle détourna la tête pour cacher ses larmes. Lorsque les deux amis se levèrent pour se retirer, elle trouva le moyen de prendre Raoul à part :

— Ami, pardonne-moi, lui dit-elle, je ne suis pas jalouse. Je sais que tu m'aimes et j'ai foi en toi comme en Dieu.

Raoul la baisa au front. Mais elle, lui jetant les bras au col par un brusque mouvement de repentir et de tendresse, elle laissa quelques instants sa tête charmante reposer sur la poitrine du jeune homme.

Jacques et Raoul firent en silence le trajet qui séparait la *casa Naldi* de leur hôtel. A peine rentré, M. de Kermadec prétexta une forte migraine, à cette fin de s'aller coucher et d'échapper ainsi à l'orage qu'il sentait près d'éclater sur sa tête. Mais Déglin le suivit dans sa chambre, et l'orage d'éclater aussitôt. Jacques n'y allait pas de main morte : il fut dur, inflexible, sans ménagement, sans pitié.

—Vous n'êtes pas un cœur méchant, disait-il en marchant à grands pas dans la chambre ; mais vous êtes un faible cœur, ce qui est pire, et vous avez, à ce compte, toutes les honteuses infirmités que la faiblesse traîne à sa suite : la ruse, la perfidie, le mensonge. Allez, vous n'avez de breton que le nom.

— Et peut-être quelque chose encore, répliqua fièrement Raoul qui sentit tout son sang lui monter au visage. Quand vous voudrez, je vous le ferai savoir.

— C'est bien de cela qu'il s'agit! répondit Déglin en haussant les épaules. Quand vous m'aurez logé une balle dans la tête, vous aurez le droit, n'est-ce pas, de porter plus haut la vôtre? Je n'en veux pas à votre vie, moi. Tâchons de nous oublier l'un et l'autre : mettons de côté tout orgueil et tout amour-propre. Il ne s'agit ici que d'une destinée que je vous ai follement aidé à compromettre.

— Mais qui vous dit, s'écria Raoul, que je l'oublie, le soin de cette destinée? Et si je l'oubliais, de quel droit, à quel titre m'y rappelleriez-vous?

— Du droit que donne l'amitié. Et si vous me disputiez ce titre, j'aurais encore à vous faire observer que, vis-à-vis de Mila, nous sommes, vous et moi, solidaires, et que ma conscience est engagée tout autant que la vôtre dans cette aventure. Parce que vous m'avez offert de jouer votre existence contre la mienne, vous croyez, enfant, que tout est dit; vous vous trompez. Affronter la mort est facile; c'est une affaire de tempérament, c'est le propre des courages vulgaires; mais accepter noblement la lutte avec cet autre adversaire qui s'appelle la vie, regarder en face, sans broncher, sans faillir, cet ennemi de tous les jours et de tous les instants, c'est là, croyez-le bien, qu'est le véritable héroïsme. Que je vous tue ou que vous me tuiez, il resterait encore une destinée brisée dont nous serions tous deux responsables. Raoul, ajouta-t-il d'une voix affectueuse en lui prenant la main, Mila vous aime, elle a tout mis en vous, c'est une de ces âmes assez rares qui s'abîment et se consument dans un unique amour. Qu'allez-vous faire? vos intentions sont bonnes ; vous croyez ne céder qu'au charme des souvenirs; mais, si vous n'y prenez garde, vous vous trouverez bientôt ressaisi par les mauvais liens. Qu'il n'en soit pas ainsi ; vous devez à Mila, vous vous devez à vous-même de ne plus revoir cette femme. Ne la voyez plus, et si vous souffrez encore de vos anciennes blessures, venez à moi, mon cœur vous est toujours ouvert.

M. de Kermadec, à ces mots, se sentit ému. Il fut tenté de se jeter dans les bras de Déglin et de s'ouvrir à lui des combats qu'il soutenait depuis longtemps. En cédant à ce bon mouvement, il aurait tout sauvé, mais l'orgueil l'enchaîna. Vainement Jacques supplia ou s'emporta ; il ne put lui arracher l'aveu de ses tortures et de ses faiblesses. Raoul s'obstinait à nier le mal et à méconnaître le danger.

Cependant le mal empirait et le danger devenait de plus en plus imminent. Raoul évitait Déglin, s'absentait des journées entières et n'apportait plus à Mila, qu'un visage triste et contraint. La jeune fille s'en plaignait doucement à Jacques qui essayait de la rassurer, mais il était loin de partager la sécurité qu'il s'efforçait de rendre à ce cœur alarmé. Parfois Mila se risquait à interroger Raoul sur le changement qui s'opérait en lui.

— Qu'avez-vous ? vous souffrez ? pourquoi ?

Mais cette sollicitude ne réussissait qu'à irriter le jeune homme, et la pauvre enfant finit par renfermer sa douleur dans son sein. Sur les derniers temps, M. de Kermadec était devenu sombre, brusque, irascible, en tout méconnaissable; ses traits se ressentaient du mauvais état de son âme.

Déglin résolut d'aller à la source même du mal chercher un remède à tant de misères. Il se rendit un matin, place d'Espagne, à l'hôtel de la *Barchetta*. Ce digne garçon comprit en sortant qu'il venait de faire ce qu'on est convenu d'appeler un pas de clerc. Assez habile sur les théories, comme tous les esprits qui ont beaucoup réfléchi, il était très-gauche dans l'action, comme tous les gens qui ont peu vécu. Il s'enferra, c'est le mot. On le reçut avec une politesse froide, fine et railleuse qu'il essaya vainement d'entamer, et qui le mit, durant une heure, dans la position d'un chat qui s'entêterait à grimper le long d'un mur de marbre ou de cristal.

Loin d'obtenir le succès qu'il en attendait, cette démarche, qu'il regretta, acheva de gâter les affaires et ne servit qu'à le confirmer dans l'idée qu'il s'était faite de cette femme. M. de Kermadec en fut instruit et s'en plaignit amèrement à Déglin qui répliqua plus amèrement encore. Ainsi, on s'aigrissait de part et d'autre, et la *casa Calosi*, qu'ils avaient si longtemps édifiée par le tableau de leur intimité fraternelle, retentissait tous les jours de leurs discussions et de leurs débats.

Sombres ou sereins, joyeux ou tristes, les jours passent; sur les cailloux rugueux comme sur le sable doré, la vie coule et rien ne l'arrête. On touchait aux premiers jours du printemps. Un soir, Mila dit à Raoul :

— J'irai demain à la *villa;* venez seul. Cela nous fera

du bien de revoir ce pays où nous avons été si heureux. Je vous attendrai ; viendrez-vous ?

Raoul promit et se retira la mort dans l'âme.

Le lendemain, il sortit de son hôtel pour gagner la route de Tivoli, cette route qu'il avait tant de fois parcourue d'un pied leste et le cœur content. En traversant la place d'Espagne, il aperçut, à une fenêtre de l'hôtel de la *Barchetta*, un visage qui l'attira irrésistiblement comme l'aimant attire le fer. Que se passa-t-il ? nous l'ignorons, mais la jeune fille attendit vainement. Le soir, elle revint à Rome, le sein gonflé et les yeux rouges de larmes. Raoul ne se présenta pas. Elle le chercha sur la terrasse, la terrasse demeura déserte. Le même soir, Déglin apprit de la *signora Calosi* que M. de Kermadec était rentré dans le jour, et qu'il avait réglé ses comptes. Il courut à l'hôtel de la *Barchetta* ; une chaise de poste venait d'en partir. Il avait fui, notre triste héros, fui lâchement, comme un déserteur, sans crier gare, sans laisser un mot ! Avions-nous dit que ce fût un héros ?

Lorsqu'elle vit Déglin entrer seul dans sa chambre, Mila comprit qu'un grand malheur venait d'arriver.

— Raoul est mort ! s'écria-t-elle.

— Raoul est parti pour la France, dit Déglin en recevant la pauvre éperdue dans ses bras.

Puis il essaya d'amortir le coup. M. de Kermadec avait reçu des lettres qui le rappelaient impérieusement. Il avait dû partir le jour même ; il reviendrait à coup sûr avant peu de temps. Mais, à tout ce que disait Jacques, Mila secouait la tête et ne répondait que par des pleurs et des sanglots. Pas un reproche d'ailleurs, pas une plainte! Les premiers transports de sa douleurs une fois apaisés, elle tendit la main à Déglin et lui dit :

— Nous parlerons de lui sans cesse.

— Nous l'attendrons ensemble, répondit Jacques. Raoul reviendra pour vous emmener en Bretagne. Il m'a chargé de vous dire qu'il allait faire restaurer un peu son vieux château pour le rendre moins indigne de vous recevoir.

— Vous ne partirez pas, vous? ajouta Mila d'une voix suppliante.

— Non, chère enfant, je resterai près de vous.

— Vous êtes bon ; embrassez-moi, dit-elle.

Déglin la pressa sur son cœur, et du revers de sa main il essuya ses yeux humides.

— Il ne m'a pas même écrit, dit Mila.

— Il me laissait auprès de vous, répondit Jacques en souriant; il aura pensé que je valais peut-être une lettre.

— Il est parti sans me dire adieu !

— Il pleurait en m'embrassant; était-ce pour moi que coulaient ses larmes ?

— Il ne m'aime plus, il ne m'aime plus ! s'écria-t-elle.

— Il vous aime, il vous aime, répéta Déglin ; vous êtes la femme de son cœur.

— Dites-le donc! Je ne le crois pas, mais dites-le toujours, il m'est doux de l'entendre.

En apprenant le départ de son marquis, le bonhomme Naldi éprouva un désappointement qu'il serait difficile d'exprimer. Déglin le rassura en lui laissant entrevoir que M. de Kermadec n'était parti si précipitamment que pour aller régler des affaires de succession, réaliser sa fortune et revenir s'installer à Rome. Jacques en arriva bientôt, par mille ruses innocentes, à captiver les bonnes grâces du vieillard, et il devint l'ami de la maison, au point qu'il passait, dans le quartier, pour le futur époux de la jeune *signora*. Il voyait Mila tous les jours, à toute heure, souvent devant son père, mais seule aussi parfois, sans que M. Naldi y trouvât à redire. Ils ne parlaient que de Raoul et de son prochain retour; tous deux savaient pourtant que Raoul ne reviendrait pas.

En effet les semaines et les mois s'écoulèrent; M. de Kermadec ne donna pas signe de vie. Jacques trouva d'abord des excuses à ce silence; mais toutes les ressources de son esprit ne purent longtemps y suffire. Ne pouvant plus le défendre, il s'avisa de l'attaquer, espérant, par ce moyen, le perdre dans le cœur de Mila et guérir ainsi cette enfant de l'amour qui la dévorait. Mais la noble fille ne le souffrit jamais ; jamais elle ne permit qu'on outrageât l'absent, et si parfois Déglin hasardait encore quelques paroles sévères :

— Pourquoi l'accuser? disait-elle. Il n'a pas su combien je l'aimais, il n'a pu prévoir le mal qu'il allait faire en me délaissant de la sorte. Je l'ai si vite aimé! Il aura pensé que je l'oublierais de même. C'est tout simple. Et puis, ce pauvre enfant, nous l'avons tourmenté; le mariage l'effrayait peut-être. Il est si jeune! On ne se marie pas à son âge. Moi je ne voulais l'épouser que pour avoir le droit d'être sa maîtresse. Je ne m'en souciais pas autrement. D'un geste, d'un mot, d'un regard, il m'eût fait le suivre jusqu'au bout du monde. S'il n'a pas voulu, c'est que sans doute cela lui plaisait moins qu'à moi, ce n'est pas sa faute. Je ne l'accuse pas, je le pleure; je ne me plains pas, mais j'espère en mourir.

— Allons! allons! disait Jacques avec humeur; on ne meurt pas de ces choses-là.

Non, sans doute, on n'en meurt pas, pour peu qu'on soit fort et robuste. Mais la santé de Mila était depuis longtemps altérée; elle ne tarda pas à dépérir sensiblement. Elle se mourait aussi de ce mal du pays qu'elle avait hérité de sa mère et que Raoul avait contribué à développer en elle dans des proportions effrayantes. Un jour, Déglin lui dit :

— J'ai une ferme en Normandie; si vous vouliez, Mila, je pourrais la changer pour un vieux château en Bretagne.

Mila lui serra la main, sourit tristement et ne répondit pas.

Jacques resta près d'elle jusqu'à l'heure suprême, toujours bon, tendre et dévoué. Elle s'éteignit le 13 septembre, la main dans celle de son ami, les yeux tournés vers la terrasse où lui était apparu pour la première fois l'enfant qui devait la tuer, jour pour jour, deux années plus tard. Son dernier vœu fut exaucé ; on l'ensevelit à la *villa* sous le bouquet de chênes, près de la tombe de sa mère. Ce fut Déglin qui la conduisit à sa dernière demeure. Il l'avait lui-même couchée dans son cercueil, toute vêtue de blanc, entourée de guirlandes de roses blanches, pareille à un beau lys brisé au milieu d'un parterre en fleurs.

Ce ne fut qu'au bout de dix-huit mois que Jacques Déglin, de retour en France, rencontra M. de Kermadec. Il lui remit, sans préambule, une lettre que Raoul s'empressa de lire. Cette lettre était ainsi conçue :

« Ami, je ne t'en veux pas. Je sens que je vais mourir ; mais ce triste cœur s'éteindra sans avoir exhalé sa plainte ; il s'éteindra en bénissant le jour où je te vis pour la première fois. Pourquoi t'en voudrais-je ? ce n'est pas ta faute. Tu as voulu m'aimer, je le crois ; tu n'as pas pu, voilà ton crime. Tu ne pouvais pas prévoir que j'en mourrais. Je suis bien sûre qu'en apprenant ma fin prématurée, tu pleureras un peu cette pauvre Mila. C'est une grande consolation de penser que ma vie ne t'a fait aucun mal et que ma mort sera le seul chagrin que j'aurai mis dans ton existence. Pardonne-moi comme je te pardonne.

» Vois-tu, mon Raoul, je t'ai trop vite aimé, c'est de là qu'est venu le mal. Ma conduite t'aura semblé légère. Tu n'auras pu croire qu'un amour si prompt à s'allumer dût ne pas s'éteindre de même. Que veux-tu? on ne m'avait pas enseigné l'art de feindre. Je t'ai aimé tout de suite et je te l'ai dit aussitôt. Ma mort te prouvera du moins que c'était sérieux dans mon cœur et que ce cœur t'aurait été fidèle.

» Ne me pleure pas trop; il est moins aisé de vivre que de mourir. Vois ma mère : elle est morte jeune, et pourtant elle se plaignait d'avoir trop longtemps vécu. Va, ce n'est pas grand dommage de s'en aller avant l'heure. Et puis, mon bien-aimé Raoul, ce n'est pas toi seul qui me tues. Je meurs aussi d'un autre mal, de ce mal étrange dont j'ai puisé le germe dans les flancs maternels. Ange de la patrie, qui promettiez si bien de m'emporter sur vos ailes, pourquoi m'avez-vous abandonnée sur cette terre de douleur et d'exil?

» Je crois, ami, que tu as eu tort de ne pas vouloir de moi. Tu trouveras difficilement une tendresse égale à la mienne. Quelque chose me dit que tu ne me remplaceras pas. Je vais partir avec la conviction que je t'aurais rendu heureux. Ne penses-tu pas que nous aurions été bien gentils tous deux dans ton vieux château de Bretagne? Il me semble, à moi, que j'aurais fait une bonne petite châtelaine. Tiens, laisse-moi pleurer mon rêve, ce rêve que nous avons caressé tant de fois ensemble. Je m'étais arrangé près de toi une existence si douce et si charmante! Si tu avais compris tout ce que tu pouvais donner de bonheur à cette pauvre créature, tu n'aurais pas eu la force de la quitter. Peut-être l'as-tu compris; mais tu te seras dit que je n'en valais pas la peine. O mon Raoul, il est trop vrai, je n'en étais digne que par mon amour.

» Tu ne m'oublieras jamais, n'est-ce pas? Je tiendrai toujours une petite place dans ton cœur? Que mon souvenir te soit bon; je n'aurai été pour toi rien de mauvais ni de funeste. Tu m'auras prise comme ces fleurs que tu effeuillais le long du sentier, après en avoir respiré le parfum.

» Pense à moi sans remords et sans amertume. A moins qu'il ne te plaise de croire que c'est toi qui m'as mise au tombeau, ne t'accuse pas de ma mort. Non, mon Raoul, non, ce n'est pas toi qui m'as tuée. Tu sais quelle fièvre me consumait déjà, quand tu m'as rencontrée. Avec toutes les apparences du bonheur et de la santé, j'étais triste et déjà souffrante. Rappelle-toi quels sombres pressentiments venaient parfois me surprendre à ton bras, au milieu de nos plus riantes espérances. Ce n'était pas de toi que je doutais! mais je devais mourir jeune; c'était écrit là-haut, je le sentais. Il est bien vrai pourtant que tu aurais pu conjurer le sort. Tu ne m'auras pas tuée, mais tu m'auras laissée mourir.

Ah! je ne te fais point de reproches; seulement, permets-moi de la regretter, cette vie qui pouvait être belle.

» Te souviens-tu de cette canzonette que tu aimais à me faire chanter?

» *Son' rimasta vedovella*
» *Su la bell' fiore dell' anni miei.*

» Je l'ai chantée bien souvent depuis ton départ, mais d'une voix si triste, que le bon Jacques ne pouvait s'empêcher de pleurer en m'écoutant. Aime-le, cet excellent ami. Si tu savais quel soin il a pris de *la poverina*? Je lui ai bien recommandé de ne pas te gronder trop fort.

» Si tu reviens jamais dans ce pays, ne manque pas d'aller à la *villa*, c'est là que j'irai bientôt reposer auprès de ma mère. Je ne lui dirai pas que c'est un enfant de son pays qui m'a sitôt envoyée vers elle. Va t'asseoir sous le bosquet de chênes qui abritera nos deux tombes, nos os tressailleront de joie. Mais ce n'est pas là que tu chercheras nos âmes. Quand, par les soirs d'hiver, dans ton château ruiné, tu entendras la bise souffler et se plaindre à ta porte, ouvre, ce sera peut-être l'âme de Mila, surprise par le froid dans les bois et te demandant un asile. Retrouve-la partout dans notre Bretagne, cette âme amoureuse et fidèle; respire-la dans le parfum de tes bruyères; sens-la glisser avec le vent dans les boucles de ta chevelure ; écoute-la dans le chant des oiseaux qui saluent ton passage ; vois-la flotter dans les nuages qui passent sur ta tête, te sourire dans les petites fleurs épanouies sous tes verts buissons. Elle sera partout où tu seras, joyeuse de ta joie ou triste de ta tristesse.

» Et maintenant, adieu ! Je te disais un soir, te parlant de ma mère, que tu ajouterais sa félicité à la mienne. Puisse la destinée s'acquitter envers toi, jeune ami, de ces deux parts dérobées à deux pauvres femmes ! Je te dois quelques beaux jours. Si, comme on l'assure et comme il est doux de le croire, les vœux des mourants arrivent jusqu'au ciel, Dieu te les rendra, ces heureux jours que tu m'as donnés, en années bénies et fécondes.

» Encore adieu ! adieu pour la dernière fois ! Quand tu liras ces lignes, elle aura vécu, ta Mila ! Si tu venais, pourtant ! si je t'apercevais tout-à-coup sur cette terrasse où mes yeux, depuis ton départ, n'ont pas cessé de te chercher et de t'attendre ! Dis, ami de mon cœur, dis, ne viendras-tu pas ? »

M. de Kermadec demeura longtemps atterré.

— Morte ? demanda-t-il enfin.

— Morte, répondit Déglin ; c'est plus d'honneur pour vous que vous ne méritez.

A ces mots, Jacques s'éloigna.

Le premier mouvement de Raoul fut de se tuer ; le

second, de se faire trappiste ; le troisième de traîner dans la solitude une vie bourrelée de remords. A ces fins, il partit pour la Bretagne, et s'y maria huit mois plus tard avec une riche héritière.

FIN.

TABLE DES MATIÈRES.

	Pages.
Mademoiselle de Kérouare.	1
Karl Henry.	85
Le Concert pour les Pauvres.	127
Le Jour sans lendemain.	159
Vingt-quatre heures à Rome.	209
La dernière Fée.	239
Hélène Vaillant.	253
Mila.	305

FIN DE LA TABLE DES MATIÈRES.

Coulommiers. — Imprimerie de A. MOUSSIN.

www.ingramcontent.com/pod-product-compliance
Lightning Source LLC
Chambersburg PA
CBHW070930230426
43666CB00011B/2384